Tadeusz Sobolewicz

Aus der Hölle zurück

Von der Willkür des Überlebens
im Konzentrationslager

Aus dem Polnischen
übersetzt von Siegfried Schmidt

Mit einem Vorwort
von Hans Simon-Pelanda
(Arbeitsgemeinschaft ehemaliges
Konzentrationslager Flossenbürg)

Fischer Taschenbuch Verlag

Die Zeit des Nationalsozialismus
Eine Buchreihe
Herausgegeben von Walter H. Pehle

3. Auflage: November 2001

Überarbeitete Neuausgabe
Veröffentlicht im Fischer Taschenbuch Verlag GmbH,
Frankfurt am Main, Februar 1999

Die deutschsprachige Erstausgabe erschien unter dem Titel
»Aus dem Jenseits zurück« im Verlag des Staatlichen Museums Auschwitz

Gesamtherstellung: Clausen & Bosse, Leck
Printed in Germany
ISBN 3-596-14179-6

Inhalt

»Ein ganz neues Leben«
Vorwort von Hans Simon-Pelanda

Den Tag ihrer Befreiung aus der Gefangenschaft im Konzentrationslager oder die ans Wunderbare grenzende Genesung von einer tödlichen Krankheit begingen und begehen viele KZ-Häftlinge als ihren zweiten oder sogar eigentlichen Geburtstag. Aber welchen Tag sollte der zweiundzwanzigjährige, auf etwas über dreißig Kilo abgemagerte Tadeusz Sobolewicz ab 1945 feiern? Den Weihnachtstag 1941, als er aus der über eine Woche andauernden Bewußtlosigkeit und dem Fieberwahn des Flecktyphus erwachte, den Tag des Feuers im Außenlager Mülsen, an dem er mit verbranntem Rücken und mit im Todeskampf auf immer verbogenen Fingern zu den Toten gelegt werden sollte? Den Tag Ende April 1945, als er vom Todesmarsch des Außenkommandos Regensburg fliehen konnte, oder den 1. Mai im oberbayerischen Muttering, nahe der österreichischen Grenze an der Salzach, als er endlich das Versteck in der Scheune mutiger Bauersleute verlassen und seine Ration Milch im Schutz amerikanischer Panzer nun bei Tage abholen konnte – und doch schon ahnte, daß er nie wieder so gesunden würde, wie für ein neues Leben notwendig? Vor und nach diesen Tagen gab es noch ähnliche, an denen er dem Tod genauso knapp entkommen war.

Heute noch schätzt er sich glücklich und dankt dem Schicksal, daß er zu den wenigen zählt, die ein paar Mal in letzter Minute gerettet werden konnten, zu jenen, die »aus der Hölle zurück« kamen. Und im gleichen Atemzug stockt seine Stimme: »An der Stelle eines der unzähligen Mordopfer hätte auch ich sein können, und einer von diesen könnte jetzt hier statt meiner aus dem Jenseits zurück sein!«

Aber wohin zurück?!

In seine Jugend, die er mit 17 Jahren gerade beginnen wollte und die 1941 endete, als die Gestapo den achtzehnjährigen Kurier der polnischen Untergrundarmee aufgriff? Wie viele Gleichaltrige konnte auch Tadeusz seine Jugend nicht nachholen: Für ihn hatte es »davor« keine gegeben und konnte es auch »danach« keine geben.

In seine Familie zurück? Den verehrten Vater sah er zuletzt eine Woche vor dessen Weg ins Gas von Auschwitz. Und daß die Mutter die Quälerei im KZ Ravensbrück seit 1941 überlebt haben könnte, wagt er nach den eigenen Erfahrungen auf seiner vierjährigen Odyssee durch die Vernichtungsmaschinerie der Lager nicht einmal zu hoffen.

Zurück in seine »Lager-Familie«, die ihn wider alle Logik am Leben erhielt, will er nicht. Soweit die Kameraden aus dem Lager noch am Leben sind, zerstreuen sie sich gerade, suchen »ihr Zurück«. Sie werden auch so immer miteinander verbunden bleiben, durch den Schmerz gemeinsamer Erinnerung, durch die Alpträume vom Grauen der Lagerzeit.

Wie sie alle will, nein muß, Tadeusz Sobolewicz ein »neues Leben« beginnen, manchmal sagt er heute: »Mein Leben beginnen.«

Aber dafür muß er alles vergessen und negieren. Den Schutz der Kameraden im Lager muß er verlassen, er will aber auch keinen neuen Schutz durch die amerikanischen Befreier oder UNRRA-Lager. Todkrank läuft er sogar vor dem Lazarett davon und läßt sich von den Amerikanern schließlich allein in einer Privatwohnung unterbringen. Nie wieder Lager! Weit weg vom Tod!

Und so bleibt er zunächst im Land der Täter, zieht von Laufen nach München, immer im Kampf gegen die schwächliche Gesundheit, aber auch gegen die ständige Erinnerung. Er nutzt seine Beziehungen und seine Stellung und arbeitet als Kurier zwischen der amerikanischen Zone und Polen. Über ein Jahr sucht er vergeblich nach seiner Mutter. Dann bei einer seiner Touren die erlösende, kaum noch erwartete Nachricht: Seine Mutter lebt, der jüngere Bruder ist zurück – auch für ihn gibt es ein »Zurück«. Ein letztes Mal wagt er den Weg über die immer dichteren Grenzen zwischen den Besatzungszonen, dann bleibt er in Polen.

Es scheint, daß er an sein früheres Leben anknüpfen kann, als er das Abitur nachholt und 1948 mit dem Philosophiestudium an der Universität von Poznan beginnt. Aber Philosophie! Fragen und Nachdenken nach dem »Woher?«, dem »Warum?«, nach »Sinn«, wie soll er das ertragen? Die »philosophischen Kollegs«, die ihm im

KZ Buchenwald so wichtig waren und ihn an ein weiteres Leben glauben ließen, flieht er nun. Aber ihn hatten im Lager auch die künstlerischen Darbietungen anderer Gefangener, der Applaus, den sie dafür erhielten, sehr angesprochen. Gerne läßt er sich nun von Kommilitonen mitnehmen in ein anderes Leben, ins Theater. Und als er erstmals als Statist auf der Bühne steht und einen anderen Menschen zu verkörpern hat, da weiß er, wie sein weiterer Weg aussehen soll. Er will weg von seiner Erinnerung, in immer neue Rollen schlüpfen, aus sich heraustreten, ein anderer sein, wenigstens für Stunden.

Bei der ersten Gelegenheit kehrt er zurück zur Mutter, die wieder in ihrer Geburtsstadt Tarnow lebt, am dortigen Theater wird er Schauspielschüler. Ein neues, ein neuartiges Leben beginnt. Mit jeder Rolle, mit jedem neuen Text erobert er sich ein Stück Leben. Er taucht ein in die Welten der Literatur, entdeckt die europäische Klassik, Shakespeare und die geheimnisvollen Mythen der Antike. Und er findet ein neues Umfeld, das ihn stützt und schützt. Seine Schauspielkollegen helfen ihm, bis er 1954 als 30jähriger an seinem Ziel angelangt ist. Er hat die Prüfung zum Berufsschauspieler bestanden und kann nun an allen staatlichen und privaten Theatern arbeiten. Vor ihm liegt eine neue, scheinbar grenzenlose Welt – das Theater. Trotz seiner angeschlagenen Gesundheit, die ihn immer wieder zur Regeneration ins Sanatorium zwingt, kann er nun beständig in immer wieder neue Rollen schlüpfen. Seine Laufbahn beginnt er in Rzeszow, in Südpolen, dessen Landschaft ihn nicht mehr losläßt: Sosnowiec, Katowice, Zabrze, Bielsko, Wroclaw und schließlich Krakow. Ist es Zufall, daß er um die Stätten seiner Gefangenschaft im südlichen Polen kreist? Es scheint so, als könne er sich nicht loslösen von Auschwitz, dem ersten der Lager, wohin er aus der Gestapohaft gebracht wurde. Wo er den Vater wiedergefunden hatte und wo er mitansehen mußte, wie dieser starke Mann, der immer sein Vorbild und seine Stütze war, zugrunde gerichtet und schließlich umgebracht wurde.

Auch die letzten 10 Jahre seines Berufslebens bleibt er in Kattowice, in der Nähe »des Lagers«. So sehr ihm immer neue Rollen helfen, Abstand zu gewinnen, so sehr erweist sich die Rettung als vorläufig und trügerisch. Mitte der 70er Jahre drängen ihn die wenigen, denen er Bruchstücke aus einem »alten Leben« erzählen konnte, immer mehr: »Jemand wie du darf nicht schweigen!« Aber wie sprechen? Er wagt den letzten Schritt, er übernimmt die Rolle der Schergen. Er tritt sich selbst als der Täter gegenüber. In Robert Youngs bekanntem Film *Triumph of Spirit* spielt der ehemalige Auschwitz-Häftling mit dem roten Winkel des Widerstands, Nummer P 23053, den Sturmbannführer! Noch heute erinnert er sich, daß er einen deutschen Schauspieler, der einen Hauptscharführer zu spielen hatte, erst einmal richtig »ankleiden« mußte, weil der das Eiserne Kreuz auf der falschen Seite trug. Bei mehreren polnischen Filmproduktionen übernimmt er daraufhin die Rolle des »Beraters« für den Alltag im Lager, er bürgt für die authentische Inszenierung.

Tadeusz Sobolewicz ringt mit seiner Erinnerung, er stellt sich ihr, er akzeptiert, daß er sie weiterzugeben hat. Zunächst schreibt er einzelne Erinnerungen auf, die in Zeitungen veröffentlicht so viel Resonanz finden, daß er sich bald ganz dieser Aufgabe widmet. Sein letztes Engagement hat er in Katowice, wiederum im weiteren Umkreis des Lagers. Nach seiner Pensionierung 1983 vollendet er seine *»Lebensgeschichten«* und reicht sie beim XVI. gesamtpolnischen Wettbewerb für Erinnerungsliteratur zu Auschwitz ein. Der 1. Preis wird ihm nicht nur verliehen, weil er ein so umfangreiches Werk abliefert, sicherlich auch nicht nur auf Grund der Tatsache, daß er sechs verschiedene Konzentrationslager oder Außenlager überlebt hat. Das Besondere seines Buches liegt darin, daß der Autor zwar eine Autobiographie schreibt, aber sich in seinem Alltag immer auch von außen beobachtet und beschreibt. Von der Perspektive des neuen Lebens aus richtet er seinen Blick auf das alte und entdeckt sich dort in der Gegenwart des Lagers. Fast scheint es, daß er erst das Theater mit den verschiedenen Rollen durchlaufen mußte, bevor er sich wieder entdecken konnte, nun aber aus der Distanz, so als ob er seine eigene Rolle spielte. So ist ein persönliches Buch und eine wichtige historische Quelle entstanden.

Das Buch erscheint deswegen auch im Verlag des Staatlichen Auschwitz-Museums und erlebt schnell mehrere Auflagen. Fast unbemerkt von der deutschen Öffentlichkeit wird es 1993 in deutscher Übersetzung im gleichen Verlag veröffentlicht, zunächst aber nur in der Gedenkstätte selbst angeboten. Dort wird es zwar von tausenden Besuchern aus beiden deutschen Staaten erworben, findet aber keinen Vertrieb, weder in der DDR noch in der BRD.

Dabei verdient vor allem der letzte Teil des Werkes als historisches Zeugnis in Deutschland größte Aufmerksamkeit, weil dort ausführlich über ein Lager berichtet wird, das mit Recht das »vergessene« genannt wurde, das KZ Flossenbürg. Dieses entstand ab April 1938 als erstes Lager der »neuen Generation«, wozu später Lager wie Mauthausen oder Neuengamme zählten. In ihnen sollte die Ausschaltung aller zu Gegnern des nationalsozialistischen Staates und zur Bedrohung der arischen Rasse Erklärten ökonomisch organisiert geschehen – »Vernichtung durch Arbeit«. In den reichen Granitvorkommen an der Grenze zur tschechischen Republik, östlich der Kreisstadt Weiden in der Oberpfalz im nördlichen Bayern, entdeckten die Planer der SS den geeigneten Ort zum Aufbau einer unabhängigen Wirtschaft, deren Erlöse direkt in die Kassen der SS fließen sollten, um so auch ökonomisch ein Stück Autarkie im NS-Staat zu erlangen. Und in der Tat erwies sich dieses Kalkül als richtig. Mit der Gründung einer GmbH, der Deutsche Erd-Steine-Werke (DEST), und der Einrichtung einer eigenen Abteilung in der SS-Hauptverwaltung in Sachsenhausen, dem Wirtschafts-Verwaltungs-Hauptamt (WVHA), gelang auf der Grundlage einer fast nichts kostenden Ausbeutung der Gefangenen der allmähliche Aufbau eines Wirtschaftsimperiums der SS. Schon 1942 gehörten die Steinbrüche von Flossenbürg, in denen für die Führerbauten und die Autobahnen Werksteine produziert wurden, zu einem der lukrativsten Unternehmen. Als ab diesem Jahr die SS begann, mit ihren Gefangenen in Flossenbürg, oder in eigens errichteten Außenlagern wie in Mülsen, für die großen Rüstungskonzerne wie Messerschmitt zu produzieren, stiegen die monatlichen Überweisungen an die Kasse der SS allein für Flossenbürg bis auf über 2 Millionen RM im Monat an. Mit mehr als 100 Außenlagern in Bayern, Sachsen und der besetzten tschechischen Republik wird Flossenbürg schließlich zum viertgrößten Lager im Reichsgebiet ausgebaut. In diesem Lager gibt es keine Gaskammern; spezielle Tötungseinrichtungen erübrigen sich, denn allein durch gnadenlose Auspressung des letzten Rests von Arbeitskraft geht ein Drittel der mehr als 100 000 Gefangenen in den Arbeitskommandos des Stammlagers und in den Außenlagern sowie auf den Todesmärschen zugrunde. Nur wenige überleben nach 1942/43 die ersten Monate, jemand wie Tadeusz Sobolewicz, der über ein Jahr dort bleibt, ist die Ausnahme. Er empfindet im nachhinein das Lager im ewig kalten Waldgebirge Nordbayerns als das schlimmste. Wegen der unbeschreiblichen Bedingungen, des häufigen Austauschs der Arbeitssklaven und der willfährigen Kapos, meist ehemaligen deutschen Gefängnisinsassen, kann nur rudimentär Widerstand geleistet werden. Oft erschöpft sich dieser in der Sabotage der Rüstungsproduktion und der gegenseitigen Hilfe für den jeweils Schwächsten. Weil die Möglichkeiten der Konspiration so sehr begrenzt sind, werden sogar Gruppen politischer Gefangener aus den anderen Lagern, die geheimer Aktionen verdächtigt werden, nach Flossenbürg abgeschoben, wo man sie besser unter Kontrolle glaubt. Für sogenannte »Ehren- oder Sonderhäftlinge«, etwa den vormaligen österreichischen Bundeskanzler Schuschnigg, wird Flossenbürg als Haftlager ausgewählt. Gegen Kriegsende wird das KZ in der Oberpfalz zu einer der meistbenützten Hinrichtungsstätten, so Anfang April 1945 für einen Teil des militärischen Widerstands gegen Hitler um Admiral Canaris.

Nach der Befreiung kann sich kein schlagkräftiges Internationales Komitee gründen, wie etwa das von Dachau, das den Aufbau der dortigen Gedenkstätte durchsetzt. Obwohl die überwiegende Mehrzahl der Gefangenen aus Osteuropa und der Sowjetunion kommt, wird dort dieses Lager kaum beachtet, weil es für die eigene Legitimation ungeeignet scheint, und ebenso wie im Westen schnell vergessen. Schließlich wird nach der Umbettung tausender Toter von den einzelnen Bestattungsorten entlang der Evakuierungsmärsche in einen Randbereich des ehemaligen Lagers die so geschaffene »Grab- und Gedenkstätte Flossenbürg« von der für das KZ zuständigen »Bayerischen Schlösser- und Seenverwaltung« zu einer Parkanlage umgestaltet, in der von der Grausamkeit der »Vernichtung durch Arbeit« selbst ehemalige Häftlinge nichts mehr zu entdecken vermögen: Anstelle der Häftlingsbaracken stehen Einfamilienhäuser, die Steinbrüche werden weiterbetrieben, nicht einmal ein kleines Hinweisschild erinnert an den Tod unzähliger Häftlinge dort, die brauchbaren Gebäude wie die Küche werden als Fabrikanlagen genutzt. Im Juni 1997 fordern die Präsidenten und nationalen Sprecher der erstmals in Flossenbürg versammelten Verbände der Überlebenden die Errichtung einer Gedenkstätte, die diesen Namen auch verdient. Und tatsächlich hat nun das zuständige Kultusministerium in München einen Ausbau und eine Erweiterung zu einer eigenständigen Gedenkstätte, vor allem die Errichtung eines Forschungs- und Dokumentationszentrums zugesichert.

In das zu Flossenbürg gehörende Außenlager Mülsen (Sachsen) kam Tadeusz Sobolewicz im April 1944, in der Zeit der größten Arbeitshetze. Auschwitz, das Vernichtungslager, hatte er überlebt, das gerne zum »Arbeitslager« verniedlichte Flossenbürg und seine »Nebenstellen« erwiesen sich als keineswegs geringere Bedrohung für einen KZ-Gefangenen. Hier wurde in der Regel nicht »willkürlich« oder »sinnlos« gemordet, weil die Arbeitskraft der Sklaven optimal ausgenutzt werden sollte. Aber optimal bedeutete nicht möglichst lange, sondern möglichst intensiv und am besten ohne Kosten. Denn anders als bei Sklaven mußte die SS für »Nachschub« nicht bezahlen, konnte praktisch unbegrenzt in vielen besetzten Ländern Europas Zwangsarbeiter für die deutsche Rüstung zusammentreiben und ohne jegliche Einschränkung für das Großdeutsche Reich arbeiten lassen – bis zum eingeplanten Tod oder zur Ermordung bei der geringsten »Störung« der Produktion. Diesen täglichen Überlebenskampf bei der Arbeit, die ununterbrochene Suche nach Eßbarem für den ausgezehrten Körper der unterernährten Schwerstarbeiter, die ständige Angst vor dem Nicht-mehr-arbeiten-Können, vor der dann unvermeidlichen Aussonderung zur »Sonderbehandlung« als Kranker führt uns der Autor ungeschminkt vor Augen. Aber ebenso eindringlich beschäftigt er sich mit der Frage, wie man überhaupt gerettet werden konnte. Noch heute kennt er die Namen aller, die ihm geholfen haben, aber er vergißt auch nicht die der Peiniger und Mörder. Und so steht er auch zur Selbstjustiz an sadistischen (Häftlings-)Kapos und Mördern der SS, als die Gefangenen auf den Todesmärschen erstmals eine Waffe in die Hand bekommen und dann die »Herrenmenschen« plötzlich jammernd und um ihr Leben bettelnd angekrochen kommen sehen. Er versteht einen Befreiten, der einen Scharführer zu Tode peinigt – »Er mußte quälen, um seine Rache zu stillen.« – und fragt sich dennoch entsetzt: »Auge um Auge, Zahn um Zahn?«

Ein bisher singuläres und einmaliges Dokument ist die Schilderung eines der längsten und grausamsten Todesmärsche, aus dem Außenlager Colosseum in Regensburg bis fast in die Alpen, zur ominösen »Alpenfestung«, auf die noch viel zu viele der SS-Wachen und der deutschen Zivilbevölkerung 1945 setzten. Erst Anfang Mai endet im südlichen Oberbayern der Leidensweg des Tadeusz Sobolewicz.

Wann ist er zurückgekehrt? Vierzig Jahre vergehen, bis er mit seinem Buch zum KZ-Gefangenen zurückkehrt. Aber sogar 50 Jahre dauert es, bis er erstmals überhaupt etwas aus Deutschland hört, denn so lange muß er auf eine Einladung in das vergessene Lager Flossenbürg warten. Und auch von dieser erfährt er nur auf dem Umweg über Kameraden aus dem KZ Auschwitz, weil nicht der bayerische Staat den Kontakt aufnimmt, sondern ein kleiner Verein, die »Arbeitsgemeinschaft ehemaliges Konzentrationslager Flossenbürg e. V.« Seit 1995 kommt er nun regelmäßig nach Bayern, speziell an den Ort des letzten Lagers in Regensburg, liest in Schulen und in öffentlichen Veranstaltungen, oder besser: Er erzählt. Inzwischen sieht er seine Aufgabe darin, mit jungen Deutschen ins Gespräch zu kommen, dabei treten seine Erlebnisse erst einmal in den Hintergrund, er wendet sich lieber direkt an seine Zuhörer und spricht von heute, von ihrem Leben. Unmerklich lenkt er zu seinem Thema über: Wie kann man Mensch bleiben in einer menschenverachtenden Gesellschaft, in den unmenschlichen Lagern der Nazis, gegenüber Menschen, die alles Menschliche vergessen lassen? Er belehrt nicht, er schildert nur die Situationen, denen sich ein damals sechzehnjähriger Gymnasiast plötzlich ausgesetzt sah – und er bittet um Unterstützung, um zu verhindern, daß Menschen in solche Zwangslagen gebracht werden.

Bei seinem Besuch im Mai 1998 enthüllte er mit seinem Kameraden Zbigniew Kolakowski am Endpunkt des Regensburger Todesmarsches in Laufen an der Salzach eine Gedenktafel: »Ein Mensch, der vergißt, vergißt sich selbst!«

Tadeusz Sobolewicz hat mit seinem Leben und mit seinem Buch einen Weg gegen das Vergessen gezeigt.

Vorgeschichte

Das neue Schuljahr 1939/40 begann nicht planmäßig an meinem Gymnasium in Poznań (Posen). Am 1. September überfielen Hitlers Truppen Polen, und damit brachen der Frieden und die Möglichkeit der weiteren Ausbildung für mich zusammen. Damals stellte ich mir viele Fragen: War der Krieg nötig? Hatten die Polen irgend jemanden bedroht? Hatte Polen den Krieg gewollt? Waren die Polen gezwungen, sich zu verteidigen? Und noch eine Frage stellte sich mir: Wäre das deutsche Volk, wenn es im Osten von den Polen und im Westen von den Franzosen angegriffen worden wäre, auch gezwungen gewesen, sich zu verteidigen?

Hitler und die Nationalsozialisten hatten einen grausamen Krieg ausgelöst. Und jeder Krieg ist ein Unglück für alle Menschen. Ich war gerade sechzehn. Der Zweite Weltkrieg hatte begonnen. Von der Evakuierung aus Poznań waren alle Familien der polnischen Militärangehörigen betroffen. Mein Vater war Offizier. Seit Tagen war er nicht zu Hause gewesen. Wie ich später erfuhr, war er der Versorgungschef der Armee »Poznań«. Wir bekamen die Anweisung, uns bei einem großen Reisebus einzufinden.

Das Notwendigste, einige Bündel und kleine Koffer, das war alles, was wir mitnehmen konnten. Möbel, Gemälde, Teppiche, das Klavier – nahezu alles, was meine Eltern erworben hatten – mußten zurückbleiben. Wir schlossen uns den Evakuierten an. Der überfüllte Bus erreichte die Chaussee nach Osten. Das Ziel war Warschau.

Während der Fahrt wurden wir mehrmals von Tieffliegern der Luftwaffe beschossen. Trotz zahlreicher Schwierigkeiten erreichten wir schließlich das Militärdepot in Warschau, aber dort verkündeten die Sirenen gerade Fliegeralarm. Wir wurden angewiesen, uns in die Luftschutzgräben zu begeben. Dort erlebte ich zusammen mit meiner Mutter und meinem Bruder zum ersten Mal die Hölle: einen

Luftangriff. Die in kurzen Abständen niedergehenden Bomben schlugen dicht neben unserem Graben ein. Sie trafen uns glücklicherweise nicht. Nur 15 bis 20 m von uns entfernt ließen sie riesige Erdfontänen aufspritzen. Mehrere Leute in anderen Gräben wurden durch Splitter verwundet, zwei junge Mädchen von hereinbrechenden Erdmassen begraben. Kaum hatten wir den Schock dieses ersten Angriffs überwunden, wurde schon der nächste Alarm gegeben. Diesmal galt es einem anderen Teil der Stadt.

Am Abend des dritten Tages bekamen wir den Befehl, die Evakuierung mit PKWs in Richtung Lublin fortzusetzen. Wir fuhren durch die Nacht hindurch. Zahlreiche Fahrzeuge fuhren in dieselbe Richtung. Am Rande der Chaussee marschierten Soldaten, die einen nach Westen, die anderen nach Osten. Von Zeit zu Zeit wurde die Straße von Zivilisten verstopft, die auf Fuhrwerken, Handwagen oder kleinen Rollwagen ihr Hab und Gut mit sich schleppten. Die Fahrzeuge fuhren mit abgedunkelten Scheinwerfern, da jederzeit ein feindlicher Fliegerangriff zu erwarten war. Im Morgengrauen tauchten zwei kleine Gruppen von Flugzeugen mit schwarzen Balkenkreuzen über uns auf und schossen auf alles, was sich auf der Straße bewegte. Alle gerieten in Panik. Unser Wagen landete durch das unter den Flüchtlingen auf der Straße ausbrechende Chaos im Graben. Als die Flugzeuge endlich verschwunden waren, gelang es uns, den Wagen auf die Straße zurückzuschieben und die Reise fortzusetzen. Wir holten die anderen Wagen ein. In Lublin erfuhr der Befehlshaber unserer Kolonne, daß wir Lwow (Lemberg) umgehen und in Richtung Tarnopol fahren sollten. Aus der Ferne hörten wir Geschützdonner. In der Nähe von Lwow sahen wir über der Stadt die riesige Rauchwolke der von Bomben getroffenen Spiritusfabrik.

Trotz unserer Erschöpfung – wir hatten fast gar nicht geschlafen – setzten wir die Fahrt fort. Auf Bemühen des Kommandeurs der Kolonne wurden wir mit Benzin versorgt. Am Abend erreichten wir Tarnopol. Es war der sechste oder siebte Kriegstag. In der Umgebung des Militärversorgungslagers wurden uns Quartiere zugewiesen. In der Stadt war es zunächst verhältnismäßig ruhig, aber um den 15. September herum erreichten uns Gerüchte, daß das Gebiet, in dem wir uns aufhielten, von den Russen besetzt werden sollte. Das klang völlig unglaublich. Meine Mutter war entsetzt. Wozu waren wir vom einen Ende des Landes zum anderen geflüchtet, wenn wir jetzt den Bolschewisten begegnen sollten?

Die Ereignisse entwickelten sich jedoch schneller als unsere Gedanken. In den Vormittagsstunden des 17. September rückten Panzer und Schützenpanzerwagen mit roten Sternen in Tarnopol ein. Auf den Straßen tauchten Soldaten in grauen Uniformen und seltsamen Spitzmützen mit fünfzackigen Sternen auf. An den Kreuzungen standen russische Militärstreifen. Von verschiedenen Seiten heranziehende Soldaten zersprengter polnischer Einheiten ergaben sich und stellten ihre Waffen zu Pyramiden auf. Dann wurden sie in unbekannter Richtung abgeführt, sicherlich zu irgendwelchen Sammelpunkten oder in Kriegsgefangenenlager.

Die Truppen der Roten Armee hatten nicht nur Tarnopol, sondern alle östlichen Wojewodschaften des polnischen Staates einschließlich Wilna und Lwow besetzt. Wir erfuhren, daß es sich dabei um eine schon früher geplante, zwischen Hitler und Stalin vereinbarte Operation handelte.

Meine Mutter war völlig niedergeschlagen. Sie beschloß, um jeden Preis nach Westen zurückzukehren. Wenn Polen schon seine Unabhängigkeit verloren hatte und okkupiert war, dann sollten wir uns in der deutschen und nicht in der russischen Besatzungszone befinden, möglichst weit weg von den östlichen Besatzern. Dafür hatte sie ihre Gründe. Nach der Mobilmachung hatte sie mit dem Vater vereinbart, daß wir im Falle einer Trennung versuchen würden, nach Tarnów, in die Geburtsstadt meiner Eltern, zu gelangen.

Ende September gelang es meiner Mutter, ein Fuhrwerk zu mieten. Züge verkehrten noch nicht. Nachdem wir das Notwendigste gepackt hatten, begaben wir uns auf den Rückzug. Unterwegs boten verlassene und zerstörte Autowracks, Geschütze, Panzer und militärische Ausrüstungsgegenstände einen traurigen Anblick. Grabhügel mit hölzernen Kreuzen kennzeichneten die letzte Ruhestätte der Gefallenen. Wir kamen nur langsam voran. Fuhrwerke wie unseres waren oft zu sehen. Auf einem solchen begegneten wir Bekannten aus der Posener Evakuierungskolonne. Weil es uns sicherer erschien, setzten wir den Weg gemeinsam fort. Von Tarnopol nach Lwow waren es etwa 120 Kilometer. Patrouillen der Roten Armee kontrollierten unsere Papiere, ließen uns aber weiterfahren.

Nach zwei Tagen und einer Nacht auf einem Bauernhof erreichten wir Lwow und fanden unsere Verwandten, die uns aufnahmen. Das Leben bei ihnen glich einem Dahinvegetieren. Aber da es keinen anderen Ausweg gab, mußten wir uns mit dem begnügen, was uns der Tag brachte. Da keine Passierscheine ausgestellt wurden, war uns der Weg nach Tarnów versperrt. Die Verhandlungen zwischen Deutschen und Russen waren noch im Gange. Man mußte eben warten.

Nicht nur wir befanden uns in dieser Zwangslage. Sehr viele Flüchtlinge, Evakuierte und ehemalige Armeeangehörige unterstanden plötzlich der Verwaltung eines anderen Staates. Lange Tage vergingen, bevor wir erfuhren, daß die russischen Kommissare in Absprache mit den deutschen Behörden all jenen die Rückkehr erlaubten, die nachweisen konnten, daß sie ihren ständigen Wohnsitz in Gebieten hatten, die dem Deutschen Reich eingegliedert waren oder sich im sogenannten Generalgouvernement befanden. Auf polnischem Boden regierten sowohl im Osten wie auch im Westen ausländische Behörden. Um einen Passierschein für den Grenzübertritt zu bekommen, mußte man bis nach Przemyśl fahren. Dort hob sich nach drei Tagen und drei Nächten endlich der Schlagbaum, und Mitte Oktober ließen uns die Deutschen in das von ihnen besetzte Gebiet.

In Tarnów, dem Ziel unserer Reise, erwartete uns ein herzliches Wiedersehen mit dem Vater. Es war ihm gelungen, der Gefangenschaft zu entgehen. Obwohl unsere Irrfahrt als Evakuierte zu Ende war, flossen bei der freudigen Begrüßung Tränen. »Wir haben kein Polen, aber wir müssen es zurückerlangen«, sagte mein Vater damals zur Mutter.

Schnell kam ich dahinter, daß mein Vater eine geheime Organisation gegen die Besatzer aufbaute. Er war ständig außer Haus und führte Gespräche mit vielen Leuten. Da er über gewisse Mittel verfügte, richtete er das Handels- und Kommissionsbüro »Okazja« (Gelegenheit) ein. Damit konnte nach außen erklärt werden, weshalb einige Personen, vorwiegend Mitglieder der Organisation, bei uns zu Hause verkehrten. Auch ich bekam die ersten Aufträge. Ich sollte die neueste Ausgabe des »Biuletyn Informacyjny« aus der Druckerei abholen und die Auflage an einen bestimmten Treffpunkt bringen. Ich brachte gefälschte Kennkarten zu Major Kosiba und holte bei dieser Gelegenheit die fertige Kennkarte für einen sich verbergenden Krakauer Offizier ab. Damals unterlagen alle ehemaligen

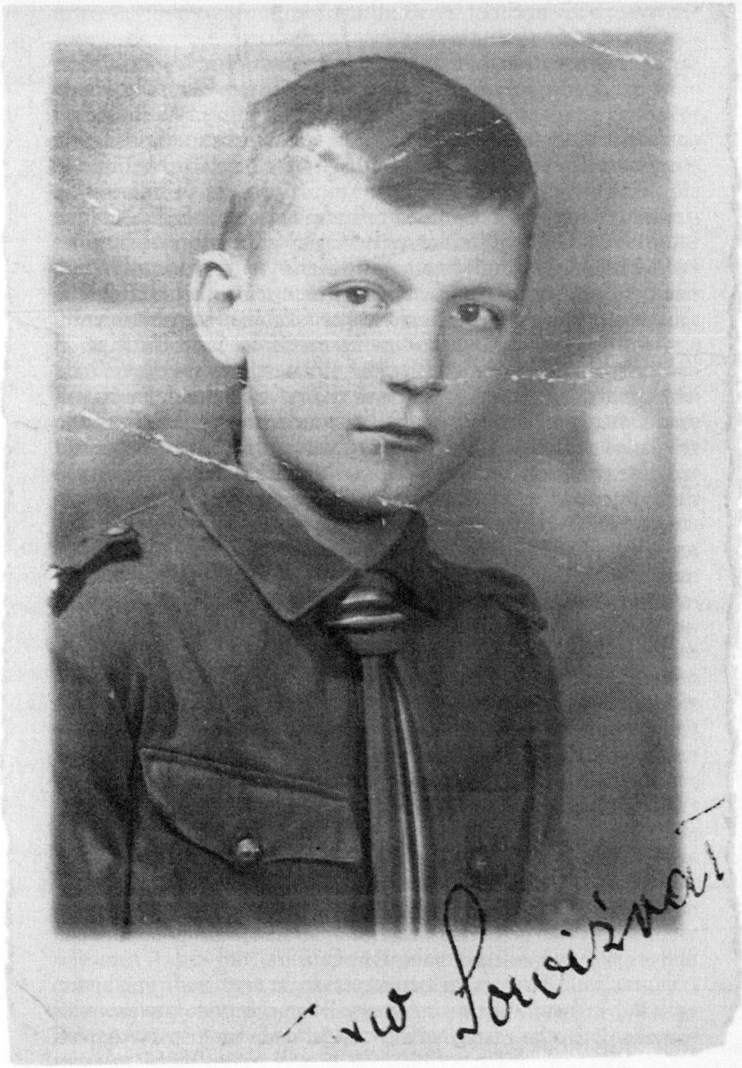

Abb. 1 Der Verfasser im Alter von elf Jahren als Pfadfinder.

Militärs der Meldepflicht. Diejenigen, die eine geheime, konspirative Tätigkeit in einer Militärorganisation aufnahmen, mußten deshalb ihre Identität wechseln und brauchten neue Papiere. Auf diese Weise verheimlichten sie ihren Status als Berufssoldat. Ein anderes Mal fuhr ich mit dem Fahrrad zum Försterhaus »Jodłówka« und überbrachte ein Päckchen mit zwei Pistolen.

So fing es an. Dutzende, ja Hunderte von Pflichten und Befehlen. Mein Vater vereidigte neue Mitglieder der Organisation – Arbeiter, Unteroffiziere, Handwerker, Lehrer, Ärzte oder Rechtsanwälte. Dabei spielte ihre politische und weltanschauliche Überzeugung keine Rolle. Diese Leute bildeten, wie ich rasch mitbekam, das weitverzweigte Netz einer militärischen Struktur. Ihre Hauptaufgabe bestand darin, sich den Anordnungen der Besatzer zu widersetzen und das Volk allmählich auf einen bewaffneten Aufstand vorzubereiten.

Mein Vater wollte mir ein Alibi verschaffen und hatte sich deshalb darum bemüht, daß ich an dem einzigen, von den Deutschen eröffneten Handelsgymnasium aufgenommen wurde. Vormittags besuchte ich den Unterricht in Buchhaltung oder Warenkunde. Meine »Freizeit« war ausgefüllt mit Aufträgen und Befehlen des Vaters. Das wirkte sich negativ auf meine Ausbildung in der Schule aus, aber die Zeiten waren nun einmal nicht anders. Das wichtigste war die Organisation, die für Polen und die Unabhängigkeit des Landes kämpfte. Ich war stolz auf meine Rolle und auf die Aufgaben, mit denen mich mein Vater betraute. Dabei kamen mir meine Erfahrungen als Pfadfinder zustatten. Meine Aufträge führte ich einwandfrei aus. Meine Mutter war ebenfalls restlos der Sache ergeben. Wie hätte es auch anders sein können.

Um die Spitzel und Zuträger der Gestapo in die Irre zu führen, löste mein Vater nach einiger Zeit das Handelsbüro auf und zog mit uns in ein kleines Vorstadthäuschen. Der Umzug war vergeblich: Anfang September 1940 wurde unser Haus von der Gestapo umzingelt. Nach einem kurzen Hin und Her an der Haustür gelang es dem Vater, die Aufmerksamkeit der Geheimagenten abzulenken. Er befahl mir, durch das Fenster auszureißen. Für einen Augenblick ging im ganzen Haus das Licht aus. Trotz großer Angst sprang ich in die ringsum herrschende Finsternis. Als ich auf dem Boden gelandet war, rannte ich, so schnell ich konnte, durch die Büsche und Beete des Gartens.

Nachdem die Gestapobeamten in das Haus eingedrungen waren, ging das Licht wieder an. Sie schossen uns nach, aber ich war schon weit genug fort, so daß die Kugeln mich nicht mehr erreichen konnten. Auch dem Vater gelang die Flucht. Meine Mutter jedoch wurde von der Gestapo verhaftet und mußte meinen jüngeren Bruder einem ungewissen Schicksal überlassen.

Dank der konspirativen Kontakte konnte ich mich etwa vier Monate lang versteckt halten. Ich wechselte meist nach drei bis fünf Tagen den Zufluchtsort. Kurze Zeit blieb ich direkt in Tarnów. Längere Zeit hielt ich mich unter anderem Namen bei einer Schwester meines Vaters in dem kleinen ländlichen Ort Radgoszcz auf. Aber auch dort war ich nicht sicher. Nach einiger Zeit holte mich mein Vater in die Stadt Częstochowa. Dort setzte er unter fremdem Namen seine Untergrundtätigkeit fort. Ich wohnte mit ihm zusammen und bekam wiederum einen anderen Namen und neue Papiere. Ich war ein »Illegaler«, ein sich vor der Gestapo versteckender Mensch. Damals stellte ich mir zum ersten Mal die Frage, ob ich mein ganzes weiteres Leben ständig auf der Flucht sein würde und mich verstecken müßte. Ich war mir nicht klar darüber, daß dies erst der Anfang der Kriegswirren war. Um nicht zur Zwangsarbeit ins Reich verschleppt zu werden, besorgte mir mein Vater über seine konspirativen Beziehungen eine Beschäftigung im Lebensmittelgeschäft einer Genossenschaft. Als Verkäufer nahm ich weiterhin von Zeit zu Zeit verschiedene Meldungen und Sendungen der Organisation entgegen, die ich dann an den Vater oder später an bestimmte Mitglieder der Organisation weitergab.

Die Arbeit im Laden war schwer und erforderte körperliche Kraft. Man mußte Säcke mit Mehl, Grütze oder Zucker schleppen und stapeln. Das Auswiegen und Abpacken gehörte zu den weiteren Arbeitsschritten. Das Geschäft hatte jenen Teil der Bevölkerung zu versorgen, der sogenannte Schwerstarbeiterkarten bekam. Den Inhabern dieser Karten standen zusätzliche Lebensmittelrationen zu, denn die Besatzer vertraten den Grundsatz: »Wer arbeitet, soll auch essen.«

Langsam gewöhnte ich mich an meinen neuen Namen. Zu jener Zeit freundete ich mich mit Andrzej, dem Sohn von Oberst Stypulkowski an. Unter dem Decknamen »Chudy« (der Dünne) tauchte Oberst Stypulkowski häufig zu Beratungen bei meinem Vater auf.

Andrzej arbeitete ebenfalls in der Genossenschaft, aber in einer anderen Abteilung. Unsere kärgliche Freizeit verbrachten wir zusammen. Bei ihm und bei mir hatte der Krieg die Ausbildung unterbrochen, und als Gleichaltrige bewegten uns viele gemeinsame Themen. Wir trafen uns auch mit dem etwas älteren Jurek Bogobowicz, der uns gewissermaßen betreute. Unser Anteil an der konspirativen Arbeit war damals zweitrangig, aber trotzdem betrachteten wir uns als Soldaten und führten kleine Aufgaben und Befehle aus.

Zu den Personen, die in unsere Wohnung kamen, gehörten zwei Melderinnen, die Schwestern Wyrzykowska. Von Zeit zu Zeit tauchten die Offiziere Jędrysik, Michniewski und Kwiatkowski mit Meldungen bei uns auf. Welche Aufgaben sie hatten, wußte ich nicht, denn mein Vater weihte mich nicht ein. Ich konnte es mir nur denken. Und das war richtig so. Es war überhaupt besser, so wenig wie möglich zu wissen, weil stets die Möglichkeit bestand, daß jemand aufflog.

Eines Tages erklärte mir mein Vater überraschend, daß er aus konspirativen und organisatorischen Gründen nach Radom versetzt würde. Er löste die Wohnung auf und brachte mich bei einem Unteroffizier des Infanterieregiments Częstochowa, dem Oberfeldwebel Madaliński, unter. Der Wechsel hatte für mich auch eine gute Seite, denn Madaliński arbeitete im selben Laden wie ich. Auf diese Weise lernte ich seine Familie näher kennen. Seine Frau und die drei Kinder, alle jünger als ich, waren gastfreundlich und herzlich zu mir. Es war zwar nicht mein Elternhaus, aber ich befand mich in einer Familie. Offensichtlich war es mir vom Schicksal beschieden, daß ich ständig unter einem anderen Dach schlafen mußte, und daß mir an jeder neuen Heimstatt Herzlichkeit und Wärme entgegengebracht wurden.

Von Jurek, den ich auf der Straße traf, erfuhr ich, daß man Stanisław Bzowski verhaftet hatte. Er war der Sohn von Wanda Bzowska, Deckname »Babcia« (Großmutter), die mich auf der Fahrt von Krakau nach Częstochowa beschützt hatte. Auch Herr Jędrysik war verhaftet worden. Vorübergehend wurden alle Kontakte eingestellt. Ich wurde angewiesen, keinerlei Verbindung aufzunehmen. Man mußte doppelt wachsam jeden Schritt kontrollieren, um nicht der Gestapo in der Kilińskiego-Straße in die Hände zu fallen. Dort befand sich die berüchtigte Folterstätte, in der alle der konspirativen Tätigkeit Verdächtigen verhört und gepeinigt wurden. Ich hörte also auf, aktives Mitglied der Organisation zu sein. Verbindungsleute meldeten sich nicht mehr in dem Laden, in dem ich arbeitete. Eines Tages wurde ich an eine andere Arbeitsstelle versetzt. Dort war ich mit der Verteilung von Kohlen und Kartoffeln beschäftigt.

Unerwartet bekam ich über einen Verbindungsmann meines Vaters einen Brief und darin einen Kassiber von der Mutter aus dem Gefängnis. In dem Umschlag steckte auch ein Rosenkranz aus Brotkrumen. Ich war erschüttert. So lange hatten wir keine Nachricht gehabt, und nun konnte ich die Zeilen direkt von ihr lesen. Aus ihrem Herzen sprachen Unruhe und Befürchtungen um mich. Ich las den Brief viele Male. Mir kamen die Tränen, aber ich durfte nicht schwach sein. Mühsam biß ich die Zähne zusammen, als sie erwähnte, sie werde wahrscheinlich in das Konzentrationslager Ravensbrück überstellt. Ich hatte keine Ahnung, daß es irgendwo in der Umgebung von Berlin dieses Frauenkonzentrationslager gab.

Eine Woche später rief mich mein Vater nach Radom. Er war sehr besorgt über die neue Situation der Mutter. Er berichtete auch von weiteren Verhaftungen und Erschießungen vieler guter, der Sache Polens ergebener Leute durch die Nazis und von den Siegen Hitlers auf dem Balkan. Trotzdem glaubte er fest daran, daß die Nationalsozialisten am Ende zu Fall kommen würden. Immer mehr unterworfene Länder müßten durch Truppen besetzt gehalten werden, und das werde zur Niederlage der Besatzer führen.

Als wir uns verabschiedeten, warnte er mich, ich solle vorsichtig sein und mich nicht durch die allgegenwärtigen Spitzel der Gestapo provozieren lassen: »Wir brauchen viel Mut und Ausdauer, um all das zu ertragen und vor allem, um zu überleben.« Ich kehrte nach Częstochowa zurück, aber mir war sehr traurig zumute. Ich hatte begriffen, daß der Mensch bei jedem Kampf um eine gerechte Sache vor allem auf sich selbst gestellt ist.

Einige Tage nach dem Treffen mit meinem Vater überfielen die Nazis die Sowjetunion. Die Zeitungen und Bekanntmachungen der Besatzer berichteten von gewaltigen, Epoche machenden Siegen Großdeutschlands. Ich war niedergeschlagen und verzweifelt. Sollte niemand imstande sein, die Faschisten zu bezwingen? Würde es Polen niemals mehr geben? – Nein, das war unmöglich! Man mußte durchhalten, sagte ich mir.

Andrzej, den ich zufällig auf der Straße traf, meinte auch: »Die Deutschen haben jetzt überall Fronten, im Westen und im Osten, im Norden und im Süden. Früher oder später ersticken sie daran. Du wirst es sehen!« Beim Abschied flüsterte er mir zu: »Paß auf dich auf! Sie haben diese Schwarzhaarige, na diese Wyrzykowska, mit ›Bulletins‹ geschnappt. Bei diesen Weibern kann man nie wissen. Halt die Ohren steif!«

Ich konnte die rasch eintretenden Ereignisse nicht ganz überblikken. Ich fühlte mich irgendwie verloren im Durcheinander des Krieges. Hoffnung und Glaube kehrten nur dann zurück, wenn ich mich nach der Arbeit in die Pflichtlektüre des Gymnasiums, in die Werke von Reymont, Żeromski, Prus und Orzeszkowa vertiefte. Und in der bescheidenen Bibliothek meines Gastgebers gab es ziemlich viele dieser Bücher. Über eines wurde ich mir klar. Man durfte nicht verzweifeln. Nichts fällt einem in den Schoß. Bedeutende Ereignisse, geschichtliche Umwälzungen und Veränderungen vollziehen sich stets erst nach langen, anstrengenden, ausdauernden Bemühungen. Mit Ideen allein erlöst man die Welt nicht.

Ich erlebte eine weitere Katastrophe meines Vaterlandes mit, aber das bedeutete keineswegs, daß es Polen und die Polen nicht gab. Man mußte weitermachen, der Organisation helfen, wenn die Zeit da war. Und vorläufig durfte man nicht vergessen, daß man nur dann nützlich sein konnte, wenn man lebte. So überzeugte ich mich selbst, um Glauben und Hoffnung nicht zu verlieren, um nicht in Zweifel und Depression zu verfallen.

Zawodzie

Ende August 1941 bekam ich durch einen vertrauenswürdigen Menschen einen Brief vom Vater sowie mehrere Aufträge der Organisation. Ich sollte an drei verhaftete Mitglieder Päckchen ins Gefängnis in Zawodzie weiterleiten. Die Namen waren im Brief angegeben. Ich wußte also, um wen es ging. Im Gefängnis wurde mir klar, wie wenig man für andere tun konnte. Ich mußte in einer Menschenschlange warten, um die Päckchen abgeben zu können. Dabei lauschte ich den Gesprächen der Wartenden. Ringsum herrschte eine Atmosphäre des Mißtrauens, des Terrors und der Furcht. Eine ganze Reihe von Leuten hatte Angst, den Häftlingen irgendwie zu helfen. Man wollte nicht in den Verdacht geraten, jene Mitbürger zu kennen oder in Verbindung mit ihnen zu stehen, deren weiteres Schicksal ungewiß war.

Vielleicht war es gut, daß mein Vater mich ausgesucht hatte, um diese Päckchen abzuliefern. Die Verhafteten hatten keine Möglichkeit, sich mit ihren Familien in Verbindung zu setzen. Sie stammten aus jenem Teil Wielkopolskas (Großpolens), den die Nazis in Warthegau umbenannt und dem Reich eingegliedert hatten. Sie saßen schon über ein halbes Jahr im Gefängnis. Diese symbolischen Päckchen konnten ihnen nur für kurze Zeit Zuversicht und Hoffnung verleihen und ihnen zeigen, daß es in der Organisation Leute gab, die sie nicht vergessen hatten. Aber würde jemand erneut Päckchen abgeben und ihnen helfen, durchzuhalten? Würden jene das noch brauchen? Ich hatte meine Pflicht erfüllt.

Der nächste Tag war der erste September. Wie seit Wochen begab ich mich zu meiner Arbeitsstelle in der Genossenschaft. Ich arbeitete in einer Holzbude in der Nähe der Waage. Aufmerksam und genau notierte ich die Menge der gewogenen Kartoffeln auf der Waage, zog das Verpackungsgewicht ab und trug dann den Endstand in das Auslieferungsbuch des Lagers ein. Gegen Mittag kam mein älterer Kollege, der außen die Waage und das Ladegut kontrollierte, in die Bude und sagte sehr verlegen: »Irgendwelche Herren suchen dich und wollen mit dir sprechen.«

Durch das kleine Fensterchen erblickte ich zwei ziemlich hochgewachsene Uniformierte und einen Zivilisten mit Hut, die Herr Karwat, der Direktor der Genossenschaft, persönlich zur Bude führte. Mein Herz begann wie wild zu schlagen. In welche Richtung sollte ich ausreißen? Ich stand in der Tür. Die Fremden waren schon ganz nah. Da haben sie mich also doch erwischt, dachte ich. Ich sah, daß die beiden Uniformierten runde Offiziersmützen mit schwarzem Mützenband trugen; und in der Mitte ... ein Totenkopf. Gestapo! Ich hatte keine Zweifel mehr.

Einer von ihnen wandte sich in akzentfreiem Polnisch an mich: »Sie sind also Herr Sobolewicz.« In seiner Stimme schwang gleichsam Verwunderung mit. »Ja«, antwortete ich, und er wiederholte: »Tadeusz Sobolewicz, nicht wahr?« »Das stimmt«, gab ich zurück. »Sie kommen mit«, warf der zweite – in minder höflichem Ton – ein. Unterdessen betrat der bebrillte Zivilist die Bude, sah sich um, murmelte dem Direktor, der wie eine Salzsäule dastand, so etwas wie ein »Heil Hitler!« zu und kam uns nach.

Auf der Straße stand ein Auto. Sie befahlen mir, mich zwischen sie auf den Rücksitz zu setzen. Der zweite Uniformierte setzte sich ans Steuer. Der Wagen fuhr an. Derjenige, der Polnisch sprach, wandte sich an mich: »Wenn du die Wahrheit sagst, ist alles in Ordnung, und du kehrst zur Arbeit zurück. Wann bist du geboren?« Jetzt siezte er mich nicht mehr. Er war sich bewußt geworden, daß ich noch ein unreifes junges Bürschchen war. Mein Aussehen bestätigte das. »Am 25. März 1923«, antwortete ich in Übereinstimmung mit der Kennkarte. »Wo geboren?« – »In Lemberg.« – »Wo wohnst du?« lautete die nächste Frage. »In der Kilińskiego-Straße.« – »Na, das ist gut! Dann wirst du jetzt länger dort wohnen«, warf der in Zivil auf dem Vordersitz höhnisch ein. »Hausnummer?« fragte der andere. »154.« – »In Ordnung. Vorerst reicht's!«

Das Auto hielt vor der Nummer 10 in der Kilińskiego-Straße. Der Fahrer hupte, und ein Posten öffnete das Einfahrtstor. Auf dem Hof befahlen sie mir auszusteigen. Einer führte mich in den Keller. Er öffnete eine Tür, befahl mir hineinzugehen und schloß gleich hinter mir ab. Ein kaum wahrnehmbarer Lichtschein fiel von einem hoch angebrachten vergitterten Fenster herab.

Die Zelle war sauber, glatt betoniert, ohne jede Einrichtung. Dort gab es buchstäblich nichts, nur saubere, weißgetünchte Wände. Als ich mich – in dem kärglich einfallenden Licht – an diesem Weiß sattgesehen hatte, vernahm ich plötzlich ein Stöhnen. Ich erstarrte. Nach einer Weile wiederholte sich das Stöhnen. Es kam aus der Nachbarzelle. Und wieder hörte ich es. Es war etwas schwächer geworden. Dann vernahm ich aus der Ferne plötzlich das Knarren der Eingangstür zum Keller und gleich darauf das Gebrüll eines Deutschen: »Du polnischer Bandit! Du wirst hier verrecken, verfluchtes Schwein!« Ich hörte einen Stoß oder Schlag, und dann so etwas wie das Geräusch eines hinfallenden Körpers. Wiederum drehte sich der Schlüssel im Schloß der Nachbarzelle. Schritte. Und Stille.

Ich begann mir Gedanken über meine Lage zu machen und wurde plötzlich von entsetzlicher Angst ergriffen. Um Gottes willen! Ich hatte schließlich den Brief des Vaters mit seiner Geheimadresse und ein zehn Tage altes »Biuletyn Informacyjny« bei mir! Heilige Jungfrau Maria! Welch ein Glück, daß sie mich nicht durchsucht hatten!

Vielleicht aus Versehen? Sie hatten es eilig gehabt. Sollte sie mein harmloses Aussehen genarrt haben? Oder sollte das eine Falle sein? Vielleicht beobachtete mich jemand vom Flur aus? Vielleicht belauschten sie mich in der Zelle?

Meine Phantasie begann zu funktionieren. Ich befühlte mit der Hand die hintere Hosentasche. Der Brief war da. In den anderen Taschen entdeckte ich einige Zigaretten und Streichhölzer. Doch wie sollte ich den Brief verbrennen, ohne Spuren zu hinterlassen? Ich steckte zunächst den Umschlag, dann den Brief und das »Blatt« in Brand. Die verkohlten Überreste versteckte ich in meinem Schuh. Ich hatte Angst, irgendeine Spur in der Zelle zu hinterlassen. Brandgeruch und etwas Rauch hingen weiterhin in der Luft. Hoffentlich kamen sie nicht gerade jetzt! Ich atmete auf. – Wenn sie diese Papiere bei mir gefunden hätten, hätte das riskant werden können.

Der verbrannte Brief und das Bewußtsein, daß ich keinerlei belastenden Beweis für meine Tätigkeit in der Organisation mehr bei mir hatte, beruhigten mich etwas. Innerlich war ich bereit, alle Anschuldigungen abzuleugnen. Ich würde nichts zugeben. Übrigens wußte ich ja nicht einmal, worum es ihnen ging. Vielleicht war es ja ein Irrtum. Irgend etwas mußten sie haben. Aber was? Was wußten sie? Wahrscheinlich ging es nicht um die Flucht aus Tarnów, denn dann hätten sie anders mit mir geredet! Seitdem war genau ein Jahr vergangen. Immer am 1. September passierte mir etwas! Ein Pechtag für mich, dieser 1. September. Damals war ich entkommen. Aber jetzt war eine Flucht aus dem verschlossenen Keller vollkommen unmöglich. Was mit mir geschehen würde, hing vom Verhör ab.

Ich befand mich in den Fängen der Gestapo, und das bedeutete ein ungewisses weiteres Schicksal. Die in mir aufkommende Furcht steigerte sich, je mehr Zeit ich in diesem Keller verbrachte. Auf der Uhr, die man mir nicht abgenommen hatte, rückten die Zeiger Stunde um Stunde vorwärts.

Gegen sechs Uhr abends hörte ich auf dem Flur Geräusche. Gleich darauf öffnete sich die Tür meiner Zelle und das Licht ging an. »Raustreten!« Nur das eine Wort aus dem Mund eines Gestapo-Mannes. Gehorsam verließ ich die Zelle. »Vorwärts«, befahl der Mann und stieß mich mit seinem Schlüsselbund in den Rücken. Auf dem Hof stand ein größerer Lieferwagen und daneben zwei weitere Gestapo-Leute. Sie befahlen mir einzusteigen. Im Wagen saßen mehrere Häftlinge auf niedrigen Bänken. Es waren ungefähr zehn. Ich muß sehr kümmerlich ausgesehen haben, denn einer von ihnen, ein älterer Mann, meinte: »Jetzt verhaften sie sogar schon Kinder.« Und er nickte mitfühlend. Ich erzählte niemandem, daß ich bereits siebzehn war. Es ist sogar gut, daß ich jünger aussehe – dachte ich mir.

Als sich die drei Gestapo-Posten mit entsicherter Waffe im Wagen niedergelassen hatten, fuhren wir los. Es gab keine Fenster. Wir sahen nicht, wohin man uns brachte. Von den anderen Untersuchungshäftlingen im Wagen kannte ich niemanden. Es dauerte nicht lange, und nach einigem Auf und Ab hielt der Wagen an. Die Posten öffneten die Tür und befahlen uns auszusteigen. Es zeigte sich, daß wir uns im Gefängnis in Zawodzie, einem Stadtteil von Częstochowa, befanden.

Uns wurde befohlen, nacheinander an einen Tisch zu treten, an dem zwei Posten unsere Personalien aufnahmen. Eine dritte Person hieß uns, die Taschen auszuleeren, Gürtel, Uhr, Geld und andere Kleinigkeiten abzugeben. Gut, daß ich die Papiere verbrannt hatte. Ich war so von den Formalitäten in Anspruch genommen und von

Furcht erfüllt, daß ich das, was man mir befahl, fast automatisch ausführte. Nachdem unsere Aufnahme ins Gefängnis abgeschlossen war, wiesen uns die Gestapo-Leute an, ihnen über die Flure ins Obergeschoß zu folgen.

Damals erblickte ich zum ersten Mal ein Gefängnis von innen. Links und rechts der Wandgänge sah man lange Reihen einheitlicher Türen, gekennzeichnet durch Nummern. Es war wohl im zweiten Stock, wo in einer gesonderten Abteilung ein anderer Gestapo-Mann und ein Wärter vor uns auftauchten. Sie quittierten, daß sie uns von den ersten beiden übernommen hatten, und brachten uns der Reihe nach in den Zellen unter. Ich kam in die Zelle Nr. 37. Sie war nicht größer als etwa 5 × 3 Meter. Darin befanden sich 16 Häftlinge. Ich war der siebzehnte. Zellenältester war, wie sich später herausstellte, der Oberfeldwebel des polnischen Heeres Stanisław Sukiennik.

Über meine Einweisung war man nicht gerade erfreut. In der Zelle gab es nur ein paar Strohsäcke und Decken. Jeder zusätzliche Häftling schmälerte den sowieso schon engen Platz zum Schlafen. Sukiennik fragte, weshalb man mich, einen so jungen Burschen, hier eingesperrt habe. Ich antwortete, daß ich es nicht wisse, daß es vielleicht ein Irrtum sei. Voller Verständnis nahm er meine Erklärung zur Kenntnis. Die anderen waren offensichtlich mit ihren eigenen Sorgen beschäftigt. Jeder hatte irgend etwas auf dem Gewissen, sprach aber nicht gern davon – sei es die Zugehörigkeit zu einer Organisation, sei es eine unbedachte Äußerung, sei es illegaler Handel oder sei es am Ende das am häufigsten anzutreffende Vergehen »Lesen verbotener Zeitungen« bzw. »illegales Rundfunkhören«.

All diese »Verbrechen« genügten, um ins Gefängnis zu geraten. Für mich waren die Festnahme und die Berührung mit dem Gefängnis ein Schock. Ich wußte nicht, wie ich mich verhalten, was ich tun, was ich sagen sollte. Ob ich überhaupt reden sollte. Ich hatte lange genug alles mögliche über die Gestapo mitangehört. Was mich erwartete und was mit mir geschehen würde, das entzog sich meinem Willen. Ich hatte aufgehört, ein freier Mensch zu sein. Von den Mithäftlingen erfuhr ich, daß ich mich in der Abteilung für politische Gefangene befand.

In der Zelle war es stickig, und das Fenster wurde nachts geschlossen. Die ersten Nächte kamen mir entsetzlich vor. Wenn man sich auf die andere Seite drehen wollte, störte man den Nachbarn, so eng war es. Die Nachbarn rechts und links wachten oft auf. Auch ich wurde wach. Nachher konnte man nur schwer wieder einschlafen. Ich lauschte dann den ungleichmäßigen Atemzügen meiner Unglücksgefährten, ihrem Schnarchen, ihrem Stöhnen, ihren Seufzern. In Gedanken floh ich in die Freiheit. Immer wieder fragte ich mich, wie es dem Vater gehen mochte. Wann würde er von meiner Verhaftung erfahren? Wer würde ihm diese Nachricht überbringen? Die Mutter im Lager, und jetzt hatten sie mich geschnappt. Weshalb hatten sie mich verhaftet?

Ich stellte mir unablässig Fragen. Was wußten sie, und um welche Informationen mochte es ihnen gehen? Mit wem sollte ich meine Festnahme in Verbindung bringen? Auf die Antwort mußte ich noch warten. Vorerst verbrachte ich Tag um Tag in der Zelle. Eigentlich sah ein Tag wie der andere aus: morgens das Wecken und das Hinaustragen des »Kübels« aus der Zellenecke, in der die Häftlinge den ganzen Tag über und die Nacht hindurch ihr Bedürfnis erledigten. Dann folgte der Gang zum Waschraum und das Waschen selbst, soweit man es überhaupt Waschen nennen konnte. Eher ein Besprenkeln des Gesichts und ein kurzes Abspülen der Hände. Danach ging es zurück in die Zelle. Nach einer Weile bekamen wir »Tee«, irgendein dunkles, ins Kochgeschirr gefülltes Gebräu, und dazu ein dünnes Stück Brot. Mittags gab es »Suppe«, zerkochte Kartoffeln und Rüben in einer Knochenbrühe; Fleisch bekam ich die ganze Zeit hindurch kein einziges Mal zu sehen. Abends tranken wir dasselbe wie morgens – das Gebräu und ein Kanten Brot. Bei jedem Öffnen der Zelle war Sukiennik verpflichtet, den Stand der Belegung zu melden und zu berichten, ob alles in Ordnung sei. Die einzige »Abwechslung« der Zellenbewohner bestand darin, daß man zum Verhör gerufen wurde.

Meistens gegen acht Uhr morgens rief der Gestapo-Diensthabende bestimmte Personen aus den Zellen heraus. Sie wurden dann mit dem Auto in die Gestapo-Zentrale in der Kilińskiego-Straße gebracht. Im Laufe der ersten zwei Wochen meines Gefängnisaufenthalts wurde kein Häftling meiner Zelle zum Verhör abgeholt. Wir waren alle erregt, als zum ersten Mal der Name eines Zellenkameraden aufgerufen wurde. Man hatte uns nicht vergessen. Zum Verhör ging ein kleiner, ruhiger, phlegmatischer Mann aus der Umgebung von Radomsko, von Beruf war er Tischler. Er gab zu, verbotene »Blätter« gelesen zu haben. Seine Sache schien nicht sonderlich schwerwiegend zu sein. Nachmittags wurde er zurückgebracht. Die Kalfaktoren mußten ihn buchstäblich hereintragen. Sein Gesicht war nicht wiederzuerkennen. Er hatte am ganzen Körper gelbblau unterlaufene Flecke und Blutergüsse. Er atmete nur mühsam. Seine Zellenkameraden legten ihn auf einen Strohsack, obwohl das am Tage verboten war.

Am nächsten Tag wurde Rechtsanwalt Lipiński aufgerufen, ein sehr sympathischer, fast immer fröhlicher Herr. Er kam früher zurück, ungefähr gegen Mittag. Auch ihn hatte man verprügelt. Sie hatten ihm »nur« zwei Zähne ausgeschlagen und ihn ordentlich durchgewalkt. Das Lächeln war aus seinem Gesicht verschwunden. In der Nacht stöhnte er vor Schmerzen. Am nächsten Tag wurde wieder der Tischler gerufen. Er konnte kaum gehen. Er wurde zum Verhör abgeholt und kam bis zum Abend nicht zurück. In der Zelle gab es zwei Lehrer, Szprynger und Wieczorkowski. Szprynger wurde eines Tages aufgerufen, und auch er kam nicht mehr zurück. Von den Kalfaktoren erfuhren wir, daß man ihn nach Auschwitz ins Lager geschickt hatte. Sein Verfahren war abgeschlossen. Er meinte, daß das Lager ein besserer Ausweg sei als der weitere Verbleib im Gefängnis, wo er schon fast ein halbes Jahr saß. Er hatte jedoch große Angst davor, daß man ihn letztlich doch noch der Gruppe der zur Erschießung Bestimmten zuteilen werde.

In gewissen Zeitabständen wurden aus den Häftlingen, die ihre Verhöre bereits hinter sich hatten, Gruppen zusammengestellt, die ohne Gerichtsverfahren zum Tode verurteilt wurden. Aus der Nebenzelle hatte man vor einigen Tagen sieben Männer zur Erschießung abgeholt.

Die ständig zunehmende Spannung bewirkte, daß man in Gedanken immer mehr von der Frage gepeinigt wurde, was der kommende Tag bringen würde. Das war einfach nicht zu ertragen. Der eingesperrte, seiner Freiheit beraubte Mensch unterliegt früher oder später einer gewissen inneren Verzweiflung. Möge kommen, was da will, wenn man nur nicht länger auf diesen 15 Quadratmetern mit den fremden Menschen und dem Kübel in der Ecke ausharren muß. Aber die Häscher wußten bestens darüber Bescheid. Einen erschöpften, verzweifelten Häftling konnte man beim Verhör leichter zum

Aufgeben zwingen. Die dritte Woche meines Aufenthalts in der Zelle ging zu Ende. Eines Tages bat ich meine Leidensgenossen, sie möchten mir erlauben, in der Zelle gymnastische Übungen zu betreiben. Ich wollte nicht in Zweifel verfallen und nicht schwach sein, wenn sie mich zum Verhör holten. Ich brauchte Bewegung, irgendwelche Bewegung. Andere folgten meinem Beispiel. Nur Sukiennik hielt an der Tür Wache. Leibesübungen waren in der Zelle untersagt. Um die beunruhigenden Gedanken irgendwie abzulenken, sprach Wieczorkowski laut über Literatur, über das Schaffen von Mickiewicz und dann über Żeromski. Das Thema interessierte nicht alle gleichermaßen, aber sie hörten zu. Der Zweck an sich war, abgelenkt zu werden und wenigstens eine kurze Zeit nicht an die eigene Situation zu denken. Eines Tages wurden zwei neue Häftlinge in unsere Zelle gestoßen, der Lehrer Rychlewski und der Schlosser Szulakowski. Wiederum wurde es enger, aber da half eben nichts.

Und dann kam schließlich der Tag, an dem morgens mein Name aufgerufen wurde. Ein Krampf verschlug mir den Atem. Diese verfluchte Ungewißheit! Was würde mit mir geschehen? Sukiennik und Wieczorkowski drückten mir die Hände. Halt dich tapfer – las ich in ihren Augen. Ich ging auf den Flur und dann auf den Gefängnishof. Im PKW befanden sich zwei weitere, mit Handschellen gefesselte Häftlinge. Die Gestapo-Leute stiegen zu, der Wagen fuhr an. An diesem Tag schien die Sonne. Es war Oktober, Herbstbeginn. Das Verlassen der Zelle und die frische Luft berauschten mich. Irgend etwas dröhnte im Kopf, in den Ohren vernahm ich ein angenehmes Rauschen. Durch die Wagenscheibe sah ich in Freiheit herumspazierende Menschen.

Eilig strebten sie irgendwohin, mit Taschen, Aktentaschen, Einkaufsnetzen. In den Alleen liefen Kinder zwischen den Bäumen herum. Ältere Herren führten ihre Hunde aus. Plötzlich nahm ich mit entsetzlicher Klarheit die Vielfarbigkeit der Kleidung wahr, die die von mir betrachteten Leute trugen. Die fröhlichen, hellen Farben fesselten meinen Blick; wahrscheinlich, weil im Gefängnis alles irgendwie grau, dunkel und trübselig war. Noch irgendeine junge Frau mit einem Kinderwagen, dann eine Kirche mit mehreren Türmchen … und eine scharfe Kurve. Das Auto fuhr an dem mir bekannten Tor vor, wir wurden auf den Hof gelassen. Der Film von der Freiheit war zu Ende. »Raus!« Dieser Befehl verhieß nichts Gutes.

Ich stieg aus. Die beiden mit Handschellen Gefesselten wurden in den Keller gebracht. Mir befahl man, nach oben zu gehen. Im dritten Stock befahl mir der Gestapo-Begleiter stehenzubleiben. Er klopfte an eine der Türen, und nachdem von innen die Antwort gekommen war, führte er mich in ein Zimmer. Ein Zivilist in mittleren Jahren saß an einem Schreibtisch. Es war derjenige, der bei meiner Festnahme dabeigewesen war. Neben ihm stand ein Gestapo-Mann in Uniform: »Hinsetzen«, er deutete auf einen Stuhl.

Das war also mein Verhör. Im ganzen Körper spürte ich eine seltsame Schwäche und Kraftlosigkeit. Mir war alles egal. Möge geschehen, was da wolle. Aber von einem war ich fest überzeugt: daß ich nichts sagen würde.

Die erste Frage fiel so plötzlich, daß es mir den Atem verschlug. »Wer hat deinem Vater öfter verbotene Zeitungen und Briefe in Umschlägen gebracht?« – »Mein Vater wohnt nicht mit mir zusammen«, antwortete ich. Der uniformierte Gestapo-Mann trug Lederhandschuhe. Er trat zu mir und hob mit einer Hand mein Kinn an. »Aber er hat mit dir zusammen gewohnt«, sagte er in feinstem Polnisch. »Es geht um den Zeitraum, in dem du bei deinem Vater in Częstochowa gewohnt hast. Verstanden?« Ohne lange zu überlegen, antwortete ich: »Damals habe ich im Geschäft gearbeitet. Den ›Goniec Krakowski‹ oder den ›Völkischen Beobachter‹ hat mein Vater selbst gekauft.« Der Zivilist am Schreibtisch mischte sich ein: »Du frecher Bengel, du weißt genau, worum es geht!« – »Zähle alle Bekannten in Częstochowa auf!« lautete die nächste, schon gefährlichere und hinterhältigere Frage. »Auf der Arbeit oder zu Hause?« fragte ich naiv zurück. »Sowohl da als auch dort«, präzisierte der Zivilist.

Ich begann Personen aufzuzählen, die weder mit der Organisation noch mit der illegalen Arbeit etwas gemein hatten. Ich nannte die Mitarbeiter im Laden und im Lager, die nichts von meinen Kontakten und meinen Verbindungen wußten. Um meine Aussagen glaubhafter zu machen, nannte ich die Namen von drei »Volksdeutschen«, mit denen ich bei meiner Arbeit im Geschäft in Berührung gekommen war. Ich erwähnte auch einen polnischen Polizisten, der ins Kartoffellager gekommen war, um sich zu »unterhalten«, und von dem ich wußte, daß man ihn im Verdacht hatte, ein Spitzel zu sein. »Das reicht«, unterbrach mich der Zivilist. Er gab dem anderen ein Zeichen, er solle mich hinausführen. Ich wußte nicht, worum es ging. Indessen schubste mich der Uniformierte auf die Toilette und schloß hinter mir ab. Ich war überrascht. Sollten sie so allwissend sein, daß sie auch daran gedacht hatten, was mir so dringend nötig war?

Als ich spülte, vernahm ich von jenseits der Wand plötzlich eine bekannte Stimme, obwohl ich noch nicht wußte, wer es sein mochte. »Tadek, Tadek! Ich weiß, daß du da bist. Antworte doch!« Die Stimme klang irgendwie gedämpft, als ob sie versuche zu flüstern, obgleich es kein Flüstern war. »Tadek, sag ihnen alles, denn ich hab schon alles zugegeben.« Ich hob den Kopf. Die Toilette war durch eine dünne Trennwand von einem Badezimmer abgeteilt. Im oberen, verglasten Teil dieser Wand befand sich eine Art Lüftungsfenster. Es war nur angelehnt. Von dort kam die Stimme: »Tadek, ich weiß, daß du da bist. Ich hab ihnen alles gesagt.«

Ich stieg rasch auf den Klosettdeckel und blickte ins Badezimmer. Auf dem Rand der Badewanne saß mit steif abstehenden Beinen Stefania Wyrzykowska, eine der Melderinnen des Vaters aus der Zeit, als er Bereichskommandant in Częstochowa gewesen war. Sie selbst konnte mich nicht sehen, aber sie redete, als habe sie es auswendig gelernt. Ich war entsetzt. Doch sogleich erfaßte mich Empörung und Wut. Ich konnte mich nicht beherrschen. »Was plapperst du da, du dumme Gans! Ich weiß von nichts!« zischte ich. Und in dem Augenblick erkannte ich meinen Fehler! Zu spät! Im Schloß knirschte der Schlüssel, die Tür ging auf, und der Gestapo-Beamte in Handschuhen schlug mir mit voller Kraft ins Gesicht.

»Na, wirst du jetzt reden?« brüllte er und schlug erneut zu, diesmal in den Magen. Ich flog mit dem Kopf an die Wand. Etwas benommen, hörte ich, wie jener brüllte: »Komm raus, du verfluchtes Arschloch!« Mit einer Hand packte er mich am Kragen meines Jacketts, und mit der andern drosch er wahllos auf mich ein. Ich begann zu bluten. Als ich das aus der Nase triefende Blut etwas mit dem Taschentuch gestillt hatte, brachte er mich wieder in das Zimmer, in dem der Zivilist saß. Der rauchte am Schreibtisch eine Zigarette und fragte leidenschaftslos: »Na, und was sagst du uns nun, Sobolewicz?«

Ich schwieg. Ich war mir darüber klar, daß sie uns belauscht hatten und daß Stefanie angefangen hatte zu »plappern«. »Ich weiß von nichts«, versteifte ich mich. Sollten sie mich doch umbringen! Ich erinnerte mich daran, wie Szprynger in der Zelle gesagt hatte: »Etwas zugeben ist schlimmer als schweigen.« Mit dem Taschentuch versuchte ich weiterhin, das Blut zu stillen. »Woher kennst du die Wyrzykowska?« Es gab keinen anderen Ausweg, ich mußte etwas sagen. »Ich hab sie in der Kirche kennengelernt. Sie hat mir gefallen.« – »Und das ist alles?« wunderte sich lachend der Gestapo-Beamte. »Alles«, gab ich frech zurück. Der in Handschuhen trat auf mich zu, drehte mir den Arm auf den Rücken und drosch mir mit der anderen Hand erneut ins Gesicht, mal links, mal rechts. Wiederum begann ich zu bluten. Indessen sprang der andere auf, ergriff eine auf dem Schreibtisch liegende Peitsche und begann, aus aller Kraft auf mich einzuschlagen. »Rede! Was hat euch verbunden? Hat sie dir ›Blätter‹ gegeben?« »Na, red schon, sonst schlag ich dich zu Brei, du Rotzbengel!« Ich stöhnte. Es tat weh.

Es tat sehr weh. Der andere prügelte ununterbrochen weiter. Als ich vom Stuhl rutschte, begann er mich mit den Stiefeln in den Bauch und an den Kopf zu treten. Ich riß mich zusammen und versuchte mühsam, die Schreie zu unterdrücken, die meinem Hals entfliehen wollten. Ich konnte mich nicht mehr beherrschen. Am Ende entrang sich mir ein furchtbarer Aufschrei: »Was wollt ihr von mir? Ich weiß von nichts!« Der in Handschuhen setzte mich zurück auf den Stuhl und versetzte mir einen Kinnhaken. Mir schien, daß irgend etwas geknirscht hatte. Aber nein. Noch hielt ich mich, nur plötzlich war mir furchtbar nach Weinen zumute. Nach dem ersten Schlag schrie ich noch einmal: »Ich weiß von nichts! Was werft ihr mir vor? Ich weiß gar nichts.«

Ich brach in Weinen aus, in ein langes, von Herzen kommendes, hingebungsvolles Weinen. Ich heulte und schluchzte, bis der, der auf mich einschlug, aufhörte. Der in Zivil drückte seine Zigarette aus und gab dem andern ein Zeichen, er solle mich abführen. Als die Tür aufging, erschien darin ein anderer Gestapo-Mann und hinter ihm in Handschellen – geprügelt und gefoltert – mein Vater. Im Vorbeigehen konnte ich ihm kurz ins Gesicht sehen. Darin standen entsetzlicher Schmerz, Entsetzen und Verzweiflung geschrieben. Mir blieb das Herz stehen. Ich war gleichsam gelähmt. Erst der in den Handschuhen drängte mich weiter und befahl mir, durch eine andere Tür hinauszugehen. »Ich habe nichts ...« In diesem Augenblick bekam ich einen gewaltigen Schlag mit dem Revolverkolben auf den Kopf. Ich strauchelte, behielt aber das Gleichgewicht. Es gelang mir, dem Vater zuzuzwinkern, daß ich nichts verraten hatte. Ich war mir nicht sicher, ob er mich verstanden hatte. Der mich vom Verhör abführende Gestapo-Beamte befahl mir, rasch nach unten zu gehen.

Sie brachten mich nicht in den Keller, sondern setzten mich auf einen großen, mit einer Plane überdeckten Lastwagen. Nach einer Weile kamen mehrere andere, soeben verhörte Häftlinge hinzu, die ähnlich wie ich verprügelt worden waren. Sie brachten uns zurück ins Gefängnis. Ich konnte mich kaum bewegen. Die Rückenschmerzen konnten bedeuten, daß ich gebrochene Rippen hatte. In der Zelle erfuhr ich, daß man drei unserer Leidensgefährten abgeholt hatte, um sie wahrscheinlich in den Wäldern bei Częstochowa zu erschießen. Sukiennik versuchte, mich aufzuheitern, gab es aber bald auf. Er erkannte, in welchem Zustand ich mich befand. Er erlaubte mir, mich auf den Strohsack zu legen. Ich kehrte den Kopf der Wand zu, und die Tränen rannen mir ganz von allein über die Wangen.

Der körperliche Schmerz war unwichtig. Am meisten schmerzte, daß sich alles als vergeblich erwiesen hatte: Unsere Flucht, ein ganzes Jahr leben im Verborgenen und die weitere Konspiration unter falschem Namen. Alles war dahin. Der Vater befand sich in ihren Händen. Das war das Schlimmste, das war eine absolute Niederlage. Die Mutter im Lager, der Vater in den Fängen der Gestapo und ich, von diesen Verbrechern zusammengeschlagen, im Gefängnis. Daß die schwarzhaarige Wyrzykowska das Prügeln nicht ertragen hatte, war ebenso entsetzlich wie die Art und Weise, wie sie »gesungen« hatte. »Ich hab ihnen alles gesagt«, dröhnte es mir in den Ohren. Aber was hatte sie ihnen wirklich gesagt, was schon? Wahrscheinlich alles: von wem sie Päckchen abgeholt hatte, bei wem sie sie abgegeben hatte, von wem sie Meldungen bekommen hatte, um sie an den Vater und an andere weiterzugeben. O mein Gott! Und das war erst der Anfang. Doch vielleicht waren die andern gewarnt worden. Vielleicht war es ihnen gelungen, der Verhaftung zu entgehen. Vielleicht waren die Deutschen eben deshalb so wütend. So viele Fragen taten sich auf.

In den nächsten Tagen dachte ich immer wieder an das Verhör. Die Tatsache, daß ich bei ihnen geheult hatte, ließ mir keine Ruhe.

Weinen war immer ein Zeichen von Schwäche für mich gewesen. Ich hatte mich zwar zusammengenommen und nichts gesagt, aber ich hatte geheult. Das Weinen war in diesem Fall meine Selbstverteidigung gewesen. Ich war kein Kind mehr, aber ich war auch noch nicht ganz erwachsen, rechtfertigte ich mich vor mir selbst. Der Vater hatte mich gemahnt, tapfer zu sein. Tapferkeit aber beweist man nicht durch Weinen, beschuldigte ich mich selbst. Dieses Problem quälte mich sehr lange. Am Ende reifte in mir die Überlegung heran, daß – da ich nichts gesagt und niemanden verraten hatte – mein Geheul durch die erlittenen Wunden, durch Schmerz, Prügel und Leiden zu entschuldigen war.

Es vergingen mehrere Tage. Die Rückenschmerzen ließen langsam nach. Die Schläge auf den Kopf, die zuerst sehr wehgetan hatten, schmerzten jetzt weniger. Ich überlegte, ob sie mich nicht erneut zum Verhör rufen würden. Diese Befürchtung war vollauf begründet. Einige von uns waren mehrfach verhört worden.

Zwei Wochen nach dem »Treff« bei der Gestapo bekam Sukiennik eine im Morsealphabet über das Heizungsrohr weitergegebene Nachricht aus der Nebenzelle. Irgendein Häftling ließ mir vom Vater mitteilen, daß er mir für mein Verhalten im Untersuchungsverfahren danke, und daß ich weiter tapfer bleiben solle. Der Häftling gab an, daß er mit meinem Vater zusammen im Keller in der Kilińskiego-Straße gesessen habe. O mein Gott – dachte ich. Dem Vater war es bestimmt viel schwerer gefallen, der Gestapo gegenüber seine Kontakte mit der Wyrzykowska zu erklären. Er hatte ihnen etwas sagen, sich herauswinden müssen. Er hatte sich nicht durch Heulen aus der Patsche helfen können wie ich. Er war geprügelt und gepeinigt worden, und trotzdem dachte er an mich.

Wiederum weinte ich, aber irgendwie anders als zuvor. In mir war etwas zersprungen. Ich weinte innerlich. Aus den Augen wollten keine Tränen mehr fließen. Die Verzweiflung hatte mich im Laufe dieser wenigen Tage seit dem Verhör verlassen, und ich wurde sozusagen innerlich härter. Ich war mir bewußt, daß ich zum nächsten, weitaus schlimmeren Verhör gerufen werden könnte. Auch wenn ich die Angst vor dem Prügeln nicht restlos unterdrücken konnte, begann ich am Ende – ich konnte sowieso nichts verhindern – in Gedanken Antworten auf Fragen zurechtzulegen, die mir die Gestapo-Leute unter Umständen stellen würden. Dabei kam nicht viel heraus.

Wonach oder nach wem sie auch fragen sollten, ich durfte keine eindeutige Antwort geben. Nur würde mir das gelingen? Ich hatte Angst, mit irgend jemand aus der Zelle meine Zweifel zu erörtern. Bisher hatte ich mich gegenüber meinen Zellengenossen nicht als geheimer Widerstandskämpfer zu erkennen gegeben. Angeborene Wachsamkeit und die Pfadfinderlosung »Vertraue nur dir selbst!« hatten mich vorsichtig werden lassen.

Eines Nachmittags wurde ein weiterer Häftling in unsere Zelle gepfercht. Es war der Maler Eugeniusz Wojciechowski. Er war jung und ... fröhlich. Im Erzählen von Witzen und Anekdoten war er unübertroffen. Er erzählte uns, daß er von irgendeinem Spitzel denunziert worden sei. Er hatte in seinem Arbeitsraum das Bild von Hitler mit gezwirbeltem Schnurrbart und langen Ohren versehen. Man hatte ihn tüchtig durchgewalkt und zum Konzentrationslager verurteilt. Er wartete auf seinen Abtransport. Ein paar Tage später kamen noch drei Häftlinge in unsere Zelle, und dann nochmals zwei. Es war furchtbar eng. Es fiel immer schwerer, sich zu bewegen, und das Schlafen war eine wahre Qual.

Wir waren über 20 Mann. Von den Neuzugängen erfuhren wir von weiteren Erfolgen der Nationalsozialisten in der Sowjetunion. Das bewirkte, daß in der Zelle eine sehr trübe Stimmung aufkam. Nach ein paar Tagen, am 20. November 1941, kam es unerwartet zu einer Belebung, denn in den Zellen wurden morgens die Namen bestimmter Häftlinge aufgerufen. Worum ging es? »Alle Sachen mitnehmen«, hörten wir durch die Tür. Irgendeine Veränderung war eingetreten, nur was für eine und für wen? Die Tür der Zelle ging auf, und auf dem Flur standen zwei Gestapo-Leute und ein polnischer Wärter. Es fielen die Namen Wojciechowski, Rychlewski, Lipiński, Wieczorkowski, Szulakowski und Sobolewicz. Ich war überrascht. Also kein weiteres Verhör?! Sie haben zu viele Häftlinge, und sie haben keine Zeit, sich über solche wie mich den Kopf zu zerbrechen – schoß es mir durch den Sinn. Die Aufgerufenen verabschiedeten sich hastig von ihren Leidensgefährten. Ich warf mich Sukiennik an den Hals und dankte ihm für seine Fürsorge und Betreuung. Er konnte mir eben noch zuflüstern: »Ihr kommt nach Auschwitz! Halt die Ohren steif!« Ich drückte ihm herzlich die Hände und verließ die Zelle. Für ein längeres Gespräch war keine Zeit mehr.

»Los, los!« brüllte der Gestapo-Aufseher. Auf dem Flur wurde ich zu den andern gestoßen, und wir mußten nach unten in die Verwaltung gehen. Dort händigte man uns die Gürtel und die bei der Einlieferung abgenommenen Kleinigkeiten aus.

Dann wurde uns befohlen, die Urteile zu unterschreiben, aufgrund derer wir ins Konzentrationslager eingewiesen wurden. Sie befahlen es – und ich unterschrieb, ebenso wie die anderen. Dann fesselte einer der Aufseher unsere Hände mit Stacheldraht und band uns zu zweit zusammen. Ich war durch den Stacheldraht an Zygmunt Szulakowski gefesselt. Ich war von Unruhe erfüllt. Warum hatten sie uns mit Stacheldraht gefesselt? Vielleicht ging es doch zum »Umlegen«? O Gott!

Nach wie vor herrschte diese Ungewißheit. Unter den zum Abtransport Bestimmten aus den anderen Zellen bemerkte ich den Offizier Zygmunt Kwiatkowski, der mir fröhlich zuzwinkerte. Er war offensichtlich erfreut darüber, daß die ganze Affäre nur mit der Einweisung ins Lager ausging. Ich erkannte den der konspirativen Arbeit ergebenen Gymnasialprofessor Edward Szwarc aus Częstochowa sowie Kazimierz Nowakowski, ebenfalls Offizier des polnischen Heeres. Also auch sie waren demnach Opfer unserer Peiniger.

Blitzschnell wurde mir klar, daß die unglückselige Wyrzykowska zwei von ihnen gekannt hatte. Ich hatte keine Ahnung, wieviel Unheil sie angerichtet hatte. Ich wußte nicht, wie viele Mitglieder der Organisation sie überhaupt gekannt hatte. Aber in den Ohren dröhnte mir ständig ihr »Ich hab ihnen alles gesagt!« Verflucht noch mal! Warum alles? Man gibt niemals alles zu. Warum gleich alles? Meine Vorwürfe ihr gegenüber waren sinnlos, aber es fiel mir schwer, meine Wut und Entrüstung zu bezwingen.

Als wir Häftlinge uns zu zweit aufgestellt hatten, wurde das Zeichen zum Abmarsch gegeben. Auf dem Hof stand ein Lastwagen mit überdachter Ladefläche. Wir mußten uns mit gekreuzten Beinen auf den Boden der Ladefläche setzen. Jede Bewegung bereitete Schwierigkeiten, weil sie vom Leidensgefährten abhing. Irgendwie kamen Szulakowski und ich mit der Situation zurecht. Die Gestapo-Posten sprangen auf, und der Wagen fuhr los. Er machte am Bahnhof halt. Den Befehl zum Absteigen nahmen wir mit Erleichterung auf. Wir sollen also wirklich nach Auschwitz gebracht werden und nicht zum »Umlegen« – dachte ich. »Das bedeutet eine Überlebenschance«, versuchte uns Szulakowski zu überzeugen, der mit mir zusammengefesselt war. Er hatte die Nachricht über die Einweisung ins Lager gewissermaßen fröhlich aufgenommen. »Mach dir keine Sorgen, Tadek«, flüsterte er mir zu, »auch wenn dort alles mit Stacheldraht eingezäunt ist. Den Draht kann man durchschneiden, selbst wenn er elektrisch geladen wäre. Und dann kann man fliehen.« Er hatte offensichtlich eine bessere Meinung vom Lager als ich. Seine Worte gaben mir Zuversicht. Vielleicht würde es ja eine Chance geben, zu fliehen.

Wir hatten jedoch beim Aufstellen eindeutig zu viel geflüstert. Zur Strafe bekamen wir beide von unserem Aufseher ein paar Schläge auf den Kopf. »Ruhe! Zu zweit aufstellen! Schneller, macht schon!« brüllte er.

Wir schlossen zu den anderen Häftlingen auf, die sich in einer Reihe aufstellten. Ein paar Meter von uns entfernt kam es zu einem kleinen Menschenauflauf. Unter den Neugierigen erkannte ich einen der Söhne Madalińskis. Er bemerkte mich, kam sofort auf mich zu und drückte mir ein winziges Bündel mit Eßbarem in die freie Hand. Uns wurden auch mehrere Schachteln Zigaretten zugeworfen, die wir rasch aufhoben. Irgendeine Frau gab Wieczorkowski ein Stück Brot, und eine andere Frau Wojciechowski einige Brötchen. Die Posten jagten die Leute fort. Sie taten das irgendwie lustlos, so daß jeder von uns, bevor wir zum Bahnsteig abmarschierten, etwas erwischt und in den Taschen hatte verschwinden lassen können. Man führte uns zu einem Nebeneingang, denn inzwischen war das Gedränge zu groß geworden. Die Leute hatten bemerkt, daß wir mit Stacheldraht aneinander gefesselt waren. Auf ihren Gesichtern zeichneten sich Angst und Entsetzen ab. Einigen Frauen standen Tränen in den Augen.

Später verfrachteten sie uns zu viert in die Abteile eines Personenwagens. Wir belegten den ganzen Waggon. Fenster und Türen waren verschlossen. In jedem Abteil nahm ein Posten mit entsicherter Waffe Platz. Sie drohten, daß sie bei einem Fluchtversuch ohne Warnung auf uns schießen würden. Gegen zehn setzte sich der Zug in Richtung Süden in Bewegung.

Auschwitz

Der Tag war trübe. Die Felder hinter dem Fenster lagen traurig und verlassen da. Fast ganz entlaubte Bäume ergänzten das finstere Landschaftsbild. Es begann zu nieseln. Der bewaffnete Posten im Abteil verfolgte wachsam jede Bewegung von uns. Auf einem Bahnhof wurde unser Wagen von dem Personenzug abgekoppelt und an mehrere Güterwagen angehängt. Nach einiger Zeit setzte sich dieser neue Zug in Bewegung. Er fuhr langsam. Erst gegen drei Uhr nachmittags lief er auf einem Bahnhof ein, auf dem das Schild AUSCHWITZ zu sehen war. Dort blieb er auf einem Nebengleis stehen. Durch das Fenster konnten wir sehen, daß die Verladerampe mit Posten umstellt war, die Totenkopfabzeichen an den Uniformmützen trugen. Jeder von ihnen hatte eine Maschinenpistole oder einen Karabiner in der Hand. Einige von ihnen waren mit Hunden da.

In den Güterwagen, an die man uns unterwegs angekoppelt hatte, befanden sich ebenfalls Häftlinge. Sie wurden mit Kolbenstößen zu der sich entlang der Wagenreihe aufstellenden Kolonne getrieben. Unsere Bewacher öffneten die Türen und nahmen uns die Stacheldrahtfesseln ab. Von allen Seiten hörten wir plötzlich ein entsetzliches Gebrüll: »Los, los, ihr verfluchten Banditen! Aber dalli!«

Die SS-Leute begannen völlig grundlos, mit den Gewehrkolben – einige auch mit Knüppeln – auf die Aussteigenden einzuschlagen. Unterwegs bekamen auch wir etwas ab. Unsere Gruppe aus dem Personenwagen schloß, angetrieben von Kolbenstößen, zu der bereits dastehenden Kolonne auf. Es dauerte einige Zeit, bis auch die Nachzügler aus den Güterwagen die Kolonne erreicht hatten. Mehrere junge SS-Leute unterschiedlichen Ranges waren für die Gruppen aus den einzelnen Waggons zuständig. Mit Stöcken zählten sie die aufgestellten Leute ab. Wenn sich jemand nicht richtig eingeordnet hatte, versetzte sie das in unbegreifliche Wut. Sie schlugen rücksichtslos zu. Unter den Häftlingen befand sich ein gutes Dutzend Leute in vorgerücktem Alter. Auf diese älteren Menschen hatten es die SS-Leute abgesehen. An ihnen ließen sie ihren ganzen Unmut über unsere Ankunft aus.

Schließlich setzte sich die Kolonne in Bewegung. »Links, links, links, zwo, drei, vier …«: Einer der SS-Posten gab den Schritt an. Als er sah, daß die Menge zu schleppend vorankam, befahl er: »Im Laufschritt, marsch, marsch!« In der Kolonne gab es ein ziemliches Durcheinander. Die einen bemühten sich, das angegebene Tempo einzuhalten, die anderen schafften es nicht. Und eben darum ging es. Es war der Vorwand dafür, »Ordnung« in die Kolonne zu bringen. Andere SS-Leute kamen aus den Blocks hinzugelaufen und droschen auf die Menge ein. Sie schlugen wahllos auf Köpfe und Füße und brüllten dabei ununterbrochen.

Ich war wie betäubt und entsetzt über das Geschrei der SS-Leute und den Lärm, den die im Laufschritt voraneilende Kolonne verursachte. Ich geriet in die mittlere Reihe und war dadurch weniger den Hieben der SS-Leute ausgesetzt, die auf uns einschlugen.

Nach einiger Zeit kam der Befehl, stehenzubleiben. Einige Häftlinge, die sich am Ende der Kolonne befanden, trugen drei, vier Leute aus den Güterwagen auf den Schultern, die vor Entkräftung gestorben waren. Als sie die Gruppe eingeholt hatten, ging es weiter. Irgendwo seitlich von uns erblickte ich plötzlich eine Gruppe von Menschen in gestreifter Kleidung, die Schlafanzügen ähnelte. Sie marschierten in dieselbe Richtung wie wir. An der Spitze ging ein dicker Mann in einer schwarzen oder dunkelblauen Jacke und in Schlafanzughosen. Am linken Unterarm trug er eine gelbe Binde mit der schwarzen Aufschrift CAPO. Man konnte sich unschwer denken, daß dies eine Gruppe von Häftlingen des Konzentrationslagers war. Nach einer Weile bemerkte ich eine zweite Gruppe. Sie glich der ersten, nur war sie weitaus größer. Diese Gruppe sang irgend etwas; ich konnte jedoch kein Wort davon verstehen.

Unterdessen erreichte unsere Gruppe ein Tor, vor dem wir stehenbleiben mußten. Über dem Tor prangte die Inschrift »Arbeit macht frei«. Rechts und links vom Tor waren mehrere Reihen von Stacheldrahtzäunen und Hinweisschilder mit der Aufschrift »Vorsicht! Lebensgefahr« befestigt. So sehen also die Drähte des Lagerzauns aus,

Abb. 2 KZ Auschwitz. Haupttor.

dachte ich bei mir. Doch wie sollte man sie bei der Anwesenheit so vieler SS-Leute überwinden?

Zu längerem Überlegen ließ man uns keine Zeit. Die neuen Häftlinge wurden abgezählt, das heißt unsere ganze Kolonne, etwa 400 Mann. Jenseits des Zauns wurden wir von Häftlingen mit Knüppeln begrüßt. Die brutalen Schläger trugen rote und schwarze Armbinden, auf denen ich die Abkürzungen BL, CAPO und LA entzifferte. Ausgerüstet mit kurzen Knüppeln oder Stöcken, gingen sie auf die einmarschierende Kolonne los und begannen die Marschordnung zu »verbessern«. Dabei brüllten sie »Links, links, links, zwo, drei, vier ...« Der Weg war uneben und steinig. Es fiel schwer, Schritt zu halten. Zum Glück war es bis zum Ziel unseres Marsches nicht mehr weit.

Wir blieben vor einem Gebäude stehen, das mit der Bezeichnung »Effektenkammer« versehen war. Wir mußten uns ausziehen und alle Zivilsachen in Papiersäcke verpacken. Dann gingen wir der Reihe nach mit den Säcken zum Eingang eines anderen Gebäudes, wo wir von den dort eingesetzten Häftlingen – nach Angabe der Personalien für die Lagerkartei – eine Lagernummer, die Häftlingsnummer, bekamen. Name, Vorname und Häftlingsnummer wurden von anderen, bei der Abfertigung unseres Transports eingesetzten Häftlingen auf den Säcken vermerkt. Auf dem Flur schor man uns den Kopf und die behaarten Körperteile. Dann wurden wir nackt ins Bad geschickt, wo man jeweils mehrere Dutzend von uns gleichzeitig hinein ließ.

Ich hatte gut zwei Monate nicht mehr gebadet, ging also rasch unter die Brause, sprang aber noch schneller wieder zurück. Aus der Dusche strömte kochendheißes Wasser, so daß man es nicht aushalten konnte. »Was denn, ist es euch zu heiß, ihr Hurensöhne?« meinte der Häftling, der die Anlage bediente. »Dann mach ich's euch kälter!« Ich trat zum zweiten Mal unter die Brause und schreckte wiederum zurück. Diesmal war das Wasser eiskalt. Ich erwischte ein Stückchen Ersatzseife und wollte mich einseifen. Aber die Seife schäumte leider nicht. Man verschmierte sich mit ihr nur den Körper. So eingeschmiert, wagte ich mich für einen kurzen Augenblick unter das kalte Wasser, um den Schmutz abzuspülen. Inwieweit mir das gelang, weiß ich nicht mehr. Schließlich stand ich wassertriefend und vor Kälte zitternd in der Schlange zur Ausgabe der Unterwäsche und der Häftlingskluft, die nach dem Baden jedem, zusammen mit ein Paar Holzpantinen, ausgehändigt wurde. Alles in allem dauerte es ein paar Stunden, bevor ich am Ende einen roten Winkel und auf Leinenstreifen die Nummer 23053 bekam.

Diejenigen, die alle mit der Aufnahme ins Lager zusammenhängenden Formalitäten erledigt hatten, wurden in größeren oder kleineren Gruppen zusammengefaßt und in die Blocks abgeführt. Es war spät am Abend, als man uns vor einem der Blocks Nadel und Faden aushändigte, damit wir an den entsprechenden Stellen – auf Mantel und Jacke links auf der Brust sowie auf den Hosen – die zugeteilten Winkel und Nummern aufnähen konnten. Zu essen bekamen wir nichts.

Ich wurde zusammen mit Wieczorkowski, Kwiatkowski, Wojciechowski und Lipiński in den Block 9 eingewiesen. Als man uns den Flur entlang in einen der Räume stieß, brüllte uns an der Schwelle ein ähnlich wie wir gekleideter Häftling an: »Zieht die Pantinen aus, ihr Hurensöhne! Aber dalli!« Dabei schwang er einen Gummiknüppel, den er in den Händen hielt. Gehorsam kamen wir der Anweisung nach. Der mit dem Gummiknüppel war der Stubenälteste. Er führte uns in den Raum, wo Decken verteilt wurden. In Unterwäsche legten sich die Häftlinge – die Kluft unter dem Kopf – dicht nebeneinander in einer Reihe auf dem harten Fußboden nieder. Im Laufe des Abends entdeckte der Stubenälteste, daß einer der Häftlinge gegen irgendeine Anweisung verstoßen hatte. Er sprang auf ihn los und begann, ihn mit dem Gummiknüppel zu bearbeiten.

Wir strebten auf eine Ecke des Raumes zu, aber die war bereits belegt. Also legten wir uns dort hin, wo gerade Platz war – zu fünft unter zwei Decken, denn mehr gab es für die Neuzugänge nicht. In den Raum kamen ständig neue Häftlinge und ergänzten die Reihen der Liegenden. Bald wurde es sehr eng. Wir lagen zusammengepfercht wie die Heringe. Und der Stubenälteste stopfte immer wieder Neue, Spätergekommene zwischen die Liegenden. Als sich alle endlich schlafen gelegt hatten, stand einer der sehr elend aussehenden Häftlinge wieder auf und wandte sich zur Tür. »Na, hast dir die Hosen vollgeschissen, was?« brüllte der Stubenälteste wachsam. »Du Stinkschwein, dir werd ich's zeigen! Marsch in den Waschraum, aber dalli!« Und er zog dem armen Sünder zweimal kräftig eins über den Kopf.

Tatsächlich – als der Unglücksrabe hinausgegangen war, verbreitete sich im Raum ein unheimlicher Gestank. »Aber weshalb prügelt er ihn?« flüsterte ich Wieczorkowski zu. Mietek Wieczorkowski wandte sich zu mir und entgegnete: »Ja aber prügeln sie hier denn, weil es einen Grund gibt? Tadek, hast du denn keine Augen im Kopf? Hier prügeln sie grundlos, gleichgültig, ob du krank oder gesund bist. Völlig grundlos. Es scheint so, als ob das Gefängnis ein Sanatorium war im Vergleich mit dem Lager. Aber mach dir nichts draus. Versuch, nicht aufzufallen! Laß uns schlafen! Wer weiß, was uns morgen erwartet«, belehrte er mich mitfühlend.

Vom Flur her hörten wir, wie jemand geschlagen wurde. Der Stubenälteste war bemüht, den Kranken schneller fertigzumachen. Wir vernahmen irgendein dumpfes Aufstöhnen und dann das Niederfallen eines Körpers. Ein kurzer, durchdringender Schrei, jäh unterbrochen – und tiefe Stille. Und dann plötzlich der kurze, weithin hallende Befehl »Licht aus!« Es wurde dunkel. Mich ergriffen Angst und Schrecken anderer Art als im Gefängnis. Mich entsetzte meine Einsamkeit inmitten so vieler fremder Menschen, die älter waren als ich. Ich schmiegte mich an die unter dem Kopf zusammengelegte Kluft. Sie stank nach Desinfektionsmitteln. Es fiel schwer einzuschlafen, aber die Eindrücke des ersten Tages im Lager waren mehr als genug. Bald verfiel ich in einen traumlosen Schlaf.

Geweckt wurde ich vom Gebrüll des Stubenältesten. »Aufstehen, aber schnell! Aufstehen, ihr faulen Esel!« schrie er, schwang den Gummiknüppel und zog einigen eins über. Im Raum brannte das Licht. Die Häftlinge sprangen auf und zogen hastig ihre Kluft über. Die Decken mußten genau zusammengelegt und beim Gehilfen des Stubenältesten abgegeben werden. Die Holzpantinen, die sogenannten Holländer, durfte man erst nach dem Verlassen des Raumes anziehen. Auch die Mütze durfte man nicht im Block aufsetzen. Wer sie früher aufsetzte, lief Gefahr, von den Funktionshäftlingen des Blocks geschlagen zu werden. Zu den Funktionshäftlingen gehörten die Stubenältesten, deren Gehilfen, der Blockschreiber, der stellvertretende Blockälteste und der Blockälteste selbst.

Nach dem Verlassen der »Stube« mußte man sich rasch in den Waschraum begeben, sich dort das Gesicht bespritzen, die Hände waschen und sich dann in einer Reihe an der Wand aufstellen. Am

Ende des Flurs teilten die Stubenältesten aus eisernen Kesseln eine heiße, graue Flüssigkeit aus, die sie in die von den Häftlingen hingestellten Kochgeschirre gossen. Jeder herantretende Häftling bekam vom Gehilfen des Stubenältesten ein Kochgeschirr, stellte es vor dem Verteilenden hin und weh ihm, wenn er es falsch oder schief hingestellt hatte. Dann schlug der Stubenälteste dem Unglücklichen ins Gesicht, riß ihm das Kochgeschirr aus der Hand und gab es dem nächsten, während der Pechvogel nur einen Tritt in den Hintern bekam. Als einer der Neuzugänge anfing zu nörgeln, daß ihm schließlich dasselbe zustehe wie den andern, schleppten ihn die anderen Stubenältesten in den Waschraum. Sie trieben ihm die Flausen aus dem Kopf, daß ihm irgend etwas zustehen könnte. Blutbesudelt und mit blau angelaufenen Augen trat er später mit uns zum Appell an. Man hatte ihn windelweich geschlagen.

Nachdem wir die Kelle »Avo« ausgetrunken hatten – so nannte sich die Pseudosuppe –, wurden wir zum Appell vor den Block gejagt, wobei wir wieder etwas von den Knüppeln abbekamen. Wir waren hungrig, aber dafür interessierte sich niemand. Wir mußten uns in Zehnerreihen aufstellen. Dann begann der Blockschreiber mit Hilfe der Stubenältesten uns beizubringen, wie wir uns beim Zählappell des Blocks zu verhalten hatten.

»Stillgestanden! Mützen ab!« »Mützen auf! Rührt euch!« fielen die Kommandos.

Es dauerte, bis zweihundert oder vierhundert Häftlinge gleichzeitig die Mützen abnahmen oder sie wieder aufsetzten. Viele Neuzugänge verstanden kein Wort Deutsch, viele waren nie bei der Armee gewesen. Jedwedes Exerzieren war ihnen fremd. Also begann das Prügeln. Jeder, der die Mütze zu spät abnahm oder sie zu spät wieder aufsetzte, wurde gnadenlos mit Stöcken, Gummiknüppeln und gewöhnlichen Knüppeln bedacht, mit denen die Funktionshäftlinge des Blocks ausgestattet waren. Die Befehle »Mützen ab!« und »Mützen auf!« wurden endlos wiederholt, aber unsere Gruppe der neu im Lager Eingetroffenen führte ihn kein einziges Mal richtig aus. Am Ende verkündete der Blockälteste: »Mit euch werde ich mich nach dem Appell unterhalten! Diese verfurzte Intelligenz! Verfluchte Scheiße!« Verächtlich spuckte er vor uns aus.

Unterdessen näherte sich ein junger Mann in SS-Uniform, und der Blockälteste brüllte dienstbeflissen: »Achtung! Die Augen rechts!

Mützen ab!« Er meldete den Häftlingsstand des Blocks. Der SS-Mann betrachtete die Häftlinge, schritt die Gruppe von links nach rechts ab, zählte die Zehnerreihen und befahl dann: »Mützen auf! Rührt euch!« Obwohl der SS-Mann, der Blockführer, die Stärkemeldung entgegengenommen hatte, standen wir weiterhin in Reih und Glied. Langsam wurde es hell. Aus dem nächtlichen Grau schälte sich ein trüber, bedeckter Tag heraus. Irgendwo weiter weg standen Gruppen von Häftlingen aus anderen Blocks. Von dort schallten laute Befehle zu uns herüber. Dann wurde es für eine Weile still, und schließlich – nach mindestens einstündigem Stehen – erreichte uns aus der Ferne der Befehl »Arbeitskommandos formieren!« Die Häftlingsgruppen der anderen Blocks liefen auseinander. Es erhob sich ein allgegenwärtiges Gewirr von Stimmen, Rufen und Schreien. Aus der Ferne hörten wir die Klänge eines Orchesters, das irgendeinen Marsch spielte. Ich sah, wie die angetretenen Häftlingsgruppen von den Aufsehern, den Kapos, gezählt wurden und dann zum Haupttor des Lagers aufbrachen.

Unser Block stand nach wie vor. Wir waren der Zugangsblock und vorläufig zu keiner Arbeit eingeteilt. Die Außenkommandos verließen das Lager, und die im Innern eingesetzten Kommandos begannen mit der Arbeit; sie füllten Löcher aus und ebneten das Lagergelände ein. Große Häftlingsgruppen waren mit dem Bau von Fundamenten oder neuen Blocks beschäftigt. Wir aber standen weiterhin da, traten auf der Stelle und scheuerten uns gegenseitig die Schultern, denn es war empfindlich kalt. Der Befehl »Wegtreten!« kam nicht. Schließlich erschien der Blockälteste (A. Pniok) mit seinen Gehilfen, begleitet von zwei SS-Leuten. Auch der Aufseher, der den Rapport abgenommen hatte, war da. Wir bemerkten, daß alle Funktionshäftlinge und SS-Leute Knüppel und Stöcke in den Händen hatten. Der Blockälteste sagte laut: »Der Blockführer hat festgestellt, daß ihr beim Appell die Mützen nicht richtig abgenommen habt. Zur Strafe – alle hinlegen!«

Wir fielen sofort zu Boden, einer über den andern. »Auf!« lautete der nächste Befehl des Blockältesten. Als wir ihn ausgeführt hatten, hörten wir: »Nieder!« Gleich darauf wieder »Auf!« und erneut »Nieder!« Und so ging es weiter, ein Dutzend Mal, viele Dutzend Male.

Trotz der Kälte wurde uns warm. Der Schweiß rann von der Stirn.

423

[illegible]ftart	H.Nr.	N a m e	Vorname	Geb.Dat.	Geb.Ort	Beruf
[illegible]utzh.P.	23oo5	Horo [k]	Siegmund	1. 5.oo	Strzemieschütz,	Förster
" Prot.	23oo6	Jecminek	Oswald	23. 8.o9	Brünn	Ingenieur
" Jude	23oo7	Kellenberger	Froim	15. 7.2o	Posen	Maler
[illegible]utzh.P.	23oo8	Kita	Miecislaus	19.1o.2o	P[illegible]ry	Schlossergehl
" Prot.	23oo9	Kousek	Jaroslaw	9.1o.13	Lipnik	Tifbauingen.
[illegible]utzh.P.	23o1o	Kwisielewicz	Otto	2o. 6.25	Libawa	Schlosse[illegible]
"	23o11	Lewandowski	Josef	19. 3.o7	Korytno	Büroangest.
"	23o12	Lukomski	Viktor	16.1o.o8	Blisin	Förster
"	23o13	Pytel	Zenon	8. 1.16	Warschau	Schustergehl[illegible]
"	23o14	Palinski	Josef	11. 3.o3	Kielce	Büroangest.
"	23o15	Sobon	Stanislaus	14. 6.o6	Ruda Maleniewska,	Tischler
"	23o16	Stepnik	Stanislaus	25. 9.15	Krajno	Schmied
"	23o17	Szymkiewicz	Theofil	15. 4.87	Malogoszcz	Schuster
"	23o18	Toporek	Lorenz	1o. 9.98	Kostomoty	Arbeiter
"	23o19	Walecki	Kasimir	2o.11.95	Litzmannstadt,	Bankbeamter
"	23o2o	Wawrzyniak	Marek	25. 3.16	Jaruczew	Krankenpfleg.
"	23o21	Zabek	Lorenz	6. 7.o9	Czarnow	Arbeiter
" Jude	23o22	Zaleman	Benjamin	7. 2.o1	Wodzislaw	Kaufmann
" "	23o23	Zaleman	Abram	3o. 5.24	Wodzislaw	Elektr.Lehrl.
[illegible]utzh.P.	23o24	Zawissa	Thadeus	9. 7.16	Kielce	Buchhalter
"	23o25	Bienkowski	Ignatz	18.1o.91	Sakucin	Landwirt
"	23o26	Chmura	Anton	1o. 6.o6	Borkowiec	Arbeiter
"	23o27	Cholewinski	Bronislaus	2.1o.o8	Grodzisko	Landwirt
"	23o28	Debski	Anton	11. 6.12	Gory-Mokre	Landwirt
"	23o29	Dunin	Vinzent	16. 3.94	Ruda-Maliniecka,	Tischler
"	23o3o	Glowacz	Johann	1. 1.67	Sopel	Landwirt
"	23o31	Jasiak	Wladislaus	13. 4.oo	Josefow	Landwirt
"	23o32	Jasinski	Josef	5. 2.13	Wolka	Landwirt
"	23o33	Kmiecik	Kasimir	1. 3.o5	Pilczyca	Kraftwagen[illegible]
"	23o34	Kusiak	Josef	24. 3.o2	Czarniecka Gora,	Schmied
"	23o35	Lachowski	Marek	24. 4.o3	Siecka	Bäcker
"	23o36	Mazur	Bronislaus	2o. 4.13	Skornica	Landwirt
"	23o37	Nowak	Johann	5.12.o6	Hucisko	Landwirt
"	23o38	Bacan	Wladislaus	2. 8.o1	Wolka Karwiecka,	Arbeiter
"	23o39	Pikul	Wladislaus	13. 5.12	Bialy Lug	Zimmermanngeh.
"	23o4o	Pluta	Stanislaus	31. 1.11	Skornia	Landwirt
"	23o41	Ratusaniak	Wladislaus	26. 4.11	Slupia	Landarbeiter
"	23o42	Tkacz	Ludwig	13. 7.16	Lagodac	Landarbeiter
"	23o43	Todynek	Eduard	19o4	Przedborz	Landarbeiter
"	23o44	Wlodarczyk	Stefan	19. 3.84	Malachow	Arbeiter
"	23o45	Wojczyk	Felix	28. 7.18	Wojciechow	Landarbeiter
"	23o46	Kwiatkowski	Siegmund	3o. 3.o3	Zawichost	Bahntechniker
"	23o47	Lipinski	Thadeus	27. 7.o1	Litzmannstadt,	Rechtsanwalt
"	23o48	Nowakowski	Kasimir	2o.11.14	Rafalowka	Techniker
"	23o49	Patorski	Wieslaw	18.12.15	Tschenstochau,	Gerichtsapl.
"	23o5o	Pikula	Wladislaus	3o.1o.o2	Tschenstochau,	Lehrer
"	23o51	Rychlewski	Josef	19.1o.o2	Cykarzew	Lehrer
"	23o52	Sneka	Stanislaus	13.1o.99	Tschenstochau,	Buchhalter
"	23o53	Sobolewicz	Thadeus	25. 3.23	Lemberg	Gymn.Schüler
"	23o54	Szulakowski	Siegmund	22.11.o5	Litzmannstadt,	Elektromont.
"	23o55	Szwarc	Eduard	9. 8.85	Grojec	Lehrer
"	23o56	Szyda	Leonard	26. 3.85	Kuchary	Webermeister
"	23o57	Wieczorkowski	Miecislaus	3. 7.o8	Klimontow	Lehrer
"	23o58	Wozniak	Adam	2o.12.78	Drochlyn	Postangest.
"	23o59	Zawadzinski	Wenzel	14. 6.13	Podlasek	Lehrer
"	23o6o	Pastyn	Andreas	28. 9.99	Prusy	Arbeiter

Abb. 3 KZ Auschwitz. Ausschnitt aus der Zugangsliste vom 22. 11. 1941 mit dem Namen des Autors (8. Zeile von unten).

Die Befehle aber gingen weiter. Die SS-Leute und Funktionshäftlinge wieherten vor Spaß. Das war erst der Anfang. Als wir gerade standen, wies der Blockälteste an: »Und jetzt aufgepaßt – Mützen ab!«

Das Abnehmen und das Klatschen der Hände mit den Mützen an den rechten Schenkel klappte nicht recht. Sofort gingen die Stubenältesten auf diejenigen los, die nicht rechtzeitig reagiert hatten. Sie zogen sie aus dem Glied und nahmen sie beiseite. Der nächste Befehl – »Mützen ab!« fiel nicht besser aus. Diesmal griffen sich die SS-Leute einige Häftlinge aus den Reihen heraus. Es waren vorwiegend ältere Leute. Der Blockälteste begann sie zu verhören. »Wer seid ihr? Wo kommt ihr her?« Als er erfuhr, daß es unter ihnen Juden und Priester gab, befahl er ihnen, sich entlang der Blockmauer in einer Reihe aufzustellen, und dann bekam jeder von ihnen einen wuchtigen Schlag ins Gesicht, und zwar so, daß der Delinquent mit dem Hinterkopf an die Blockwand prallte. Wir waren entsetzt. Der Schreck lähmte das Denken.

Bei den nächsten Befehlen bemühten wir uns, möglichst gleichzeitig mit den Mützen an den rechten Schenkel zu klatschen. Die aus der Reihe Herausgefischten standen weiterhin an der Mauer und mußten dort die unablässig fallenden Befehle ausführen. Vor Schreck nahmen sie die Mützen nicht richtig ab. Zwei von ihnen standen nach den nächsten Hieben des Blockältesten und der SS-Leute nicht mehr auf. Die Gehilfen quetschten das letzte Fünkchen Leben aus ihnen heraus und schleiften sie neben die Treppe zum Block. Die anderen kehrten ins Glied zurück, mußten aber in der ersten Reihe bleiben. Die Befehle fielen nach wie vor. Und wiederum fielen die aus der ersten Reihe auf, weil ihre Mützen nicht gleichzeitig klatschten. Nun begann der Blockälteste zu brüllen: »Ich werd es euch zeigen, ihr Hurensöhne! Rechts um! Abstand nehmen!« und »Hinlegen!« »Auf!« »Hinlegen!« »Auf!« »Alle machen Kniebeugen und Hüpfen!« Wir begriffen nicht recht, worum es ging.

»Was? Ihr versteht nicht, was Hüpfen heißt!« »Dolmetscher, übersetz das!« »Froschhüpfen!« rief einer der Stubenältesten, während die anderen Gehilfen, der Blockälteste und die SS-Leute mit ihren Knüppeln über uns herfielen und blindlings drauflosdroschen. Ich bekam zwei Schläge auf den Rücken ab. Es tat weh, aber ich bemühte mich, weiter zu hüpfen. Allerdings fiel mir das immer schwerer. Ich war jung und ertrug diese »Übungen«, die sadistischen

Abb. 4 KZ Auschwitz. Lagerblöcke.

Exzesse des Blockältesten und seiner Helfer. Viele meiner Leidensgenossen hielten es jedoch nicht aus und fielen um. Und das war das Schlimmste. »Bewegt euch! Bewegt euch!« lautete nach wie vor der Befehl. Wer beim Hüpfen umfiel, wurde sofort von den wachsamen, übereifrigen Funktionshäftlingen verprügelt.

Weshalb, fragte ich mich, weshalb schlagen sie so auf uns ein? Sie sind selbst Häftlinge. Einige von ihnen sprechen polnisch. Und sie dreschen so verbissen auf uns ein, als seien wir ihre Feinde. Wahrscheinlich haben sie Angst vor den SS-Leuten, und daher rühren ihre wahnwitzigen Ausschreitungen gegenüber ihren Leidensgefährten – dachte ich. O ja! Macht in den Händen von Dummköpfen ist furchtbar. Sie steigt einem zu Kopfe. Das ungestrafte Verprügeln und Mißhandeln anderer, meist Gebildeter, verlieh diesen demoralisierten Gaunern Genugtuung. Dies waren keine politischen Häftlinge. Das betonte der Blockälteste selbst, der immer wieder schrie: »Verfurzte Intelligenz! Ihr verfault hier, ihr verfluchtes Pack. Aber vorher bring ich euch Ordnung bei, ihr Scheißsäcke!« Plötzlich befahl er: »Achtung! Alle in Reih und Glied! Nach rechts ausrichten! Aber dalli!«

Die bunt zusammengewürfelte, durchgewalkte, verletzte Zugangsgruppe, in der ich mich befand, begann sich blitzschnell in vorschriftsmäßigen Reihen aufzustellen. Als die Kolonne des Zugangsblocks – von den Knüppeln der Funktionshäftlinge zurechtgestaucht – annähernd gleichmäßig aufgestellt war, ordnete der Blockälteste »Mützen ab!« und »Mützen auf!« an. Diesmal klappte es etwas besser. Zufrieden begnügte er sich damit, und durch den Dolmetscher befahl er: »Alle Juden und Priester vortreten!« Eine Gruppe von etwa fünfzehn Häftlingen trat aus der Reihe. Sie wurden angewiesen, sich an der Blockmauer aufzustellen. Erneut begann man, sie ins Gesicht zu schlagen. Die SS-Leute schlugen mit Handschuhen, der Blockälteste mit der bloßen Faust. Nach einer Weile wurden drei weitere Opfer von Funktionshäftlingen zur Blocktreppe geschleift. Wir waren zutiefst erschüttert. Ein junger SS-Mann wies den Blockältesten an, die Nummern derjenigen zu notieren, die die erneuten Schläge an der Mauer überlebt hatten. Nachdem die SS-Leute dem Blockältesten noch irgendwelche Befehle gegeben hatten, verschwanden sie. Einer der neben mir stehenden Häftlinge, der deutsch konnte, flüsterte mir zu: »Sie haben angeordnet, die Häftlinge jüdischer Abstammung in die Strafkompanie einzuweisen.«

Anschließend wurde unsere Blockkolonne in Fünferreihen aufgestellt. Wir mußten marschieren. Erneut fielen Befehle: »Links, links, links, zwo, drei, vier ...« Vor der Effektenkammer befahl man uns stehenzubleiben. Einer der Stubenältesten, ein Pole, war nicht so diensteifrig, sondern menschlicher als die andern. Er teilte uns mit, daß wir nun fotografiert würden, da am vorherigen Abend der Film ausgegangen sei. Mit ausgezogenen Holzpantinen betraten wir nacheinander das Gebäude. Jeder Häftling wurde vom laut herumschnauzenden Gehilfen des Fotografen in die Mangel genommen. Er notierte Lagernummer, Namen und Vornamen und schubste uns dann in einen Drehstuhl. Wir wurden von vorn, von der Seite und im Handprofil aufgenommen, einmal mit, einmal ohne Mütze. Der hinter dem Apparat stehende Häftling schrie: »Rühr dich nicht, du Hurensohn, sonst bekommst du eins in die Fresse!« Erschrocken setzte ich mich auf den Stuhl, der mir unter dem Hintern wegrutschte. Mit den Füßen konnte ich ihn irgendwie zum Stillstand bringen, und der Fotograf knipste seine Aufnahmen. Nach dem dritten Bild stach mich etwas ins Gesäß. Der Gehilfe des Fotografen versetzte mir einen Schlag an den Kopf, so daß ich wie geölt vom Stuhl flog. Ich schloß mich der außerhalb des Blocks stehenden Gruppe bereits fotografierter Häftlinge an und schnappte eine Weile nach Luft. In Gedanken fragte ich mich: Warum reden und schreien sie überall so laut? Warum geschieht hier alles in solchem Tempo, in einer Atmosphäre des Entsetzens, des Schreckens und der Entwürdigung? Warum wird man auf den Kopf geschlagen, nur weil man nicht weiß, was man machen soll und wie man sich verhalten soll? Warum wird einem nichts erklärt? Warum prügeln sie nur, und das noch unter dem Vorwand, daß man einen Befehl nicht ausgeführt habe? Ich konnte das nicht begreifen. Aber ich mußte mich darauf einstellen. Andernfalls konnte ich – verprügelt und mißhandelt – rasch unter jenen landen, die sie zur Treppe schleiften. Sollte darin etwa der Aufenthalt im Konzentrationslager bestehen? In mir saß zu viel Schrecken. Ich konnte an nichts anderes denken, als nur daran, nicht wieder etwas auf den Kopf zu bekommen, nicht wieder geschlagen zu werden.

Oberleutnant Kwiatkowski – er war älter als ich – trat in der Gruppe an mich heran und flüsterte mir zu: »Halt die Ohren steif, Tadek! So, wie bisher! Du kommst gar nicht schlecht zurecht.« Ich warf ihm einen dankbaren Blick zu. Ich hatte Angst, irgend etwas zu sagen, denn ich wußte nicht, weshalb und von woher ich wieder etwas abbekommen konnte.

Appell, Exerzieren, Marschieren, der Fotograf – all das dauerte mehrere Stunden. Es war kalt. Wir standen eine ganze Weile herum, bevor die ganze Gruppe der Neuzugänge fotografiert worden war. Dann schickte man uns auf den sogenannten Appellplatz vor der Küche. Erneut tauchte der Blockälteste mit seinem Schreiber und den Gehilfen auf. Irgend etwas stand bevor. Wir mußten uns rasch in Zehnerreihen ausrichten, und der Blockälteste befahl: »Achtung! Mützen ab!« Es klappte gar nicht schlecht. Jetzt bemühten sich alle, nicht aufzufallen, um nicht geprügelt zu werden.

Wir standen kerzengrade wie Schaufensterpuppen. Unterdessen tauchte eine kleine Gruppe von SS-Offizieren auf, begleitet von mehreren schwarz gekleideten Häftlingen, den Lagerältesten. Sie trugen schwarze Armbinden mit den weißen Buchstaben LA, auf anderen stand »Arbeitsdienst« oder »Capo«. Einer von ihnen trat vor und rief nach dem Dolmetscher.

Es erschien ein ziemlich hoch gewachsener Häftling mit schwarzer Armbinde. Ein SS-Offizier redete eine Weile mit ihm. Als er geendet hatte, übermittelte uns der Dolmetscher mit lauter, weithin hallender Stimme den Inhalt der Anweisung des Offiziers. Diese lautete ungefähr folgendermaßen: »Der Lagerführer teilt euch mit, daß ihr euch in einem deutschen Konzentrationslager befindet, wo Disziplin, Gehorsam und Ordnung herrschen. Alle Häftlinge müssen arbeiten. Wer nicht für das Wohl des deutschen Volkes arbeitet, muß sterben; je schneller, desto besser. Für Schmarotzer gibt es im Lager keinen Platz. Anweisungen und das, was zu euren Pflichten gehört, bestimmen die SS-Soldaten oder Funktionshäftlinge des Lagers, denen ihr euch bedingungslos unterzuordnen habt. Jede Verletzung eines Befehls oder einer Lagervorschrift wird streng bestraft: mit Prügelstrafe oder mit Einweisung zur Arbeit in Abteilungen der Strafkompanie, was der Todesstrafe gleichkommt. Die Inschrift auf dem Dach der Küche ist für die Häftlinge Richtschnur und Mahnung zur absoluten Einhaltung. Alle Juden, die sich in der neueingetroffenen Gruppe befinden, können zwei Wochen im Lager leben, Priester einen Monat lang, der Rest drei Monate. Dann gibt es für alle nur einen Ausweg – durch den Schornstein. Wem das, was ich gesagt habe, nicht gefällt, der möge vortreten oder selbst gleich in den Draht gehen! Das ist auch ein Ausweg.« Mit diesen Worten beendete Lagerführer Fritsch seine Begrüßungsansprache.

Der Blockälteste befahl, die Mützen aufzusetzen, doch wir warteten, bis die SS-Offiziere gegangen waren. Dann trieb man uns zur Effektenkammer, um die dünnen Häftlingsmäntel in Empfang zu nehmen. Wir erfuhren, daß wir arbeiten würden. Die Rückkehr zum Block erfolgte im Laufschritt. Wir bekamen erneut Nadel und Faden, um die Nummern auf die Mäntel zu nähen. Gegen Mittag wurden wir aus dem Block gejagt. Funktionshäftlinge brachten eiserne Kessel aus der Küche, trugen sie in den Flur und verteilten an die nacheinander den Block betretenden Häftlinge das erste »Mittagessen« im Lager. Ich bekam vom Ordnungsdienst eine Schüssel und stellte sie dem Stubenältesten so hin, daß auch nicht ein Tropfen verlorenging. Ich bekam auch einen Löffel, aber wozu eigentlich? Das Mittagessen bestand aus einer dünnen Wassersuppe, in der einige

Stückchen Rüben und schwarz angelaufene Kartoffeln schwammen. Man konnte sie einfach trinken. Ohne lange zu überlegen, verschlang ich den Inhalt der Schüssel, obwohl das »Mittag« keinerlei Geschmack hatte. Für eine Weile war der Hunger gestillt. Jeder war verpflichtet, das Kochgeschirr oder die Schüssel und den Löffel im Waschraum gründlich abzuwaschen und beim Funktionshäftling abzugeben. Vor mir wurde ein Häftling wegen oberflächlichen Abwaschens so verprügelt, daß er sich nur mit Mühe in einer Ecke des Blocks verkriechen konnte. Man mußte auf alles achtgeben. Jedes Versehen drohte üble Konsequenzen nach sich zu ziehen. Nach der Essensverteilung mußten wir uns in Fünferreihen aufstellen. Unter der Aufsicht mehrerer Blockältester und Schreiber marschierten wir zum Haupttor, wo die diensthabenden SS-Leute die ganze Kolonne der Neuzugänge genauestens zählten; unter der Führung unseres Blockältesten begaben wir uns zu den unweit des Lagers gelegenen Nebengleisen.

Dort erblickten wir ein unübersehbares Gewimmel von Häftlingen. Die einen liefen mit Ziegelsteinen vorüber, andere trugen Zementsäcke, und noch andere stapelten an genau von den SS-Leuten vorgeschriebenen Stellen Bretter auf. Von einem Polen, einem Häftling, der sich unserer Kolonne näherte, erfuhren wir, daß dies das Kommando auf dem sogenannten Bauhof war. Hier lagerten die Häftlinge Baumaterial, das für den Ausbau des Lagers benötigt wurde. Wir wurden zu den nächstbesten flachen Güterwagen auf dem Gleis geschickt, die mit Mauersteinen beladen waren. Jeder von uns mußte zwei Ziegelsteine nehmen und sich dann wieder in der Kolonne aufstellen. Als wir alle versorgt waren, befahl der Blockälteste: »Im Laufschritt marsch!« Seine Gehilfen trieben uns mit Knüppeln an. Im Dauerlauf brach die Kolonne zum Lager auf. Die beiden Ziegel hielten wir meist in Kopfhöhe, und so kehrten wir zum Haupttor zurück. Wir mußten die Mauersteine an einer Stelle niederlegen, an der neue Blocks gebaut wurden. Die Kolonne wurde neu formiert, und wir liefen zum Bauhof zurück. Wir beluden uns wieder mit Ziegeln und wandten uns erneut dem Lager zu. Diesmal geschah das in schnellerem Tempo. Nicht alle hielten das aus. Einigen Häftlingen glitten die Ziegel aus den Händen. Die Aufseher sahen dies als Sabotage an. Sie sprangen auf diejenigen zu, denen die Ziegel entglitten waren, und begannen sie mit ihren Knüppeln zu bearbeiten. Einem zerschmetterten sie die Schädeldecke, so daß Spritzer seines Gehirns auf den Boden tropften.

Einen Augenblick später stolperten mehrere andere Häftlinge und fielen mit ihren Ziegeln auf den Boden. Ihnen war nicht zu helfen. Man mußte einen Bogen um sie machen und weiterlaufen. Das Tragen der Mauersteine in Kopfhöhe verursachte nach einiger Zeit Muskelschmerzen in den hochgestreckten Händen. Nur mit Mühe hielt ich die Ziegel fest, in ständiger Angst, sie fallen zu lassen. Besonders beschwerlich war das Laufen. Man wurde unheimlich ausgepumpt. Aber das war beabsichtigt, es war ein »Training« für die Neuzugänge. Mehrere Male mußten wir zum Bauhof und mit Mauersteinen zurück zum Lager laufen. Das nahm uns hart mit. Wir waren abgehetzt, verschwitzt und erschöpft. Beim letzten Lauf mit Ziegeln zum Lager mußten sieben leblose Leidensgefährten von anderen Häftlingen auf den Rücken oder auf die Schulter genommen werden. Die Blockältesten und die bei den Güterwagen postierten SS-Wachen hatten sie fertiggemacht.

Nach der Rückkehr der Kolonne auf das Lagergelände mußten wir vor dem Block zum Abendappell antreten. Wir warteten ziemlich lange, bis schließlich alle außerhalb des Lagers eingesetzten Häftlingsgruppen zurückgekehrt waren. Vor unserem Block lag neben der Treppe die »Ernte« des ersten Arbeitstages im Lager: zehn Tote. Nach dem Abendappell bekamen wir das erste Stückchen Brot und einen Löffel Rübenmarmelade. Ich war so hungrig, daß ich, ohne zu überlegen, das Essen sofort verschlang.

Bevor wir die Decken bekamen und sie auf dem Fußboden der Stube ausbreiteten, kontrollierten der Stubenälteste und seine Gehilfen, ob unsere Kleidung in Ordnung war und ob wir die Nummern richtig angenäht hatten. Einige von uns bekamen als Gutenachtgruß wiederum Schläge ins Gesicht. Wie man doch aufpassen muß – dachte ich im stillen. Ich war entsetzt, von Schrecken erfüllt und durch das ganztägige Aufpassen, keine Prügel abzubekommen, erschöpft. Ich war mir darüber klar, daß mir niemand helfen würde, falls ich auffallen sollte. Ich war auf mich selbst angewiesen. Niemand würde mir helfen, wenn ich mir nicht selbst zu helfen wußte. Wer weniger auffiel, wurde weniger geschlagen und hatte größere Aussicht, den nächsten Tag zu überleben. Der Anblick der Verprügelten und Erschlagenen – vom Morgen bis zum Abend – erstickte

Verzweiflung und Tränen in mir. Ich dachte daran, daß ich viel Kraft brauchen würde, um all das zu ertragen. Den Gedanken, daß ich es nicht aushalten könnte, ließ ich gar nicht in mir aufkommen.

Die nächsten Tage waren von der mörderischen Arbeit auf dem Bauhof ausgefüllt. Wir wurden um fünf Uhr morgens geweckt. Gegen sieben oder halb acht rückten wir zur Arbeit aus. Das größte Bauhof-Kommando wurde von dem deutschen Kriminellen August (Nr. 22), der einen Winkel auf der Jacke trug, angeführt. Sogleich nach dem Eintreffen auf der Arbeitsstelle wurde das Kommando unter der Aufsicht von Vorarbeitern in kleinere Gruppen aufgeteilt. Ich wurde mit meinen Transportgefährten einer Gruppe von Häftlingen zugeteilt, die Zementsäcke zu verladen hatte. Einige Häftlinge mußten die im Waggon gestapelten Säcke an die Tür schleifen, an die die anderen der Reihe nach herantraten. Ihnen wurden die Säcke auf die Schultern gewuchtet. Die Häftlinge schleppten sie zu einer hölzernen Bude, die als Lager diente. Dort nahmen andere Häftlinge die Zementsäcke in Empfang und stapelten sie auf.

Ich war zum Säcketragen eingeteilt. Für einen jungen Burschen wie mich wäre die damit verbundene Anstrengung nichts Außergewöhnliches gewesen, wenn ich satt gewesen wäre. Die ersten Säcke schleppte ich irgendwie ans Ziel und setzte sie im Lager ab. Jedoch plötzlich begann der Aufsicht führende Vorarbeiter laut zu brüllen: »Schneller, ihr verfluchten Hunde! Schneller!« Und ehe ich mich versah, bekam ich zwei Hiebe mit dem Knüppel über den Kopf. Ich lief zum Waggon, um den nächsten Sack zu holen. Dort standen zwei SS-Leute und der Kapo August. Er hatte sich über einen Häftling gebeugt, dem der Sack beim Aufladen am Waggon von der Schulter gerutscht war. August trug Lederhandschuhe. In einer Hand hielt er einen abgebrochenen Schaufelstiel, den er auf dem Hals des Unglücklichen langsam niederdrückte. Immer stärker zudrückend, zischte er: »Ich werde dich lehren, die Arbeit im Lager zu sabotieren, du Scheißsack!« Wie erstarrt, blieb ich einen Augenblick stehen, sofort kam jedoch von hinten der Vorarbeiter herbeigelaufen. Er schlug mir mit dem Knüppel den Rücken. Ich schrie vor Schmerz auf. »Im Laufschritt, du Scheißkerl! Aber dalli! Na los! Sonst verreckst du in Kürze genauso wie der da!« Dabei wies er auf den unter dem Stiel erstickenden Häftling.

Ich lud mir einen Zementsack auf die Schultern und lief damit so schnell ich konnte zum Magazin. Angst und Entsetzen erfüllten mich. Aus dem nichtigsten Anlaß töteten sie einen Menschen. Wegen des kleinsten Vergehens konnte man ermordet werden. Wie sollte man das aushalten? Ich lief zurück, um den nächsten Sack zu holen. Die anderen liefen ebenso wie ich, oft einer den andern anrempelnd. Der Kapo und der Vorarbeiter begannen, grundlos draufloszuschlagen, gleichgültig, wen es erwischte. Sie brüllten: »Im Laufschritt! Schneller! Los, dalli, dalli!« Unter der Last des nächsten Sacks knickten mir die Knie ein, wahrscheinlich vor Angst und Aufregung. Der Vorarbeiter bemerkte das. Er sprang auf mich zu und brüllte: »Was bewegst du dich so langsam, du Lahmarsch?! Hau bloß ab von hier, aber schnell!« Er versetzte mir zwei, drei Hiebe aufs Gesäß, so daß ich einen unglaublichen, brennenden Schmerz verspürte.

Die ganze Zeit liefen wir. Im Dauerlauf, ständig in Bewegung. Im Eiltempo, als müßten wir dauernd etwas beweisen. Als ich zum Waggon zurückkehrte, um einen neuen Sack in Empfang zu nehmen, donnerte Kapo August einen Häftling mit dem Kopf gegen die eiserne Kante des Wagens. Das Blut spritzte nur so. Als der Häftling reglos in seinen Händen hing, warf er ihn wie einen überflüssigen Gegenstand unter den Waggon. Mit dem Sack auf den Schultern lief ich zum Lager. In der Tür stieß ich mit einem anderen Häftling zusammen. Der hochgehaltene Sack glitt mir beinahe aus den Händen. Das Gleichgewicht verlor ich aber nicht, ich fluchte nur. Der andere sprang beiseite. Er war älter als ich und konnte sich kaum noch auf den Beinen halten. Der Vorarbeiter und ein Kapo betraten gerade das Magazin. Sie droschen auf jeden ein, der es nicht mehr schaffte, sich zu verdrücken. Dabei schrien sie: »Im Laufschritt!« »Donnerwetter, ihr verfluchten polnischen Hunde!« »Los, im Laufschritt!«

Ich lief schon geraume Zeit mit den Säcken hin und her. Es reichte mir. Ich war vollkommen ausgepumpt, durchgeprügelt und erledigt. Die Säcke waren dicht mit Staub und Zementkörnchen bedeckt. Beim Herauswuchten aus dem Waggon legte sich dieser Staub auf unsere Gesichter und Kleidung. Nach ein paar Stunden sahen alle ganz fürchterlich aus, einige mit Blut besudelt und durch Schläge verletzt.

Die »Mittagspause« begrüßten wir wie eine Erlösung. Meine Zellengenossen aus Częstochowa – Wojciechowski, Wieczorkowski, Rychlewski und Szulakowski – hatten ihre gewöhnlich gute Laune verloren. Wir klopften unsere Kleidung ab. Dann stellten wir uns an, um eine Schüssel und die Verpflegung in Empfang zu nehmen, die unser Leben verlängern sollte – für wie lange vermochte niemand zu sagen.

An diesem Tag entluden wir die Zementsäcke von drei weiteren Waggons. Pünktlich zum Abendappell kehrten wir ins Lager zurück. Diejenigen, die am Ende des Arbeitskommandos »Bauhof« marschierten, trugen zwölf zu Tode Gequälte. An anderen Tagen waren es noch mehr Tote.

Die nächsten vier Tage auf dem Bauhof unterschieden sich nur wenig vom ersten. Das ewige Gebrülle, das Prügeln und das Tragen der Zementsäcke im Laufschritt riefen eine psychische Abstumpfung in mir hervor. Ich war ständig entsetzt und verängstigt, bis am Ende irgend etwas in mir zusammenbrach. Es kam mir so vor, als würde das ewige Gelaufe mit dem Zement auf dem Rücken niemals enden, als würde ich schließlich mit einem Sack hinfallen. Ein Kapo oder die SS-Leute würden mir erbarmungslos den Rest geben.

Tag für Tag wurden mehrere oder gut ein Dutzend Häftlinge nach der Arbeit ins Lager geschleift oder geschleppt. Man warf sie vor die Treppen der Blocks, in denen die zu Tode Gequälten untergebracht gewesen waren. Mein Entsetzen verband sich mit der Vorstellung, daß ich schon die Leiche sei, in die ich mich unweigerlich verwandeln mußte. Die Angst war insofern von Bedeutung, als sie zur Vorsicht und zur den Umständen entsprechenden Arbeitserfüllung anspornte. Doch sei es wie es sei – nach einer Woche hatte mich das Schleppen der 50 Kilogramm schweren Säcke zermürbt. Am schlimmsten war, daß ich ständig hungrig herumlief. Bei dieser schweren körperlichen Arbeit mußte man gut essen, um bei Kräften zu bleiben. Ich hatte aber keine andere Wahl. Ich wollte leben, mußte also ständig das Letzte aus mir herausholen, um nicht bei der Arbeit erschlagen zu werden. Die Lebensmittelrationen waren unzureichend. Eine Quelle für zusätzliche Verpflegung hatte ich nicht. Meine Kräfte ließen nach.

Die älteren Gefährten aus meiner Transportgruppe verlor ich irgendwie aus den Augen. Nach einiger Zeit konnte ich sie nicht mehr beim Tragen der Zementsäcke entdecken. Nach einem Abendappell erfuhr ich von Wieczorkowski, daß er zur Gruppe der Häftlinge verlegt worden sei, die Bretter stapeln mußte. Diese Arbeit war weitaus leichter und nicht so auszehrend. Auch Kwiatkowski war es gelungen, sich in diese Gruppe hineinzuschmuggeln. Mietek Wieczorkowski riet mir, ich sollte mich beim Antreten der Bauhof-Kolonne, nach dem Morgenappell beim Befehl »Arbeitskommando formieren!«, möglichst nicht zu den ersten Zehner- bzw. Hundertergruppen gesellen. Denn dort bestand die Gefahr, daß die Kapos und Vorarbeiter »ihre« Häftlinge der Arbeitsgruppe wiedererkannten und die erprobten, gut eingespielten Häftlinge für ihre Abteilungen haben wollten. Mit ihnen konnten sie sich vor den SS-Leuten durch gute Arbeitsergebnisse hervortun. Man mußte versuchen, sich möglichst am Ende der Kolonne einzureihen.

Das begriff ich. Mit klopfendem Herzen ordnete ich mich beim nächsten Morgenappell der letzten Hundertergruppe des Bauhof-Kommandos ein. Aber das ging schief. Der Vorarbeiter entdeckte mich trotzdem. Ich war vollkommen niedergeschlagen und erwartete Strafen oder besondere Schikanen seinerseits. Doch, o Wunder, er war nachsichtig und verprügelte mich nicht. Im Gegenteil: Er wies mich an, zum Schuppen mit den Zementsäcken zu gehen und dort beim Aufstapeln zu helfen. Das war bereits eine bessere Arbeit, die unter einem Dach und nicht im Laufschritt stattfand.

Im Lagerschuppen waren wir ein gutes Dutzend Arbeiter. Während vier oder sechs von uns den Schleppern die Säcke abnahmen, konnten die anderen etwas verschnaufen. Indem sie vorgaben, einen Stapel umzusetzen, konnten sie geradezu die Hände in den Schoß legen. Keine Kräfte vergeuden, sich nicht auspumpen – das war schon etwas wert. Zwei von uns standen natürlich Wache, ob nicht gerade ein SS-Mann oder ein Kapo kam. Man mußte wachsam sein. Die Arbeit in einem überdachten Raum war zu dieser herbstlich-winterlichen Zeit eine wahre Wohltat; sie war der Wunschtraum von fast jedem neuen Häftling. Vor allem, weil sich Regen und Schnee äußerst unangenehm bemerkbar machten.

Am dritten Tag, als mich die schon länger dort arbeitenden Häftlinge näher kennengelernt hatten, führten sie mich zum »Versteck« des Magazins. Es handelte sich um einen Unterschlupf, den man in einer Ecke des Lagerschuppens aus Säcken gebaut hatte. In dem nach allen Seiten hin durch Säcke abgeschirmten kleinen Winkel wurde auf einem kleinen Ofen gekocht. Das Ofenrohr führte zu einem der Fenster. Einer der Mithäftlinge griff nach einer Marme-

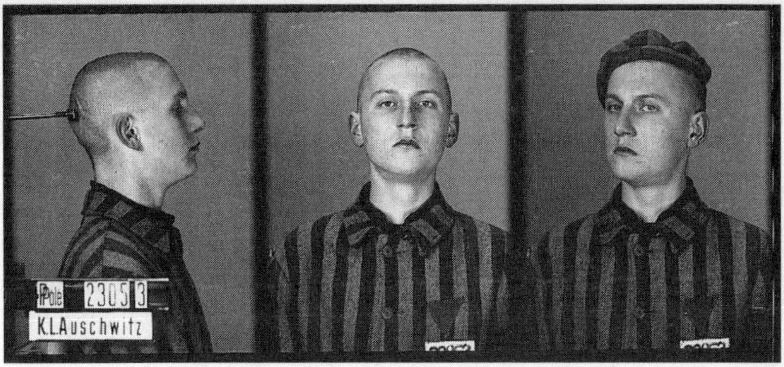

Abb. 5 KZ Auschwitz. Registraturfoto des Verfassers.

ladenbüchse und fischte ein Stückchen gekochtes Fleisch heraus. Ich war überrascht. Ein älterer Häftling zog ein Messer aus einem Versteck und schnitt das Fleisch in zehn Teile. Alle Arbeiter aus dem Magazin und der Vorarbeiter bekamen ein Stück. Für jeden einzelnen fiel nicht viel ab, aber es war ein Happen, den ich dankbar entgegennahm und rasch aufaß. Das Fleisch schmeckte seltsam. Es war irgendwie zu schwach gesalzen, etwas süßlich, aber es stillte den Hunger.

Es stand mir nicht an zu fragen, was das für Fleisch sei und woher sie es organisiert hatten, aber der ältere Häftling befriedigte meine Neugier und meinte: »Na ja, wir haben nicht immer das Glück, so eine Katze zu fangen, aber diese war wirklich besonders groß. Stimmt's Jungs?« Und dabei blinzelte er dem neben ihm stehenden Gefährten zu. Die anderen unterdrückten ein Grinsen und verbargen ihr Gesicht. Ich verstand das nicht recht – eine Katze und so ein Fleisch? Ohne Knochen und Knorpel? – überlegte ich. Das mußte wirklich ein großer Kater gewesen sein. Doch vielleicht hatten sie … Ach was, es war unwichtig! … Nur gut, daß mein Bauch nicht mehr ganz so leer war, denn der Hunger brachte die Eingeweide furchtbar durcheinander. Am nächsten Tag kochten die Kollegen aus dem Magazin ein paar irgendwo organisierte Kartoffeln, und dann verteilten sie eine rohe Rübe. Diese zusätzlichen, wenngleich nicht immer schmackhaften Portionen gaben mir dennoch Kraft. Außerdem gelangte ich zu der Überzeugung, daß man selbst unter den entsetzlichen Bedingungen auf dem Bauhof überleben konnte, und daß zumindest eine kleine Hoffnung bestand.

Doch diese Überzeugung war ein Irrtum. Beim nächsten Ausmarsch des Bauhof-Kommandos zur Arbeit kamen mehrere SS-Leute sowie zwei Häftlinge mit den schwarzen Armbinden »Arbeitsdienst« und »Arbeitseinsatz« auf die Gruppe zu. Wir standen gerade vor dem Haupttor. Ehe ich mich versah, wurde ich zusammen mit anderen aus der Reihe herausgegriffen und zu einer anderen, seitlich von uns stehenden Kolonne getrieben. Der Kapo dieser Gruppe notierte im Beisein eines SS-Mannes unsere Häftlingsnummern und befahl uns, zu den nächsten Fünferreihen aufzurücken. Dann kam der Befehl »Im Gleichschritt marsch!« Die Gruppe setzte sich in Bewegung und verließ das Tor. Sogleich nach dem Verlassen des Lagers umringten uns SS-Leute mit Karabinern auf den Schultern; einige führten Hunde an der Leine. Die überraschende Wende, zu der es durch meine Einweisung in die neue Gruppe gekommen war, ließ offen, wohin es ging und was ich machen würde. Erst während des Marsches erfuhr ich, daß das Kommando am Fluß Soła eingesetzt war und Soła-Grube hieß. Das sagte mir aber nichts. Ich marschierte mit den andern und war bemüht, mich mit meinen Holzpantinen dem Schritt der vor mir gehenden Häftlinge anzupassen. Auf dem unebenen Weg war nur das Geklapper der Pantinen zu hören, von Zeit zu Zeit unterbrochen durch die Rufe des Kapos: »Gleichschritt halten, verflucht noch mal!« »Links, links, links ...«

Nach einem etwa halbstündigen Marsch hatten wir unseren Arbeitsplatz erreicht. Dort stand ein Holzschuppen, in dem Kreuzhakken und Schaufeln lagen. Daneben standen Schubkarren. Die Geräte wurden unter den Häftlingen verteilt. Ich bekam eine Schaufel und wurde denjenigen zugeteilt, die die Schubkarren am Flußufer mit Kies beladen sollten.

Das Wetter war scheußlich. Es fiel ein leichter Schauerregen. Die SS-Leute hatten sich entlang des Flußufers aufgestellt, so daß sie die Gruppe von oben her beobachten konnten. Gleichzeitig waren wir durch den Flußlauf eingeschlossen. Die SS-Leute hatten Regenmäntel oder Umhänge an und rauchten von Zeit zu Zeit eine Zigarette. Wir aber hatten in dem Regen, in unserer dünnen Kluft und den »mit Wind gefütterten« Mänteln nach drei Stunden Arbeit keinen trockenen Faden mehr am Leibe. Die Häftlinge arbeiteten im

Schneckentempo, hin und wieder angefeuert vom Kapo oder von den beiden Vorarbeitern, die ihr übliches »Los, los! Bewegt euch!« brüllten. Aber das machte weder auf die Häftlinge noch auf die SS-Leute irgendwelchen Eindruck. Das Wetter nahm den Häftlingen die Lust zur Arbeit und den Aufsehern die Lust zum Antreiben.

Mehr Erregung kam auf, als mit einem Lastwagen die Suppenkessel gebracht wurden. Der Kapo pfiff zur Mittagspause, und das Essen wurde verteilt. Es regnete weiterhin, und die unangenehme Kälte durchdrang den Körper bis aufs Knochenmark. Wie rasch sich doch das Schicksal des Menschen wendet! – dachte ich mir. Gestern noch hatte ich im Magazin auf dem Bauhof Rübenstückchen von meinen Kollegen bekommen und unter einem Dach gearbeitet. Das war ein Augenblick der Entspannung gewesen, gleichsam um wieder zu Atem zu kommen. Leider war dies ein sehr kurzer Augenblick.

Nachmittags, während der Arbeit am Fluß, fielen irgendwo seitlich plötzlich zwei Schüsse und gleich darauf noch einer. Irgendein Häftling hatte die Postenkette übertreten und war erschossen worden. Er hatte offensichtlich genug von der eintönigen, hoffnungslosen Arbeit gehabt. In den nächsten Tagen kam das noch dreimal vor. Die ausgemergelten Häftlinge wählten freiwillig den Tod. Sie bereiteten ihrer Qual ein Ende.

Die Rückkehr ins Lager erfolgte gegen vier. Wir gingen in der langsam einbrechenden Dämmerung zurück. Am Ende der Kolonne wurden – wie immer – die von den SS-Leuten und Kapos erschossenen oder erschlagenen Leidensgefährten mitgeschleppt.

Nachdem man den ganzen Tag im Regen gearbeitet hatte, bedeutete das Warten auf den Abendappell eine zusätzliche Pein. Der Abendappell dauerte gewöhnlich sehr lange. Sein Ende war eine riesige Erleichterung. Nun mußte man daran denken, wie man bis zum Morgen die Kleidung trocknen und sich selbst halbwegs in Ordnung bringen konnte.

Als ich mich zur Entgegennahme des Brotes in meiner Stube meldete, erfuhr ich, daß ich in einen anderen Block verlegt worden sei. Der Diensthabende sagte mir, daß ich mich nach dem »Tee«-Fassen beim Blockschreiber melden sollte. Zusammen mit mehreren »Neuen« wurde ich zum Block 8 geschickt. Blockältester war dort der Häftling E. Bednarek, ein Volksdeutscher. Zur Begrüßung brüllte er uns an, warum wir so spät gekommen seien. Seine vollkommen sinnlose Wut ließ er an dem Schreiber aus, der uns hergebracht hatte. Am Ende befahl er uns, in einen der Räume hineinzugehen. Der Stubenälteste eröffnete uns, daß in diesem Block Gruppen schwer arbeitender Häftlinge wohnten und daß hier strenge Disziplin, Sauberkeit und Ordnung herrschten. Er teilte uns mit, daß wir am nächsten Tag ordentliche, besohlte Schuhe bekommen und endlich die Holzpantinen loswürden, durch die wir Wunden an den Hacken bekommen hatten.

In dem Raum, in dem wir schliefen, gab es Strohsäcke. Diese Veränderung nahmen wir ohne Begeisterung auf. Die feuchte, restlos durchnäßte Kleidung mußten wir entsprechend der Lagerordnung vorschriftsmäßig zusammenfalten und unter den Kopf legen. In Hemd und Unterhose deckten wir uns für die Nacht mit Decken zu. Die von der Körperwärme zum Dampfen gebrachte Kleidung rief eine abscheuliche, ungesunde Feuchtigkeit hervor. Darüber hinaus entdeckte ich morgens Läuse unter dem Hemd. Ein Tag und eine Nacht genügten, und am nächsten Morgen war ich erkältet. Außerdem merkte ich, daß ich immer öfter austreten mußte. Ich versuchte, mich sauberzuhalten, aber nach zwei, drei Tagen verspürte ich den von mir selbst ausgehenden gefährlichen Gestank, den man bei den heruntergekommenen, schlecht aussehenden und entkräfteten Häftlingen wahrnehmen konnte. Mein Entsetzen war um so größer, als ich mich in der zum Morgenappell angetretenen Häftlingskolonne nicht beherrschen konnte und mir in die Hosen machte. Ich konnte es beim besten Willen nicht verhindern.

Es kostete mich große Anstrengung, alles wieder in Ordnung zu bringen. Während der Arbeit am Fluß zog ich in der Latrine, vor den Blicken der SS-Leute und Vorarbeiter verborgen, Kleidung und Unterwäsche aus, um sie zu waschen. Die nassen Kleidungsstücke zog ich natürlich wieder an, damit die Aufseher nichts merkten. Das alles mußte ich durchstehen, um weiter leben zu können. Vielleicht beruht das Leben eben darauf, daß man das erträgt, was ungut, schlecht und schwierig ist. Man mußte sich selbst bezwingen, zumindest den Ekel, den man vor sich selbst empfand.

Der Durchfall hörte nicht auf, ich konnte ihn nicht überwinden. Ich hatte Angst, mich im Krankenbau zu melden. Alle warnten, daß man dort fertiggemacht würde. Kwiatkowski, den ich beim Appell in der Reihe vor mir entdeckte, riet mir flüsternd: »Du mußt dich aushungern, dann verschwindet das.« Doch wie sollte ich mich aushungern, da ich doch ständig hungrig war! Ein älterer Häftling, der schon länger im Lager saß, gab mir einen anderen Rat: »Trink weniger, vor allem keine ›Avo‹ und keine Suppe«, sagte er. »Und das Brot mußt du so rösten, bis es fast verkohlt ist. Erst gut getrocknet, darfst du es kauen.« Während der Arbeit war es schwierig, das Brot zu rösten, aber ich hatte Glück. Es gelang mir, einen Vorarbeiter zu überzeugen, der meine Bitte erhörte. Er erlaubte mir, während der Pause die Brotscheiben im Werkzeugschuppen, wo ein Ofen stand, zu rösten. Dafür mußte ich ihm ein Stück Brot abgeben; anders war nichts zu machen. Die gut durchgerösteten Brotscheiben und Krusten begann ich langsam zu kauen. Zwei Suppenportionen tauschte ich gegen eine halbe Scheibe Brot ein. Ein anderer Häftling gab mir für zwei Portionen »Avo« ein Stückchen schmierigen Käse. Den tauschte ich wieder gegen ein Stück Brot ein. So brachte ich meinen Magen allmählich zum Austrocknen.

Trotz der Entkräftung mußte weiter mit der Schaufel gearbeitet werden. Manchmal mußten wir im Wasser stehen, um neuen Kies aus dem Fluß zu fördern. Die besohlten Schuhe hatte man uns nicht wegen des besseren Aussehens gegeben. Nach zwei Tagen ließ der Durchfall nach. Langsam begann ich, wieder mehr Flüssigkeit zu mir zu nehmen. Ich hatte aber weiterhin Magenschmerzen und fühlte mich sehr geschwächt.

Der Sonntag war für unser Kommando arbeitsfrei. Ich hoffte, daß ich etwas zu Kräften kommen würde. Aber nach dem Morgenappell mußten die Neuzugänge auf dem Platz vor der Küche antreten. Mehrere Kapos teilten uns mit, daß sie uns Gesang beibringen würden. Wir sollten das Lied »Im Lager Auschwitz war ich zwar …« lernen.

Wir versuchten, uns den Text einzuprägen, aber die von den Deutschen ausgesprochenen Worte waren verdreht und unverständlich. In Fünferreihen aufgestellt, bekamen wir den Befehl, beim Marschieren zu singen. Wir durchmaßen den ganzen Platz hin und zurück. Wer von den Häftlingen aus dem Tritt geriet oder nicht laut genug zu singen vorgab, bekam von den wachsamen Kapos eins mit dem Knüppel über den Kopf. Es gab mehrere Strophen des idiotischen Liedes. Den ganzen Vormittag hindurch wurde uns das Singen »beigebracht«. Anstatt uns nach der ganzen Woche eine Erholung zu gönnen, wurde uns die Freizeit auf diese Weise »abwechslungsreicher« gestaltet.

Abends im Block, als alle schon ausgezogen waren und kreuz und quer auf dem Fußboden lagen, kurz vor dem Ausschalten des Lichts, vernahmen wir vom Flur her das Gebrüll des Blockältesten Bednarek: »Alles raus!« Im Raum kochte es vor Wut. Alle sprangen auf und streiften hastig ihre Kleidung über. Mit Schuhen, Mützen und Mänteln in den Händen eilten wir – angetrieben von den Reitpeitschen und Knüppeln der Stubenältesten – auf den Flur des Blocks. Ich wußte nicht, was los war. Einer der Häftlinge klärte mich auf. Wer schmutzige Kleidung, schlecht angenähte Nummern oder verdreckte Holzpantinen oder Schuhe hatte, wurde verprügelt und bekam eine Strafmeldung.

Meine Schuhe waren nicht besonders sauber. Daher versuchte ich, mich durch die auf dem Flur versammelten Häftlinge zum Waschraum durchzudrängen, um meine Schuhe feucht abzuwischen. Als ich dem Waschraum schon ganz nahe war, stieß ich direkt auf den Blockältesten. »Aha, dreckige Schuhe! Du Scheißkerl, ich werde es dir zeigen!« Und aus voller Kraft schlug er mir rechts und links ins Gesicht, so daß ich mit dem Hinterkopf an die Wand prallte und halb betäubt zu Boden sackte. Er versetzte mir noch ein paar Fußtritte und wandte sich dann dem nächsten zu, der ihm gerade in die Arme lief, um ihn mit seinem Knüppel zu bearbeiten. Mühsam erhob ich mich und schleppte mich zum Waschraum, um das blutbesudelte Gesicht und dann die Schuhe abzuwaschen.

Die Kontrolle war ganz einfach. In einer Reihe zusammengepfercht, wurden wir von den Stubenältesten einzeln wieder in den Unterkunftsraum zurückgelassen. An der Tür wurde unser Kleiderzustand kontrolliert. In kurzen Abständen bezog jemand Prügel, und dann kam es an der Tür zu einem aufgeregten Durcheinander. Da der Stubenälteste abgelenkt war, paßte ich den Augenblick ab und schlüpfte in den Schlafraum, um mich wieder hinzulegen. Es dauerte ziemlich lange, bis das Licht gelöscht wurde.

Ich hatte von den Schlägen starke Kopfschmerzen bekommen und konnte nicht einschlafen. Außerdem entdeckte ich an meinem Körper mehrere Läuse, deren Bisse furchtbar juckten. Natürlich! Das Ungeziefer wanderte von einem Häftling zum nächsten. Die Nacht begünstigte diese Wanderschaft. Als ich glaubte, ich hätte alle zerquetscht, ertastete ich in der rechten Kniekehle wieder neue. Ich wälzte mich lange hin und her, bevor ich – durch Singen, Prügel und Läuse vollkommen erledigt – endlich einschlief.

Am nächsten Tag wurden nach dem Abendappell die Nummern aller Häftlinge des Kommandos Soła-Grube aufgerufen, und man verlegte uns in den Block 10. Weshalb? Zu welchem Zweck? Niemand wußte es. Nr. 10 war ein genauso gewöhnlicher Block für Arbeitskommandos. Hier herrschten wie überall strenger Drill und absolute Disziplin. Ungewöhnlich waren nur der Blockälteste Skrzypek und sein eifriger Gehilfe Mitas. Beide waren selten anzutreffende Sadisten.

Davon sollte ich mich am nächsten Sonntag überzeugen, als sie eine Entlausungsaktion ansetzten. Zuerst mußten wir nach dem Appell sehr lange stehen, bis die Stubenältesten und einige Häftlinge endlich alle Strohsäcke aus dem Block geholt und die Decken zur Desinfektion gebracht hatten. Die Strohsäcke wurden auf dem Hof ausgebreitet und mit irgendeinem chemischen Mittel bespritzt.

Es war Dezember und wir hatten minus 20 °C Frost. Vor Kälte traten wir von einem Bein aufs andere und scheuerten uns mit den Rükken aneinander. Die Gesichter waren rotgefroren vom Frost, der uns erbarmungslos in Ohren, Nase und Backen brannte.

Die Häftlinge der anderen Blocks waren längst verschwunden, während wir weiterhin stehenbleiben mußten. Schließlich kam der Blockälteste zu uns. Er war in Begleitung unseres Blockführers und zweier SS-Leute. Sie blieben vor den angetretenen Häftlingen stehen. »Na, euch ist kalt, was?« wandte sich der Blockführer an einen der Häftlinge. Der wußte nicht recht, was er antworten sollte. Er nahm die Mütze ab und schwieg. Daraufhin schlug ihm der Blockälteste aus voller Kraft mit dem Knüppel auf den Kopf, so daß der Arme blutüberströmt zusammenbrach. Skrzypek sprang auf ihn zu, versetzte ihm Fußtritte und brüllte: »Wenn dich der Blockführer fragt, dann hast du zu antworten, du Hurensohn!«

Am Ende ließ er von seinem Opfer ab. Er sagte etwas zu einem SS-Mann, und nur seine Augen glitzerten bedrohlich. Er stellte sich vor dem Block in Positur und eröffnete uns: »Wegen diesem Hundesohn werdet ihr jetzt bestraft. Alle hinlegen! Auf, nieder! Auf, nieder ...« Wer den Befehl zu langsam ausführte, wurde sofort von

Skrzypek erwischt und mit dem Knüppel bedacht. Dem »unterhaltsamen Spiel« schlossen sich die SS-Leute und der stellvertretende Blockälteste, irgendein »Grüner«, an. Sie schlugen mit ihren Knüppeln auf die Schwächsten ein. »Und jetzt«, meinte Skrzypek nach einiger Zeit, »laufen wir rund um den Blockplatz! Aber dalli!« Wir setzten uns in Bewegung. Dabei konnte nur schwer Ordnung gehalten werden, denn einige von uns waren schwach und krank. Die Kräftigeren liefen in verhältnismäßig gleichem Trott an der Spitze, die Schwächeren blieben zurück. Diejenigen, die ganz am Ende liefen, waren den Schlägen der unmenschlichen Häscher ausgesetzt. Alle Augenblicke stolperte einer von ihnen über eine Unebenheit des Geländes und fiel zu Boden. Darauf hatten die Peiniger nur gewartet. Sie fielen über ihre Opfer her und droschen mitleidslos auf sie ein. Das war ein grausames »Spiel«. Skrzypek rechnete mit den »Muselmännern«, den völlig entkräfteten und abgemagerten Häftlingen, ab, während die SS-Leute und Blockführer so zuschlugen, daß – kaum hatten sie angefangen – bereits fünf Opfer an der Mauer des Blocks lagen.

Dreimal umrundeten wir den Platz zwischen den Blocks 9 und 10, aber den SS-Leuten und Skrzypek war das noch zu wenig. »Schneller, schneller, ihr verfluchten Hundesöhne! Diese verfurzte Intelligenz! Schneller, ihr verlausten Scheißer!« rief der Blockälteste. Der Lauf ging weiter. Erneut zwei Runden. Und noch mal zwei. An der Wand lagen jetzt schon zehn. Plötzlich rief Skrzypek: »Halt! Zu zehnt aufstellen zum Appell, aber rasch!« Im Lager mußte alles hastig erfolgen. Am Ende formierten wir uns, reichlich bedacht von den Knüppeln der Sadisten. Wir atmeten heftig. Trotz der dünnen Drillichkluft waren unsere Rücken schweißnaß. Mühsam schnappten wir nach Luft. Und obendrein quälte uns der strenge Frost.

Indessen eilte Skrzypek kurz in den Block. Es sah aus, als hänge noch etwas in der Luft. Und so war es dann auch. Dem Block näherten sich sechs Häftlinge der Effektenkammer mit Tragen, auf denen sie »frische« Wäsche herbeischleppten. Skrzypek stand wieder vor dem Block und ordnete an: »Alle die Kleidung ausziehen und fünf Schritte vor!« Nach dem teuflischen Lauf war noch niemand abgekühlt, und nun sollten wir uns ausziehen. Doch was half es? Als wir den Befehl ausgeführt hatten, kam der nächste: »Hemden und Unterhosen aus, alle! Ihr dürft nur Schuhe oder Pantinen anbehalten.

Die Hemden zusammenlegen und antreten auf der Lagerstraße! Aber dalli!«

Darum also ging es! Nach dem Lauf verschwitzt und vor Kälte zitternd, zogen wir uns hastig ganz aus, um nur den Blockältesten nicht zu reizen. Der trieb alle mit dem Knüppel an, und wer von uns dem Befehl nicht schnell genug nachkam, bezog zusätzlich Prügel. Aufgeregt, vor Kälte zitternd, stellten wir uns in Zehnerreihen auf der Lagerstraße auf. Der Blockführer suchte sich unterdessen ein Opfer heraus und erstickte mit dem Knüppel den letzten Funken Leben in ihm. Schließlich sackte er zu Boden. Skrzypek rief sofort zwei nackte Häftlinge herbei, die die Leiche zur Mauer des Blocks tragen sollten. Dort lagen bereits ungefähr fünfzehn Menschen.

Einer der Stubenältesten jagte mehrere Häftlinge los, damit sie die Kleidung auf die Tragen zum Entlausen luden. Unterdessen sammelten andere die Unterwäsche ein. Die Entlausungsaktion ging weiter. Skrzypek gab den nächsten Befehl: »Rund um den Platz, im Laufschritt marsch!« Wir waren verblüfft, aber zum Nachdenken war keine Zeit. Die erste Reihe begann im gemächlichen Trott zu laufen. Ihr folgte die zweite Reihe. Den Peinigern war der Lauf zu langsam. Sie stürzten sich auf die Schwächeren am Ende und ließen ihre Knüppel tanzen. »Schneller, schneller!« wiederholten die SS-Leute den Befehl des Blockältesten.

Splitternackt umrundeten wir fünfmal den Platz zwischen den Blocks. Dann ließ uns der Blockälteste kurz anhalten, zählte unter den vorne Befindlichen die ersten Dreißig ab und schickte sie zum Block. Den Rest der Häftlinge trieb er zum Weiterlaufen an. Vor mir befanden sich noch sechs Zehnerreihen. Die SS-Leute feixten vor Vergnügen über das gelungene »Spiel«, während wir nach wie vor liefen.

Schon jetzt spürte man trotz des Frostes einfach nichts mehr, höchstens ein Stechen in der Lunge. Das Ganze dauerte über drei Stunden. Wie ich es ausgehalten habe, weiß ich selber nicht. Nur nicht hinfallen! Nur nicht auffallen! Wer hinfiel, der war verloren. Einer der Häscher stürzte sofort auf ihn zu. Die Fertiggemachten wurden sogleich zum Block geschleift, wo der Stoß der zu Tode Gequälten ständig größer wurde. Der Blockälteste gab das Zeichen für die nächsten, die zum Block gehen sollten. Der Rest lief weiter. Von einer Dreißigergruppe bis zur nächsten dauerte es etwa 20 Minuten –

überschlug ich. Mit der nächsten Gruppe würde ich zum Block gehen. O Gott, warum dauerte das nur so lange! Warum kann man nicht schneller alle zum Block treiben und dort die frische Wäsche ausgeben? Noch zwei Runden, noch eine! Ich war fix und fertig. Mein Kopf war wie eingefroren, mein Körper nicht mehr der meine. Ich konnte nur noch röcheln, aber als ich den Befehl hörte »Die nächsten zum Block!« war ich der erste an der Tür des Blocks.

Am Eingang zum Waschraum standen zwei SS-Leute, und Skrzypek begrüßte uns mit den Worten: »Nur nicht so drängeln, ihr Hurensöhne! Euch ist wohl kalt, was? Vielleicht noch ein paar Runden?« drohte er. Rasch stellten wir uns einigermaßen ordentlich auf.

»Na, was ist? Ist der da fertig? Dann schmeiß den Hurensohn raus!« wies Skrzypek Mitas an. Der stand neben einem großen Betonbottich, und auf den Befehl des Blockältesten hin zog er einen nackten Körper aus dem Wasser. Der Häftling gab kein Lebenszeichen von sich. An der Wand lagen bereits vier. »Komm her, hilf mir!« wandte sich Mitas an den ganz vorn Stehenden. Sie legten die Leiche an der Wand nieder. »Und jetzt, ihr Hurensöhne, macht jeder einen Taucher in diesem Chlorbottich, um entlaust zu werden.« »Na dalli, rein mit dir!« Der, der ihm geholfen hatte, mußte als erster rein. Er stieg so in den Bottich, daß sein Kopf noch herausguckte. »Und dein Kopf, du Rindvieh!« meinte Mitas und schlug aus voller Kraft auf ihn ein. Der Häftling tauchte auch den Kopf ins Wasser und sprang gleich darauf heraus, als habe er sich verbrüht. »Jetzt in die Stube, die Wäsche in Empfang nehmen!« befahl Mitas und zog dem ersten eins mit dem Knüppel über den Rücken, daß er sich zusammenkrümmte. »Der nächste!« Das war mein Vordermann. Er führte alles vorschriftsmäßig aus und rannte in die Stube.

Ich sprang in den Bottich und tauchte bis über den Kopf unter. Mir blieb die Luft weg. Das Wasser war eiskalt und außerdem ätzend. Sie hatten offensichtlich sehr viel von diesem Chlor oder einem anderen Teufelszeug hineingeschüttet. Es brannte in den Augen, in den Ohren, und im Mund hatte man nach diesem Bad einen ekelhaften Geschmack. Kaum war ich herausgesprungen, brüllte Mitas mich an: »Was spritzt du so, du Scheißer?!« Und er stieß mich mit dem Knüppelende in die Schulter. Ich stöhnte vor Schmerz. An der Tür stieß ich auf den Blockältesten, der mir einen Tritt versetzte und brüllte: »Schneller, schneller, du Schweinehund!«

Auf dem Flur hielt mich der Friseur an. Ich mußte auf einen Hokker steigen, und mit einer stumpfen Haarschneidemaschine schor er mir die Schamhaare weg. Sein Gehilfe bespritzte mich an den Stellen mit irgendeinem Teufelszeug. Ich betrat die Stube. Die Fenster standen weit auf. Zwei Helfer des Stubenältesten verteilten Unterwäsche, die anderen standen zusammengekrümmt in einer Ecke des Raums. Sie zerquetschten Läuse in den soeben in Empfang genommenen Hemden und Unterhosen.

Fast alle husteten und würgten an Schleim und Auswurf. Aber auf den Fußboden zu spucken, das bedeutete, sich selbst das Urteil zu sprechen. Nach einiger Zeit wurden unsere Kluft und die dünnen Mäntel auf Tragen aus der Effektenkammer gebracht. Der Stubenälteste las die Nummern von den Kleidungsstücken ab. Ich hatte Glück, meine Sachen lagen oben. Ich konnte mich anziehen. Als ich später zum Abort ging, hörte ich im Waschraum einen furchtbaren Krach: Geprügel, Schläge und später den abgerissenen Schrei eines Menschen, der offensichtlich im Wasserbottich ertränkt wurde. Das waren die SS-Leute und der Blockälteste, die die letzten Häftlinge fertigmachten. Rasch kehrte ich in die Stube zurück.

Man brachte Kessel und kleine Fässer mit warmer Rübensuppe. Wir bekamen eine Kelle voll ins Kochgeschirr. Die abscheuliche, geschmacklose Flüssigkeit mundete uns wie das beste Essen. Später wurden wir wieder aus dem Block gejagt. Wir hatten sogenannte Freizeit. Unterdessen brachten die Stubenältesten mit Hilfe einiger Häftlinge die Strohsäcke in den Block und sammelten die Leichen ein, die sie in den Waschraum brachten. Aus der Desinfektionsanstalt kamen Decken. Die Entlausungsaktion schien zu Ende zu sein.

Als ich jedoch mit meinen Kollegen in der Einbuchtung neben der Treppe zum Blockeingang stand, um den eisigen Windstößen zu entgehen, kam der Blockälteste heraus. »He, ihr vier! Kommt mal schnell her!« Er deutete auch auf mich. Mich überlief ein Zittern. Was wollte er von uns? Im Laufschritt betraten wir den Block.

Skrzypek deutete auf den Waschraum: »Zieht die Leichen da aus! Schreibt ihnen die Nummern, die sie an der Kluft haben, auf Brust und Unterarm. Dann legt sie so hin, daß man sie zählen kann. Bis zum Abendappell müßt ihr fertig sein. Wenn nicht, zieht jemand anders euch aus!« lachte er unheildrohend auf, gab einem von uns einen Schlag mit dem Knüppel und ging in seine Stube.

Ich war wie erstarrt. Ich wußte nicht, wie man diese »Arbeit« anpacken sollte. Aber zwei meiner Kameraden mit älteren Lagernummern brachten es mir rasch bei. Die Körper unserer unglückseligen Leidensgefährten waren blutunterlaufen, mit Geschwüren und Wunden übersät. Fünf hatten zerschmetterte Schädel. Als wir alle ausgezogen hatten, sagte der Älteste leise: »Na, Jungs, Mützen ab!« Wir nahmen die Mützen ab und standen eine Weile stramm. Dann begannen wir, die Leichen ordentlich hinzulegen. Es waren vierundzwanzig.

»Sechs ganze Brote und zwei Würfel Margarine hat der Blockälteste verdient«, meinte der Älteste. »Jetzt läßt er sie hier so ungefähr zwei Tage liegen, um in der Küche das Essen für sie zu bekommen. So ein Schwein!« Wir blickten einander an. Auf diese Weise also besserte der Blockälteste seine Lebensmittelzuteilungen auf.

Der Gestank der Fäkalien und des Chlors war unerträglich. Mir wurde schlecht. Aber schon tauchte Mitas im Waschraum auf. »Na, seid ihr fertig, ihr Hurensöhne? Dann haut ab, aber dalli! Aha«, erinnerte er sich, »der Blockälteste hat erlaubt, daß ihr die Kessel und Fässer auslecken dürft. Sie stehen vor seiner Stube. Nachher wascht ihr sie ab, wie sich's gehört! Alles klar?«

Wir rannten zu den Fässern. Der Hunger war stärker als alles andere. Mit Löffeln kratzten wir die kalte Flüssigkeit heraus, die an den Gefäßwänden erstarrt war. Im Mund und in der Nase spürte ich noch immer den Chlordunst und jenen eigentümlichen Leichengeruch. Trotz Husten, Fieber und Erkältung hatte ich die Entlausungsaktion überstanden. Wahrscheinlich, weil ich einer der jüngsten und einer der abgehärteten Häftlinge war. In den nächsten Tagen meldeten sich viele Mithäftlinge aus unserem Block im Lagerkrankenbau. Und in den Block 10 wurden frisch im Lager eingetroffene Neuzugänge eingewiesen.

Die nächsten Arbeitstage in der Soła-Grube nahmen mich schwer mit. Der Durchfall ließ allmählich nach, und vielleicht überlebte ich eben deswegen die Entlausungsaktion. Aber ich war völlig entkräftet. Prügel, Appelle und Entlausung brachten die Qual des Lageralltags zum Überlaufen. Meine Transportgefährten hatte ich aus den Augen verloren. Sie arbeiteten in anderen Kommandos. Ich befand mich unter fremden, aber ebenso mitgenommenen und mißhandelten Häftlingen mit kurzer Lagererfahrung, an denen SS-Leute und Funktionshäftlinge ihre Lust ausließen. Das schlimmste war, daß ich ständig hungrig herumlief. In meinem Bauch rumorte es. Der Körper brauchte mehr Nahrung. Leider war die nirgends zu bekommen.

Eines Tages wurde unser Arbeitskommando aus mir unbekannten Gründen länger im Lager festgehalten. Wir standen unweit des Lagertors. Das Orchester packte seine Instrumente ein. Damals wurde ich auf das durch einen Extrazaun abgegrenzte Lager für sowjetische Kriegsgefangene aufmerksam. »Russisches Kriegsgefangenenlager« lautete die Inschrift über dem Einfahrtstor, das sich zwischen den Blocks 24 und 14 befand. Vor einem der Blocks stand gerade ein Rollwagen, der mit Leichen beladen wurde. Zum Skelett abgemagerte Menschenleichen wurden auf den Wagen geworfen. Andere Kriegsgefangene schleiften die Leichen aus den Blocks. Unter den auf den Rollwagen geworfenen Körpern bemerkte ich noch lebende, sich noch bewegende Menschen. Später, nach dem Aufladen, schoben zehn sich schleppend bewegende Gefangene den Rollwagen zum nahegelegenen Krematoriumsgebäude hin fort.

Innerhalb des Lagers war der Ausbau im Gange. Man errichtete neue Blocks und schüttete die riesige Vertiefung zu, die sich dort befand, wo man später die Blocks 16 und 17 erbaute. Mit einer Walze wurde das Gebäude eingeebnet. Die Arbeit der Häftlinge, die unter der Aufsicht von SS-Leuten und Kapos Mauersteine schleppten und aufschichteten oder Mörtel anrührten, ging in ständiger Hast vor sich, unablässig angetrieben durch Gebrüll und Prügel. Es war überall dasselbe. Wir waren zum Tode verurteilt, so, wie es der Lagerführer gleich zu Anfang gesagt hatte. Wie lange würde ich das aushalten?

Schließlich kam das Zeichen zum Ausmarsch, und so wie jeden Tag durchmaßen wir mit entblößten Köpfen, in strammer Haltung und mit den Schuhen aufstampfend, das Lagertor, an dem die SS-Leute die Herauskommenden übernahmen. Unser Kommandoführer hatte Schwierigkeiten beim Zusammenstellen der Wachmannschaft gehabt. Deshalb hatte sich der Abmarsch unseres Außenkommandos verzögert. Auf der Arbeitsstelle schaufelten wir wieder Kies aus dem Fluß. Die Erde war gefroren und von Schnee bedeckt. Obwohl wir so manches Mal mit den Schuhen in den Fluß mußten, um Kies auf die Schubkarren zu laden, gab es bei uns

Unterbrechungen, weil andere die Karren fortschieben und wieder zurückbringen mußten. Diejenigen, die den gefrorenen Boden aufhacken mußten, hatten die schwierigste Aufgabe. Sie mußten mit der Kreuzhacke zuschlagen, bevor sie die Karren mit Kies beladen konnten. Das aber dauerte sehr lange, und durch die Arbeit waren sie restlos ausgepumpt.

Gegen Mittag kam wieder einer der Häftlinge durch den Karabinerschuß eines SS-Schergen um. Das war so: Der Häftling war furchtbar ausgezehrt und hatte Durchfall. Er wandte sich an den SS-Posten und bat ihn, seine Notdurft dicht beim Arbeitsplatz verrichten zu dürfen. Der SS-Mann erlaubte ihm das, aber als er sich zurückmeldete, riß er ihm die Mütze vom Kopf und warf sie fort – weit hinter die Postenkette. Dem Häftling befahl er, die Mütze zu holen und sich zurückzumelden. Als der Häftling losging, setzte der SS-Mann das Gewehr an und erschoß den Unglückseligen von hinten. Von den mit mir zusammen arbeitenden Kollegen erfuhr ich, daß die SS-Leute für das Erschießen eines Häftlings »auf der Flucht« – so nannte sich das – zwei Tage Urlaub bekamen. Was war das Leben eines Häftlings schon wert! Für den SS-Mann nichts. Wichtig war der Urlaub.

Diese entsetzliche Verlogenheit, diese »gesetzliche Sanktionierung« des Mordes, konnte den standhaftesten und widerstandsfähigsten Häftling zur Verzweiflung bringen. Ich war zu jung, als daß ich mir des perfiden Vorgehens der SS-Leute vollauf bewußt werden konnte, doch allmählich kam eine gewaltige Abneigung und Auflehnung in mir auf. Um so dringender wollte ich überleben, um den Tod so vieler unschuldiger Menschen zu rächen. Die Hände ballten sich zur Faust, aber man durfte die Selbstbeherrschung nicht verlieren. Ein Mensch war erschossen worden. Es war nichts geschehen. Ein gewöhnliches Vorkommnis. Man mußte weiterarbeiten und so tun, als habe man den Tod nicht bemerkt.

Die Rückkehr ins Lager fiel mir an diesem Tag besonders schwer. Mich quälte ein Schwindelgefühl, in meinen Ohren rauschte es ununterbrochen. Zeitweise wußte ich nicht, was mit mir los war. Nur mühsam schleppte ich mich ins Lager und stand in der Reihe der zum Appell Angetretenen. Langsam fielen leichte Schneeflocken herab. Wir standen ziemlich lange vor dem Block. Der Abend brach an, und nur wenige Lichter innerhalb des Lagers erhellten den Platz, auf dem wir Häftlinge standen. Hell beleuchtet war nur der Stachel-

Abb. 6 KZ Auschwitz. SS-Wachmannschaften.

drahtzaun rings um das Lager. Ich stand irgendwie betäubt da. Alle Augenblicke sank mein Kopf herab. Mir wurde schwarz vor Augen, und ich konnte mich nur mühsam auf den Beinen halten.

Schließlich kam der Blockführer. Der Blockälteste gab das Kommando »Mützen ab!« und in dem Augenblick fiel ich besinnungslos und gefühllos zu Boden. Das Bewußtsein erlangte ich erst wieder neben der Treppe, inmitten anderer Häftlinge, die kein Lebenszeichen mehr von sich gaben. Zwei nicht übel aussehende Häftlinge zogen mir die besohlten Schuhe aus. Sie rissen mir beinahe die Beine ab. Dadurch kam ich zu mir. Der eine meinte zum andern: »Verflucht noch mal, erst einen Monat im Lager, und schon kratzt der Hurensohn ab. Schade um die Schuhe. Zieh doch richtig, verflucht noch mal!« Endlich gelang es ihnen, und nur noch in Socken lag ich weiter auf der Erde. Nach dem Appell kontrollierten zwei Stubenälteste, ob ich noch lebe. Sie ergriffen mich an Händen und Füßen und trugen mich dann zum Häftlingskrankenbau. Auf dem Fußboden des Flurs im Block 28 ließen sie mich liegen. Ich war überrascht. In meiner Manteltasche entdeckte ich eine Scheibe Brot. Der eine Stubenälteste war ein Pole, er wußte, was mit mir passieren konnte. Als sie mich vom Block in den Krankenbau brachten, hatte er mir das gegeben, was für den Häftling am wertvollsten war – ein Stück Brot.

Auf dem Flur befanden sich viele, denen es ähnlich ging wie mir. Die einen lagen auf dem Betonfußboden, die andern lehnten an der Wand und versuchten mühsam, das Gleichgewicht zu halten. Ich erhob mich ebenfalls, denn das Schwindelgefühl schien verflogen zu sein. Es erschienen zwei weißgekleidete Häftlinge. Der Reihe nach brachten sie uns in einen der Räume. Dort im Zimmer quälte mich die Frage, was mit mir geschehen werde. Schließlich fragte mich der hinter dem Tisch sitzende, in weißes Drillichzeug gekleidete Häftling: »Was fehlt dir?« »Ich bin beim Appell ohnmächtig geworden«, antwortete ich verschüchtert. »Quatsch nicht rum! Was tut dir weh?« – »Das weiß ich selber nicht. Mir dreht sich alles im Kopf und überhaupt ...« Der Weißgekleidete verlor die Geduld, denn auf dem Flur warteten noch viele. »Zum Teufel mit diesen Zugängen! Hier ist kein Sanatorium, sondern ein Lager, du Grünschnabel! Wie oft hast du geschissen? Na, über Nacht?« – »Wohl dreimal«, gab ich entsetzt zurück. »Nimm ihn als Durchfall!« wies er jemand anders an. Der führte mich hinaus und brachte mich zum Bad, wo bereits andere Patienten unter der Brause standen. Ich sollte mich ausziehen und duschen. Ich kam der Anweisung nach und stand mit unsagbarem Vergnügen unter der warmen Brause. Innerlich wurde ich von Freude ergriffen. Ich lebte! Für eine Weile hatte es mich nicht gegeben, aber nun war ich wieder da, und vielleicht würde ich weiter existieren. Unter dem Einfluß des warmen Wassers begann der Körper anders zu pulsieren. Auf den Befehl »Raustreten!« hin trocknete ich mich mit einem richtigen Handtuch ab und zog die frisch ausgehändigte Wäsche – Unterhose und Hemd – über. Derjenige, der mich ins Bad geführt hatte, tauchte wieder auf. Ich mußte mich in eine Decke hüllen, die er mitgebracht hatte, und auf dem Flur in die ersten besten Holzpantinen steigen. Dann befahl er mir, mich einer Häftlingsgruppe anzuschließen, die vor dem Block stand.

Es schneite jetzt in dichten Flocken, und der Wind peitschte mitleidslos durch uns. Mich ergriff eine entsetzliche Kälte. Aber das mußte man eben ertragen. Wir warteten, bis sich noch zwei kranke

Nachzügler der Gruppe anschlossen, und dann schlurften wir, in Decken gehüllt, mit dem Pfleger zum Block 19, der Durchfallstation.

Dort stank es entsetzlich, es stach einem in der Nase. Nach einiger Zeit wurden unsere Nummern und Namen aufgeschrieben. Dann durften wir uns zu zweit auf eine Pritsche legen. Dort gab es einen Strohsack, ein sauberes Laken, ein das Kopfkissen ersetzendes Keilkissen und gereinigte, noch nach Desinfektion riechende Decken. Nach dem mehrwöchigen Aufenthalt in den Blocks der Arbeitskommandos, wo ich unter den ständig schreienden, antreibenden und auf uns eindreschenden Funktionshäftlingen viel Prügel bezogen hatte, kam ich mir auf der Pritsche wie im Paradies vor.

Damals hatte ich keine Ahnung davon, was der Lagerkrankenbau eigentlich bedeutete. Auf allen Pritschen lagen Häftlinge, meist zu zweit. Der Saal war mit Kranken überfüllt, aber niemand lief mit dem Knüppel herum und prügelte sie zu Tode – das war am wichtigsten. Es schien eine andere Welt zu sein, in der einem Bauhof und Soła-Grube wie ein schlimmer Traum vorkamen. Doch wie war ich naiv! Wie oft läßt man sich durch den Schein blenden. Eine Zeitlang hatte ich jedoch noch falsche Vorstellungen.

Morgens weckte mich mein Pritschengefährte. »Der Kaffee wird ausgegeben«, sagte er. Zu den mehrstöckigen Pritschen kam irgendein Häftling und verteilte in Schüsseln eine warme Flüssigkeit, die Kaffee genannt wurde. Es war aber nur der übliche Ersatz, der mit Kaffee nichts gemein hatte. Was mich verwunderte, war, daß man uns das Essen hier an die Pritschen brachte. Man mußte nicht zum Appell aufstehen, man mußte sich nicht wegen einer Schüssel Essen anstellen, und man mußte nicht zur Arbeit.

Nach einiger Zeit kam ein Häftling in weißer Kleidung, der als Pfleger bezeichnet wurde. Er gab mir ein Thermometer, um die Temperatur zu messen. Als er das Thermometer wieder abholte, blickte er mich forschend an und sagte: »Der Arzt wird dich untersuchen. Mal sehen, was wir mit dir machen.« Es verging wiederum ein Weilchen, und dann trat lächelnd ein sympathischer Arzt, der Pole T. Szymański, an meine Pritsche. Nach der allgemeinen Untersuchung und dem Abhören des Herzens entschied er sich, mich zu durchleuchten. Abends kam er selbst. Er befahl mir, eine Decke überzuwerfen und in den unteren Flur des Blocks zu gehen. Da ich zu schwach war, nahm er mich auf den Rücken und brachte mich zum

Block 28. Dort wurde eine Röntgenaufnahme gemacht. Die nächsten zwei Tage lag ich auf der Durchfallstation. Nach der weiteren Visite eines Arztes (Dr. Gałka) wurde bei mir Fleckfieberverdacht festgestellt. Ich wurde in den Block 20, einen Infektionsblock, verlegt und im Saal Nr. 4 untergebracht. Hier war ein alter Häftling des ersten Transports, Józef Hordyński, Saalältester. Unter den Kranken entdeckte ich zu meiner Verwunderung Major Kosiba, der zusammen mit meinem Vater den Bund des Bewaffneten Kampfes ZWZ in Tarnów aufgebaut hatte. Ich erklärte ihm meine Lage mit dem neuen Namen, doch er beruhigte mich. »Mach dir keine Sorgen«, sagte er. »Hier wird dich keiner in dieser Sache verhören.«

Der Major war zur selben Zeit verhaftet worden, als die Gestapo nachts bei uns aufgetaucht war, um meinen Vater festzunehmen. Ich erläuterte ihm die näheren Umstände der Flucht und sagte, daß ich meinen Vater zuletzt im Amtssitz der Gestapo in Częstochowa gesehen habe. Kosiba half Hordyński, den Saal in Ordnung zu halten. Ich bekam ein zusätzliches Stückchen Brot und Suppe von ihm. Endlich konnte ich den Magen füllen, aber ich fühlte mich nicht besonders gut. Das Fieber nahm mich immer mehr mit. Am dritten Tag hatte ich 39,4° Grad. Die Ärzte hegten keine Zweifel mehr. An meinem Bauch tauchten rote Flecke auf. Ich hatte Flecktyphus.

Ich hatte mich so sehr sattessen wollen. Ich war so hungrig gewesen. Und in diesem Augenblick, da ich vom Major und von Hordyński zusätzliche Verpflegung bekam, konnte ich nichts runterkriegen. Das Fieber höhlte mich aus. Ich hatte immer größeren Durst. Mein Kopf wurde von immer größerer Betäubung ergriffen. In den Ohren vernahm ich irgendein Rauschen, in den Augen Schmerz. Ich verlor das Bewußtsein.

Als ich das Weihnachtslied »Stille Nacht, heilige Nacht …« hörte, kam ich zu mir. Gesungen wurde es von drei älteren Häftlingen, und daneben standen zwei andere und weinten. Als sie aufhörten, entnahm ich ihrem Gespräch, daß Weihnachten war – das erste Weihnachtsfest im Lager. Ein Schluchzen schüttelte mich.

Ich befand mich nicht mehr im Saal Hordyńskis. Ich begann mich in dem Raum umzublicken, in dem ich jetzt lag. Untergebracht war ich auf einer mittleren Pritsche gleich am Eingang. Neben mir schlief ein anderer Häftling. Ich spürte weder meinen Kopf noch meinen restlichen Körper. Ich schloß die Augen und versuchte mich zu erinnern, wann ich mich das letzte Mal unter den Lebenden befunden hatte. Nach einiger Zeit begriff ich, daß ich – da ich den Typhus überstanden hatte – existierte und lebte. Weihnachten – wie lange war ich demnach bewußtlos gewesen? Eine Woche? Zehn Tage? … Mein Aufwachen aus dem Fieberwahn des Typhus bedeutete aber noch nicht, daß ich zum Leben zurückgekehrt war. Es war nur ein Indiz des wiederkehrenden Bewußtseins.

Die Pfleger im Saal bemerkten, daß ich mich bewegte, und kamen an die Pritsche, um zu sehen, wie hoch meine Temperatur war. Von ihnen erfuhr ich, daß ich mich im Fieberwahn furchtbar hin und her geworfen und geschrien hatte. Der Saalälteste, der mich beruhigen wollte, hätte sogar ein blaues Auge bekommen. Sie sagten mir, daß ich – da das Herz das Fieber ausgehalten habe – das Schlimmste überstanden hätte. Ich war aber noch so schwach, daß ich mich aus eigener Kraft nicht einmal zum Austreten in die Ecke des Saals schleppen konnte. Stets half mir ein Pfleger oder ein genesender Häftling. Ich wog nur noch 68 Pfund. Auf der Pritsche neben mir starben wohl drei Leidensgefährten, bevor ich wieder imstande war, mich selbständig fortzubewegen und alle persönlichen Bedürfnisse allein zu erledigen.

Die polnischen Ärzte (Dr. Gałka, Dr. Suliborski u. Dr. Tondos), die in den Saal kamen und sich die Kranken ansahen, machten auf mein Jugendalter aufmerksam und erlaubten nicht, daß ich zuviel aß, damit in meinem geschwächten Körper nicht wieder Durchfall verursacht werde. Normal essen konnte ich dann schon nach etwa zwei Wochen. Ich bekam doppelte Suppenportionen und zusätzlich Brot.

Der Saalälteste C. Ostańkowicz und sein Gehilfe Oberst Dziama, die sahen, wie rasch ich genas, beauftragten mich, anderen Rekonvaleszenten bei ihren ersten Schritten nach dem Typhus zu helfen. Ich half den Kranken also beim Austreten, beim Bettenmachen und beim Verteilen von Tee oder Suppe. Später hatte ich zwei bis drei Stunden Nachtwache. Das war im Flecktyphussaal eine schwierige Aufgabe. So manches Mal schreckte einer der Patienten mit einem Schrei aus dem Schlaf auf, rannte kreuz und quer zwischen den Pritschen herum und verletzte sich am Kopf, bis Blut floß. Ein anderer wiederum wollte aus dem Fenster springen, um in den Draht zu laufen. Man mußte ihn einfangen und zur Pritsche zurückführen. Damals konnte ich mir gut vorstellen, wie ich ausgesehen hatte, als ich bewußtlos gewesen war.

Der Nachtdienst war furchtbar anstrengend und seelisch belastend. Manchmal nannte ein Kranker im Fiebertraum seinen Decknamen und meldete sich bei seinen Vorgesetzten. Ein anderer phantasierte laut über die Liebe zu seiner Frau. Und ein dritter heulte, weil er seine Frau betrogen hatte. Im Fieberwahn bekannte er seine Sünde wie bei der Beichte. Einige beteten laut. Von Zeit zu Zeit schrie einer entsetzlich auf, bäumte sich auf der Pritsche auf und tat seinen letzten Atemzug. Während des Typhusfiebers hatten die Kranken furchtbaren Durst. Man mußte ihnen Wasser oder Tee-Ersatz zu trinken geben, ihnen das Becken bringen und dann wieder wegtragen, weil die meisten sich nicht rühren konnten. Manchmal mußte man einem sterbenden Häftling die Hand halten, weil er jammernd darum bat. In der Nacht, beim abgedunkelten Licht in dem kleinen Saal, in dem etwa 30 Kranke atmeten, herrschte stickige Luft. Man fühlte sich erdrückt von der unheimlichen Atmosphäre des Leidens und der Bedrohung. Erleichtert übergab ich die Nachtwache dem nächsten diensthabenden Rekonvaleszenten.

Nach drei Wochen verlegte man mich in einen Saal für Genesende im ersten Stock des Blocks 20. Es war ein großer Raum mit Pritschen für ungefähr 100 Häftlinge. Saalältester war Stanisław Głowa, seine rechte Hand Stanisław Rospenk. Sie kannte mich schon von früher her aus den Typhusräumen von Hordyński, Lewandowski und Ostańkowicz, wo ich vorübergehend mehrere Nachtwachen gehabt hatte. Głowa beschloß, mich mit Genehmigung des Blockältesten als Hilfspfleger zu beschäftigen, wobei ich weiterhin als Kranker geführt wurde.

Zu den schon früher ausgeübten Pflichten kamen neue hinzu. Ich war verantwortlich für Sauberkeit und Ordnung, für die ordentlich gemachten Betten der Kranken in mehreren Pritschenreihen. Darüber hinaus mußte ich zusammen mit den anderen Pflegern die Kessel oder Fässer mit der Lagersuppe vom Erdgeschoß in den ersten Stock tragen und zu allem Übel auch noch den Bettlägrigen auf den Pritschen die Schüsseln mit der Suppe bringen. Eine neue, mir zugewiesene Beschäftigung bestand darin, daß ich die Leichen der verstorbenen Mithäftlinge hinaustragen mußte. Meist machten das die

Saalpfleger, aber beim Tode eines Häftlings mußte die Leiche von der Pritsche gezogen werden. Das machten wir gewöhnlich zu zweit, zusammen mit Rospenk.

Wenn wir die Leichen herausgezogen hatten, legten wir sie auf eine ausgebreitete, extra dafür vorgesehene Decke. Dann schrieben wir die Nummer des verstorbenen Häftlings mit Kopierstift auf Brust und Unterarm und wickelten ihn in die Decke. Wir hoben ihn auf und trugen ihn die Treppe hinunter in den Flur des Erdgeschosses. Von dort aus schafften andere Häftlinge vom Leichenträger-Kommando die Toten fort. Sie stapelten, je nach dem Gewicht der Leichen, zwei oder drei Tote auf spezielle Tragen, an deren Griffen Riemen befestigt waren, die sie sich wie Tragjoche um den Hals legten. Auf diese Weise konnten sie sicher sein, daß sie die Last auch wirklich bis zu dem auf dem Hof stehenden Leiterwagen oder direkt bis zum Krematorium des Lagers schaffen würden.

In dem Saal, in dem ich meinen Pflichten als Hilfspfleger nachkam, starben im Laufe von 24 Stunden fünf bis zehn Häftlinge. Das Fortschaffen der Leichen war an sich schon eine unangenehme, traurige Pflicht. Unter den spezifischen Bedingungen des Lagers war es eigentlich ein Begräbnis. Zu den unangenehmsten Obliegenheiten gehörte dagegen das Aufräumen der Pritschen, auf denen die Häftlinge gestorben waren. Die Decken und Strohsäcke waren meist furchtbar verdreckt, und das nicht nur durch Exkremente. Viele Häftlinge, die an Typhus erkrankt und in den Krankenbau eingeliefert worden waren, litten an Phlegmonen, das heißt an entsetzlichen Geschwüren, aus denen der Eiter langsam in die Decke oder den Strohsack sickerte. Ich sah ausgedehnte, 30 Zentimeter und mehr messende Eiterherde. Ich erblickte vollkommen verfaulte menschliche Füße, aus denen, nachdem die Ärzte einen Drain gelegt hatten, eine eitrige Absonderung herausfloß, deren Gestank einfach unerträglich war.

Im Schonungssaal (für Genesende) lagen nicht nur Häftlinge nach überstandenem Typhus oder Typhusexperimenten, sondern auch Patienten nach leichten Operationen, nach einer Lungenentzündung oder Bronchitis. Viele litten an Durchfall. Dieser war unter den beschränkten Möglichkeiten in diesem Krankenbau schwer zu bekämpfen. Im Saal herrschte – trotz Desinfektion, trotz offener Fenster, und obwohl der Betonfußboden täglich gewischt wurde – ein schwer zu beschreibender Gestank, an den man sich erst gewöhnen mußte.

Unter den Häftlingen, die sich in der Schonungsabteilung befanden, gab es auch Kranke aus der Strafkompanie – stark ausgezehrt, von Geschwüren bedeckt und mit den Spuren von Schlägen im Gesicht. Ein Häftling aus der gefürchteten Strafkompanie hatte im Krankenbau die Chance, seine Kräfte etwas aufzufrischen. Die polnischen Ärzte hielten diese Unglücklichen so lange wie nur irgend möglich bei sich fest, wobei sie ihre Karteikarten natürlich vor der Kontrolle durch den SS-Arzt verbargen. Es mag paradox klingen, aber die Schonungsabteilung war trotz alledem eine Oase, die viele Häftlinge erreichen wollten, obwohl sie sich im Block des Typhustodes befand. Die Saalältesten achteten darauf, daß die genesenden Häftlinge, die den Typhus überstanden hatten, zusätzliche Rationen Brot oder Lagersuppe bekamen. Einen Teil der angelieferten Lebensmittel »besorgten« von Zeit zu Zeit Häftlinge aus den Vorratslagern oder der Küche. Obwohl diese Hilfe sehr wertvoll war, konnten nicht alle dadurch gerettet werden.

Typhus und Durchfall bewirkten bei den Häftlingen eine schwere Auszehrung des Körpers. Die Flecktyphusepidemie befiel immer mehr Menschen im Lager. Der Krankenbau war nicht imstande, alle Kranken aufzunehmen. Die Zahl der Sterbefälle nahm zu, aber den SS-Verbrechern war das noch nicht genug.

Seit dem Frühjahr 1942 häuften sich die Selektionen, sowohl in den Typhusräumen als auch im Schonungssaal; sie wurden vom SS-Lagerarzt durchgeführt. In diesen Fällen bekam ich die Anweisung, die Pritschen in Ordnung zu bringen, den Betonfußboden zusätzlich feucht aufzuwischen und die Decken der Kranken glattzuziehen. Den Saal betraten gewöhnlich zwei SS-Leute, begleitet vom Blockältesten und den Häftlingsärzten. Der Saalälteste rief laut »Achtung!« und meldete dem SS-Arzt die Belegung. Nach einer oberflächlichen Durchsicht der Kranken auf den Pritschen nahmen die SS-Leute dann auf Lagerhockern hinter einem extra aufgestellten Tisch am Fenster in der Mitte des Saales Platz. Sie verlangten die Krankenkarten der Häftlinge und sahen sie durch. Der polnische Häftlingsarzt, der den Schonungssaal betreute, nahm diese Karten der Reihe nach vom Blockschreiber Głowa in Empfang und reichte sie dem SS-Arzt Entress.

Der Saalälteste rief einzeln die Häftlingsnummern auf. Die nicht so schweren Fälle kamen selber zum Arzt, den Schwächeren mußte geholfen werden. An einem Arm festgehalten oder von hinten gestützt, wurden sie zum Arzt geführt. Die Kranken stellten sich in Reihen auf und traten einzeln an den Tisch. Der SS-Arzt bekam die Krankenkarten der Aufgerufenen, und nach ganz kurzer Durchsicht, manchmal nach einem einzigen Blick, entschied er über das Schicksal der Patienten. Vergeblich riskierten die polnischen Ärzte eine Bemerkung über die guten Aussichten und den verbesserten Gesundheitszustand des Kranken. Der seitlich stehende SS-Sanitäter, gewöhnlich Sanitätsdienstgrad (SDG) Klehr, sammelte immer mehr Krankenkarten von Ausgesonderten in seiner Hand. Man konnte sich leicht denken, daß anhand dieser Karten Todesmeldungen geschrieben wurden. Auch ich zählte zu den Kranken. Als meine Nummer aufgerufen wurde, zog ich also das Hemd aus und ging voller Angst mit meiner Karteikarte zu dem SS-Mann. Ich vernahm ein »Hau ab!« und meine Karte wanderte zum Arzt in Häftlingskluft. Das bedeutete, daß ich weiter im Krankenbau bleiben durfte. Die Visite dauerte etwa eine halbe Stunde. Für mehr als 40 Kranke aus dem Schonungssaal bedeutete sie das Todesurteil. Alle schlecht aussehenden Opfer, auch die aus den anderen Räumen, wurden der Gruppe aus dem Schonungssaal zugeordnet, auf Kraftwagen verladen und nach Birkenau gebracht. Dort vergaste man sie, und die Leichen, von denen es jeden Tag mehr gab, wurden verbrannt.

Anstelle der Ausgesonderten wurden neue Patienten aufgenommen. Unter ihnen befand sich ein junger, trotz des geschorenen Kopfes sehr attraktiv aussehender Häftling, der die obere Pritsche neben der bekam, auf der ich nach der Arbeit schlief. Der Neue hatte die Häftlingsnummer 33 187 und hieß Mieczysław Węgrzyn. Er war ein Sohn des berühmten polnischen Schauspielers Józef Węgrzyn. Wir freundeten uns ziemlich schnell an. Er war älter als ich und sehr belesen. In der Freizeit konnte ich mich etwas mit ihm unterhalten. Leider dauerte das nur sehr kurz. Einige Tage nach seiner Einlieferung rief der Saalälteste abends seine Nummer auf. Er teilte ihm mit, daß er den Krankenbau morgens verlassen müsse. Er werde eine Häftlingskluft bekommen und solle sich nach dem Morgenappell bei Rapportführer Palitzsch, neben dem Block 24, melden.

Mieczysław war zwar erst kurze Zeit im Lager, aber er wußte, was das zu bedeuten hatte. Ich war entsetzt und ratlos. Wie konnte man ihm helfen? Als er mir sagte, daß das das Ende bedeute, widersprach ich. Ich versuchte ihn zu überzeugen, daß er vielleicht nur zu einem Verhör in die Politische Abteilung gerufen werde. Er aber war anderer Ansicht. »Meine Sache hat schon schlimm ausgesehen, bevor sie mich hierher gebracht haben«, meinte er. Er erwähnte auch, daß man in seiner Wohnung Waffen gefunden habe. Das erkläre vieles. Nachts konnte ich lange nicht schlafen. Nebenan auf der Pritsche lag Mieczysław. Von Zeit zu Zeit wälzte er sich auf die andere Seite. Er schlief nicht, er quälte sich. Ich stellte mir vor, was er empfinden mochte. Ich bemitleidete ihn sehr. Aber Mitleid änderte nichts. Bei dem abgedunkelten Licht im Saal sah ich, daß er sich die Decke über den Kopf zog. Nach einer Weile hörte ich ein Schluchzen und sein flüsterndes Gebet »Deinem Schutz und Schirm empfehle ich mich ...«

Unter Tränen schlief ich ein. Am nächsten Morgen versuchte ich, ihm zuzulächeln. Aber das gelang mir nicht sonderlich. Der Abschied kam. »Halt die Ohren steif!« meinte er zu mir. »Bleibt gesund«, wandte er sich an die anderen Leidensgefährten, die auf den Nachbarpritschen lagen. Ich umarmte und küßte ihn. Es nahte der Appell. Der Saalälteste war aufgeregt. »Schneller!« drängte er. Mieczysław wandte sich zur Tür. Nach dem Appell und dem Formieren der Arbeitskommandos, die dann das Lager verließen, wurde Blocksperre angeordnet (keiner durfte den Block verlassen). Nachmittags erfuhren wir, daß 168 Häftlinge des Krakauer Transports im Block 11 erschossen worden waren.

Der Tod erntete immer neue Opfer. In den Typhusräumen starben erst Major Kazimierz Kosiba und dann der Lehrer Edward Szwarc aus Częstochowa von meinem Transport. Es starben der Lehrer Józef Rychlewski und Rechtsanwalt Tadeusz Lipiński, beide von meinem Transport aus Częstochowa. Obwohl sie den Typhus überstanden hatten, starben sie im Schonungssaal. Für beide wurde ich zum Totenträger. Ich mußte ihre Leichen von den Pritschen ziehen, ihnen die Nummern auf die Brust malen und sie zusammen mit dem Saalältesten in den Waschraum bringen, wo die Leichen vorübergehend »gelagert« wurden. Dort wurden sie bei Gelegenheit von den Leichenträgern abgeholt und zum Krematorium gebracht.

Unter den Kranken lag auf einer der Pritschen Baworowski, der athletisch gebaute, ehemalige Dolmetscher des Lagers. Freunde aus dem Lager besuchten ihn und brachten ihm ein Stückchen Brot oder eine Schüssel Suppe, um ihm zu helfen. Er aß aber nur wenig. Er verteilte die Lebensmittel an andere oder tauschte sie gegen »Matoni«-Wasser ein, das man in der Lagerkantine kaufen konnte. Es halfen keine Beteuerungen, daß ihm das schade. Im Laufe einer Woche war er so aufgedunsen, daß man seine Gesichtszüge nicht wiedererkennen konnte. Er hörte auf, die Pritsche zu verlassen. Den Harn ließ er im Bett ab. Er jammerte und flehte, man möge ihm Wasser geben. Beim morgendlichen Ordnungsmachen stellten wir fest, daß er gestorben war. Zu zweit war es unmöglich, seine Leiche von der mittleren Pritsche zu ziehen. Erst zu viert gelang es uns, seinen aufgedunsenen Körper ins Erdgeschoß zu bringen und ihn auf eine Trage der Leichenträger zu legen.

Eines Tages starben mehr als 15 Kranke, vorwiegend mit Phlegmonen und Geschwüren. Die Arbeit war grauenhaft, der Gestank einfach unerträglich. Am Abend, nach getaner Arbeit, als ich ausgehungert ein Stück Brot essen wollte, spürte ich an meiner Hand trotz des vielmaligen Waschens noch den Leichengeruch. Ich aß, obwohl jeder Bissen vom Geruch jener Leute durchtränkt zu sein schien, die nicht mehr am Leben waren.

Nach einer weiteren Woche meiner Tätigkeit als Hilfspfleger wurde ich immer gleichgültiger, immer abgestumpfter gegen den Anblick des Todes. Er machte keinen Eindruck mehr auf mich, es war zuviel davon um mich herum. Ich wurde mir bewußt, daß der Häftlingskrankenbau eine entsetzliche, perfide von der SS erdachte Farce war, daß man den Kranken nicht viel helfen konnte, weil es keine Medikamente gab, daß der Organismus des Patienten die Krankheit überstehen oder aber sterben mußte. Die Häftlingsärzte, vorwiegend Polen, taten zwar, was in ihren Kräften stand, aber in den meisten Fällen waren sie angesichts der fehlenden Mittel zum Bekämpfen der Krankheit, insbesondere gegen den Flecktyphus, ratlos. Um die Patienten retten zu können, brauchte man Medikamente, brauchte man Serum. Man mußte die Lebensbedingungen der Häftlinge verbessern. Aber das war nicht möglich, das war nicht die Absicht der SS. Es war auch nicht die Absicht der SS-Ärzte, die Epidemie einzudämmen. Visiten und Selektionen unter den Kranken waren nur ein Vorwand für die Ausrottung der Menschen. Nur wenigen gelang es, die Epidemie zu überleben.

Meine Gesundung hatte ich – und nicht nur ich – den polnischen Ärzten zu verdanken. All diese Beobachtungen inmitten von menschlichem Leid und Tod verliehen mir trotz alledem Zuversicht und Glauben, daß es im Lager dennoch Leute gab, die anderen halfen, daß es trotz der Bestialität jener, die ihre Macht mißbrauchten, auch solche gab, die es verstanden, sich ihnen zu widersetzen. Das Beispiel der Ärzte war in dieser Hinsicht am offensichtlichsten und wirksamsten. Sicherlich deshalb war ich bemüht, die Anweisungen der älteren Häftlinge, der Ärzte oder Saalältesten, tadellos auszuführen. Vielleicht zog sich mein Aufenthalt im Krankenbau eben deshalb in die Länge. Trotz der schweren, so manches Mal undankbaren Arbeit unter den Kranken war ich mir bewußt, daß ich nützlich war, daß ich gebraucht wurde. Und das war sehr wichtig.

Unter den vielen Häftlingen im Schonungssaal begegnete ich auch Bekannten aus der Zeit der Freiheit. Der Häftling der Strafkompanie Jan Żmuda rief mir die illegale Tätigkeit in Tarnów in Erinnerung. Sein Bruder Franciszek, Gymnasiallehrer in Cieszyn, war schließlich der erste gewesen, der mir auf der Flucht vor der Gestapo Unterschlupf gewährt hatte. Nun mußte ich erfahren, daß Franciszek Żmuda an Typhus gestorben war. Jędrysik aus Częstochowa war ebenso wie ich an Typhus erkrankt. Er war aber genesen und kam allmählich wieder zu Kräften. Jan Płachno aus Schlesien, er war älter als ich, unterhielt uns mit Anekdoten. Durch seinen Humor verstand er es, uns von dem abzulenken, was um uns herum geschah. Als Hilfspfleger bemühte ich mich, ihnen beim Verteilen der Suppe hin und wieder ein oder zwei Schöpflöffel mehr zu geben.

Hinter den Fenstern des Krankenbaus, in dem ich vorübergehend Zuflucht gefunden hatte, herrschte zuerst ein strenger, frostkalter Winter und dann ein regnerischer Frühling. Diejenigen, die ohne hinreichende Verpflegung unter freiem Himmel arbeiten mußten, beneidete ich nicht. Jeder Tag im Krankenbau verlängerte meine Aussicht zu überleben – und nicht nur meine. Das wurde mir mit aller Härte klar, wenn neue Häftlinge nach überstandenem Typhus oder aus den Arbeitskommandos des Lagers in unseren Saal kamen. Ihr Aussehen – ihre von Erfrierungen bedeckten Hände, Füße und Ohren – erfüllte einen mit Entsetzen. Sie waren so heruntergekommen, daß ihr Anblick kein längeres Leben mehr verhieß. Etwas Wärme, etwas mehr zu essen und menschliche Betreuung – das waren ihre letzten Wünsche. Beim Erfüllen dieser Wünsche halfen die meisten der im Krankenbau beschäftigten Häftlinge.

Eines Nachmittags suchte mich im Schonungssaal Ostańkowicz, der Saalältester im Erdgeschoß des Blocks war. Er sagte mir, daß mich irgendein Häftling sehen wollte. Das Betreten der Infektionsabteilung war verboten. Trotzdem schlug er mir vor, ins Erdgeschoß hinunterzukommen. Ich könnte dort durch eines der Fenster mit diesem Häftling sprechen.

Meine Überraschung war unbeschreiblich – unter dem Fenster stand im Häftlingsdrillich mein Vater! Ich war völlig verwirrt. Als ich vorsichtig das Fenster aufmachte, fragte er: »Wie geht es dir?« »Danke, es geht. Ich habe Typhus gehabt, aber jetzt ist es schon besser«, antwortete ich gerührt. Ich merkte, daß mein Vater ziemlich schlecht aussah. Seine Augen verrieten Leiden und Beunruhigung. Mit verlegener Miene, gleichsam als schäme er sich, fragte er: »Hast du vielleicht Zigaretten?« »Wart mal, ich besorge was«, ich schloß das Fenster.

Ich lief nach oben zu meiner Pritsche, wo ich unter dem Strohsack meine »kleinen Schätze« versteckt hatte. Rasch kehrte ich zum Fenster zurück und warf meinem Vater – eingewickelt in ein Stück Papierbandage – ein paar Zigaretten und ein Stückchen Brot übers Fensterbrett. Er blickte sich vorsichtig um und hob die kostbare Beute vom Boden auf. Mit einer Handbewegung dankte er mir. »Komm morgen oder übermorgen wieder! Ich bring dir Suppe. Immer um diese Zeit. Halt die Ohren steif!« rief ich ihm nach. Er winkte mir noch einmal zu und verschwand im Gewühl der Häftlingsreihen, die sich allmählich zum Appell aufstellten. Ich dankte Ostańkowicz und kehrte zu meinen Obliegenheiten zurück.

Und wieder ergriffen mich trübe Gedanken. Sie hatten also auch den Vater nach Auschwitz geschickt. Wie würde er das aushalten? Die Mutter im Lager, der Vater im Lager, und ich ... Ach, warum nur? Warum prüfte uns das Schicksal so schwer? Nach einer Weile biß ich mir auf die Lippen und gab mir selbst die Antwort. Offensichtlich hatte die Vorsehung es so gewollt. Weil wir Polen sein wollten. Stets hatte jemand um dieses Polen gekämpft. Ohne Kampf gab es kein Polen.

Der Saalälteste rief mich, damit ich zusammen mit den andern die Kessel mit dem »Tee« brachte. Man durfte nicht aufgeben. Ich unterdrückte Bitternis und Sehnsucht in mir, Sehnsucht nach der verlorenen Freiheit, nach dem Elternhaus, nach der Betreuung durch die Eltern. Was half's! Ich befand mich nicht allein in Haft. Andere litten ebenfalls.

Durch das Fenster des Krankenbaus warf ich meinem Vater noch mehrmals Brot und Zigaretten zu oder füllte seine Suppenschüssel. Meist während der Dämmerung. Es war verboten. Ich brachte nicht nur mich, sondern auch Ostańkowicz in Gefahr. Am wichtigsten war, daß ich nicht erwischt wurde.

Die vom SS-Arzt angesetzten Selektionen fanden immer häufiger statt. Die mir wohlgesinnten Ärzte und Saalältesten fürchteten, daß am Ende auch ich der Gruppe der zum Abtransport nach Birkenau Verurteilten zugewiesen werden konnte. Ich sah trotz der besseren Verpflegung jämmerlich aus. Ich war abgemagert und knochig. Die Befürchtungen konnten sich als begründet erweisen, denn bei einer der Selektionen wurden zwei – so wie ich – als Kranke geführte Saalhelfer zu den Ausgesonderten geschickt. Die Reklamationen der Ärzte halfen gar nichts. Alles Gute geht früher oder später einmal zu Ende. Auch mein Dienst im Häftlingskrankenbau des Lagers ging zu Ende. Obwohl ich betrübt war, daß ich mich von den im Revier kennengelernten Häftlingen, den Ärzten und Pflegern, trennen mußte, war ich ihnen dennoch dankbar; ohne ihre Unterstützung hätte ich die schwere Zeit der Anpassung in den ersten Lagermonaten nicht überstanden.

Nach der Entlassung aus dem Krankenbau wurde ich in den Block 18 eingewiesen. Erneut mußte ich mich an die Hast und den Rhythmus des Lagerlebens gewöhnen. Das Kommando, dem ich zugeteilt wurde, nannte sich DAW (Deutsche Ausrüstungswerke). Es wurden viele Tischler gebraucht, und so avancierte ich vom Hilfspfleger zum Tischlergehilfen. Ältere Häftlinge brachten mir bei, aus von anderen Häftlingsgruppen vorbereiteten Teilen ganze Schränke zusammenzufügen. Ich hobelte unebene Kanten der Schränke glatt, schliff mit Sandpapier die Wände sauber, half beim Transportieren der fertigen Schränke oder anderer Einzelteile.

Wir hatten bei der Arbeit ein Dach über dem Kopf, und das hatte schon etwas zu bedeuten. Ich gab mir Mühe, damit man mich nicht auf den Holzplatz oder zu einer anderen Arbeit unter freiem Himmel versetzte. Nach einer Woche glaubte ich, meine Pflichten gut zu kennen. Aber dies war ein Irrtum. Ich wurde zusammengestaucht, weil ich einige Teile nicht genau genug zusammengesetzt hatte, und mir drohte die Verlegung.

Unterdessen kam es im Lager zu einer Sensation – es trafen Frauen ein, weibliche Häftlinge aus Krakau, aus Schlesien und aus Warschau. Zehn gemauerte Blocks an der Außenseite des Stammlagers wurden durch eine 4 m hohe Mauer abgegrenzt, und dort brachte man die Frauen unter, gleich ein paar Tausend. Das Lager für die sowjetischen Kriegsgefangenen wurde nach Birkenau verlegt. Von den fast 12 000 im September 1941 eingelieferten Gefangenen marschierten nur noch etwa 1000, zu lebenden Schatten abgemagerte Menschen in das neue Lager. Die Drahtzäune, die das »Russenlager« vom restlichen Teil des Geländes getrennt hatten, wurden abgerissen, und die Blocks füllten sich mit neuen Häftlingen, die ununterbrochen mit Transporten aus dem ganzen Generalgouvernement im KZ Auschwitz eintrafen.

Ich bemerkte, daß die erst jetzt ins Lager Eingelieferten von einigen schon längere Zeit hier weilenden Häftlingen mit der verächtlichen Bezeichnung »Zugang« bedacht wurden. So als ob es eine Schuld sei, daß sie später ins Lager gekommen waren. Vielleicht war es versteckter Neid darüber, daß die anderen länger die Freiheit und die Freuden des Lebens hatten genießen können. Das Lager verhieß zu dieser Zeit niemandem ein langes Leben. Viele der Neuzugänge hatten aber schon monatelang in den verschiedensten Gefängnissen gesessen und dort ebenfalls kein leichtes Leben gehabt. Schließlich war jeder Häftling irgendwann einmal ein Zugang.

Der Zufall wollte es, daß ich eines Tages beim Antreten zur Arbeit in der Reihe der in weißes Drillichzeug mit roten Streifen auf dem Rücken und an den Hosenbeinen gekleideten Häftlinge – wie sich später herausstellte, die Köche der Lagerküche – einen Schulkameraden vom Paderewski-Gymnasium in Poznań entdeckte. Es war Leszek Werwicki. Er hatte die Nummer 8220. Es gelang mir, mich kurz mit ihm zu unterhalten. Am Ende unseres Gespräches bekam ich eine Scheibe Brot. Meine Freude war unbeschreiblich. Ich freute mich über die erste Lebensmittelhilfe außerhalb des Krankenbaus. Von diesem Augenblick an bekam ich ein- oder zweimal in der Woche Suppe oder Brot von ihm und einmal sogar ein Stückchen Wurst. Das Verhalten Leszeks half mir seelisch ungeheuer. Manchmal konnte ich die von ihm zugesteckte Scheibe Brot mit meinem Vater teilen, der in der Tischlerei auf dem Bauernhof eingesetzt war, wo die Arbeitsbedingungen schlechter waren als im DAW-Kommando. Meinen Vater bekam ich nur selten zu sehen. Jeder von uns lebte und arbeitete in einem anderen Block und in einem anderen Kommando. Vater klagte über seinen Blockältesten Zalisch, der seine Gelüste häufig an den »Intelligenzlern« seines Blocks ausließ. Leider gab es mehr von diesen Blockältesten.

Nach einer weiteren Woche wurde ich in den Block 14 verlegt, der früher zum »Russenlager« gehört hatte. Das Gedränge in den Räumen dieses Blocks war geradezu ungeheuerlich. Es gab zwar Pritschen mit Strohsäcken, aber nach der Arbeit mußten wir dort so manches Mal zu zweit oder zu dritt auf einer Pritsche schlafen. Dort hatte ich ein furchtbares Erlebnis. Nach dem Abendappell bekam ich von Leszek eine Scheibe Brot. Ich steckte sie in die Tasche meiner Arbeitsbluse. Diese verschnürte ich mit den Hosenbeinen meiner Hose, und beides wickelte ich in meinen Mantel, dessen Ärmel ich ebenfalls verknotete. Das ganze Bündel verstaute ich auf der Pritsche unter meinem Kopf, und fest davon überzeugt, daß ich morgens zum »Tee« ein Stückchen Brot werde essen können, schlief ich ein. Als ich morgens aufwachte, hatte ich Arbeitsbluse, Hose und Mantel unter dem Kopf, nur das Brot war verschwunden. Irgend jemand mußte in der Nacht das Arbeitszeug unter meinem Kopf hervorgezogen und das Brot geklaut haben. Und wieder ging ich hungrig zur Arbeit. Im stillen schwor ich mir, falls ich irgendwann noch mal Zusatzverpflegung bekommen sollte, dann würde ich sofort alles aufessen und nichts aufheben. Brotdiebstahl – das was das größte Unrecht und unter den Gegebenheiten des Lagers das schwerste Verbrechen, das ein Häftling einem andern antun konnte.

Unter den politischen Gefangenen befanden sich leider auch extra aus Deutschland herbeigeschaffte gewöhnliche Kriminelle. Einige Tage später wurde ein Mithäftling beim Brotdiebstahl erwischt. Zwei andere Häftlinge schlugen ihn gemeinsam mit dem Stubenältesten so zusammen, daß er morgens kalt und steif in den Waschraum getragen werden mußte. Ich weiß nicht, ob es derjenige gewesen war, der auch mich bestohlen hatte. Aber seitdem hörten die Diebstähle auf.

Woche um Woche verging, von einem Sonntag zum nächsten.

Meine Leidensgefährten schrieben einmal im Monat Briefe nach Hause. Ich schrieb nicht. Ein Zuhause hatte ich nicht, und ich hatte Angst, an meine Tante zu schreiben. Ich wollte sie nicht der Gefahr eines Verhörs aussetzen. Ich fürchtete auch, selber verhört zu werden. Fast jeden Tag wurde jemand in die Politische Abteilung gerufen, und nicht alle kamen zurück.

Der nächste Arbeitstag war für mich ein Pechtag. Ich verletzte mich mit dem Stechbeitel am linken Zeigefinger. Ich wurde notdürftig verbunden, aber nicht von der Arbeit freigestellt. Am nächsten Tag war der Finger stark angeschwollen, doch weil Verletzungen im Lager an der Tagesordnung waren und niemand Rücksicht darauf nahm, achtete auch ich nicht weiter darauf. Zwei Tage später ging ich nach der Arbeit aber zur ambulanten Abteilung des Lagers. Dort kannten mich einige Pfleger. Sie schimpften mit mir, weil ich mich so spät gemeldet hatte. Ich wurde sofort in den Krankenbau, in die chirurgische Abteilung des Block 21, eingewiesen. Im Finger hatte sich eine Entzündung entwickelt.

Am nächsten Tag wurde ich operiert. Dr. Türschmidt kratzte ganz einfach den Eiterherd aus. Für den Chirurgen war das eine Kleinigkeit, für mich ein schlimmes Erlebnis. Als ich nach dem Herausschneiden des entzündeten Gewebes den weißen Fingerknochen erblickte, wurde ich ohnmächtig. Dem Arzt bereitete ich unnötige Umstände. Türschmidt brachte mich am Ende wieder zur Besinnung und meinte, während er den Finger schiente: »Bis zur Hochzeit ist das wieder gut, mein Sohn. Geh auf die Schonung. Zum Verbinden kommst du hierher.« Ich bedankte mich, und – noch wie berauscht durch die örtliche Betäubung und die scharfen Skalpelle – brachte mich ein Pfleger in den Schonungssaal des Blocks 20, denselben, den ich einige Wochen zuvor verlassen hatte.

Alte Bekannte, Głowa und Rospenk, begrüßten mich. Obwohl mir der Finger und die ganze linke Hand sehr weh taten, freute ich mich, daß ich wieder bei ihnen war. Es bestand die Aussicht auf etwas bessere Verpflegung, und das war am wichtigsten. Am dritten Tag mußte ich zum Verbandswechsel. Der Finger sah verheerend aus, aber in den nächsten Tagen wurde es besser. Nach einer Woche begann ich wieder, dem Saalpfleger zu helfen. Arbeit gab es genug. In der Schonungsabteilung tauchten Flöhe auf, aber gleich in solchen Mengen, daß wir nicht damit fertig wurden. Es wurde beschlossen, eine Desinfektion vorzunehmen. Alle Kranken mußten umgebettet werden. Bei der Gelegenheit wurden die verfaulten Strohsäcke weggeworfen und durch neue ersetzt. Die Decken mußten zusammengelegt werden, damit die Pfleger sie auf Tragen zur Dampfbehandlung in die Effektenkammer bringen konnten. Ich bekam den Auftrag, die Pritschen und die restlichen Strohsäcke mit chemischen Insektenbekämpfungsmitteln zu bespritzen. Obwohl die Desinfektion mehrere Stunden dauerte, konnten die Flöhe doch nicht gänzlich vertilgt werden.

Völlig unerwartet teilte Rospenk mir eines Abends mit, daß im Typhussaal Lewandowskis im Erdgeschoß unseres Blocks mein Vater liege. Kaum hatte ich mich vergewissert, daß keine SS-Leute im Block waren, lief ich nach unten. Ich meldete mich beim Saalältesten, der mir die Pritsche zeigte, auf der ich meinen Vater erblickte. Er war besinnungslos und erkannte mich nicht. Er warf sich im Fieber hin und her und murmelte etwas. Die Laken ringsum waren mit Flöhen übersät. Ich wollte meinem Vater Wasser geben, aber er stieß es mir aus der Hand. Ich bat den Saalältesten, sich um meinen Vater zu kümmern, und versprach ihm, beim Aufräumen und bei der Nachtwache zu helfen. »Mach dir keine Sorgen«, sagte er. »Erst muß das Fieber nachlassen. Vorläufig macht ihm das schwer zu schaffen.« Voller Unruhe kehrte ich in die Schonung zurück.

Zwei Tage später ordnete der SS-Arzt die nächste Selektion in der Infektionsabteilung an. Ich wußte nicht, was unten vor sich ging. Als sie in den Schonungssaal kamen, sahen sie wie gewöhnlich die Karteikarten der Kranken durch und suchten ungefähr 30 Mann für einen »Transport« nach Birkenau aus. Jeder wußte, daß die Ausgesonderten dort getötet und verbrannt wurden. Einige Verurteilte bewunderte ich wegen ihrer Haltung und ihrer Ausgeglichenheit. Manche weinten, das stimmt. Andere aber sagten, daß ihr Tod sowieso gerächt werde. Sie waren überzeugt davon. Einige beteten laut, und irgend jemand stimmte leise das Kirchenlied »Wer unterm Schutz des Höchsten steht ...« an. Vom Fenster aus beobachtete ich ihr Verhalten und schluckte mühsam. Rührung, Hilflosigkeit gegenüber dem Schicksal – meine Gedanken gerieten durcheinander. Auf der Ladefläche des LKW konnte ich meinen Vater nicht entdecken. Was war mit ihm geschehen? Ich war entsetzt. Sollte er eine Phenolspritze bekommen haben?

Als die SS-Leute den Block verließen, schlich ich mich vorsichtig in Lewandowskis Saal. Mein Vater lag weiterhin auf der Pritsche, diesmal aber oben. Der Saalälteste sagte mir, daß sie ihn nur mit Mühe dort hinaufgewuchtet hätten, damit die SS-Leute nicht mitbekamen, in welchem Zustand er sich befand. Seine Karteikarte hatten sie versteckt. Mir fiel ein Stein vom Herzen. Ich drückte dem Saalältesten fest die Hand. Mit Zustimmung Rospenks kehrte ich über Nacht in meinen Saal zurück. Die halbe Nacht hindurch hielt ich Nachtwache bei Lewandowski, und morgens half ich ihm, drei Tote hinauszutragen. Ich kehrte in die Schonungsabteilung zurück, und obwohl ich diesmal kein vom Blockältesten bestätigter Hilfspfleger war, half ich – als Kranker geführt – weiterhin. Da der Finger ziemlich schnell ausheilte, gewann ich eine weitere Woche im Saal Rospenskis.

Ich war überglücklich, als ich eines Tages unter den aus den Typhusräumen in den Schonungssaal überwiesenen Rekonvaleszenten meinen Vater erblickte. Er war sehr schwach und heruntergekommen. Er konnte sich nur mühsam bewegen und wog nur noch 39 kg. Zu allem Unglück plagte ihn der Durchfall. Nach dem überstandenen Typhus war das eine gefährliche, den Organismus restlos auszehrende Krankheit. Ich konnte mich etwas um den Vater kümmern. Ich versorgte ihn mit dem Becken und brachte seine Pritsche in Ordnung. Ich versuchte auch, bei Głowa Kohletabletten zu kriegen. Głowa war sich darüber klar, wie kritisch der Zustand meines Vaters war. Heimlich röstete ich Brot, was man nicht tun durfte. Und ich riet meinem Vater, so gut ich konnte, daß er nicht zuviel trinken solle. Es sah allerdings weiterhin übel aus, obwohl der Durchfall allmählich nachließ.

Schließlich kam der Tag, da mich der Saalälteste beiseite nahm und sagte: »Du müßtest längst ins Lager entlassen worden sein. Das ist jetzt besser für dich. Wir kümmern uns um deinen Vater. Wir tun, was in unseren Kräften steht. Du siehst selbst, wie dein Vater aussieht.« Ich berichtete meinem Vater von diesem Gespräch. Er setzte sich aufrecht auf der Pritsche hin, blickte mich an und meinte leise: »Ich weiß nicht, ob ich diese Krankheit überstehe, ob ich mit dem Leben davonkomme. Ich fühle mich sehr schlecht. Falls mir etwas zustoßen sollte und du aus dem Lager rauskommst, kümmere dich um die Mutter. Was ich hinterlasse, teilt gerecht unter euch auf.«

Wie gelähmt, hörte ich das mit an. Ich begriff nicht, ich wollte nicht begreifen, was mein Vater sagte. Ich schüttelte die Betäubung ab und meinte leichthin: »Aber Vati, du wirst das schon überstehen.« Und plötzlich wurde mir klar, daß ich selber nicht recht daran glaubte. Der Vater zog meinen Kopf an sich und fügte ganz leise flüsternd hinzu: »Und sag der Mutter, daß ich sie sehr geliebt habe und ihr immer treu gewesen bin.« Er küßte meinen geschorenen Kopf und ließ sich dann auf die Pritsche zurücksinken. Ich winkte ihm zu und meinte noch: »Vielleicht gelingt es mir, manchmal hier hereinzuschauen. Halt dich tapfer!« Aber der Vater hörte mich schon nicht mehr. Er war abwesend. Ich biß mir auf die Lippen und lief, innerlich ein Schluchzen unterdrückend, nach unten, um mich der Gruppe der den Krankenbau verlassenden Häftlinge anzuschließen.

Am Abend befand ich mich in einer Holzbaracke mit der Bezeichnung »Block 23 a«. Sie war vorübergehend zwischen den gerade erst fertiggestellten Blocks 17 und 18 errichtet worden. Hier begegnete ich Bekannten, den Lehrern Szpryngier und Wieczorkowski aus der Zelle in Częstochowa. Ich fühlte mich gleich ganz anders, denn beide waren mir wohlgesinnt. Ich bekam einen Platz in der Nähe ihrer Pritsche. In der Freizeit, meist abends, lauschte ich voller Vergnügen gemeinsam mit anderen ihren interessanten Erzählungen zur polnischen Literatur – über Słowacki, Żeromski und Sienkiewicz. Mit gedämpfter Stimme hielten sie gewissermaßen Vorlesungen, so interessant, daß diese Lektionen eigener Art eine einzigartige Flucht aus der trüben Realität ringsum darstellten.

Ich wurde zur Arbeit im »Huta«-Kommando eingeteilt. Tag für Tag marschierte ich nach dem Morgenappell mit einer Gruppe von etwa 100 Häftlingen in Richtung der Stadt Oświęcim aus. Kurz vor der Brücke über die Soła bog die Kolonne nach links ab. Den Fluß entlang wurden Holzschalungen für einen auszementierten Kanal errichtet, über den die Abwässer einer nahegelegenen Fabrik und des Lagers abgeleitet werden sollten. Auf dieser Baustelle hantierten wir mit Hämmern und setzten die von zivilen Meistern vorbereiteten Konstruktionen zusammen. Das Gelände, auf dem wir arbeiteten, war ziemlich ausgedehnt. Die die Häftlinge beaufsichtigenden SS-Leute waren zu einer Postenkette auseinandergezogen und ca. 70–100 m von einander entfernt. Der Kapo und die Vorarbeiter waren Deutsche, quälten die Beschäftigten aber nicht so wie Müller auf dem Bauhof. Sie hielten irgendwelche Stöcke in den Händen, machten aber nur selten Gebrauch davon.

Der größte Schurke war der Kommandoführer selbst, ein junger SS-Mann im Range eines Unterscharführers. Er suchte sich seine Opfer unter den jüdischen Häftlingen aus. Er riß ihnen die Mütze vom Kopf, warf sie weit über die Postenkette hinaus und verlangte dann, sich zum Rapport zu melden. Der Häftling war verpflichtet, vor dem SS-Mann die Mütze abzunehmen, Haltung anzunehmen und sich mit seiner Nummer zu melden. Ich sah mehrmals, daß sich ein mit der Mütze zurückkehrender Häftling nicht genau nach Vorschrift beim SS-Mann meldete. Der erboste Schächer warf die Mütze des Häftlings dann noch einmal hinaus. Wenn das Opfer losrannte, um sie zurückzuholen, schoß der bestialische Schurke von hinten auf den Häftling. Wie bereits berichtet, nannte man das dann »Auf der Flucht erschossen«.

Ähnlich war es in der Soła-Grube gewesen. Der Kommandoführer hatte sich noch einen anderen »Zeitvertreib« einfallen lassen. Er hatte einen der schlecht aussehenden Häftlinge zu sich gerufen, ihm eine Zigarette angeboten und ihm mit dem eigenen Feuerzeug Feuer gegeben. Dann befahl er dem rauchenden Häftling, die Zigarette im Mund zu behalten und daran zu ziehen. Er maß eine Entfernung von zehn bis zwölf Metern von dem Häftling ab, zog seine Waffe aus der Pistolentasche und zielte. Er versuchte, dem Häftling die Zigarette aus dem Mund zu schießen. Einige Male gelang ihm das, doch für mehrere Häftlinge wurde es zur letzten Zigarette in ihrem Leben. Der SS-Mann hatte sich seinen Vorgesetzten gegenüber durch Mut und Wachsamkeit ausgezeichnet und bekam seinen »verdienten« Urlaub. Alle Kommandoangehörigen waren froh, als der Kommandoführer endlich wechselte.

Die Frühjahrs- und Sommerzeit war nicht so schwer für die Häftlinge wie der Winter. Etwas Sonnenschein und das Zwitschern der Vögel auf den Bäumen erinnerten an jene andere Welt, der wir nicht mehr angehörten. Doch Sonne und Wärme hauchten der Seele des Häftlings auch ein Fünkchen Hoffnung auf eine Wende zum Besseren ein. Das war irrational, geradezu irreal. Es war eine Selbsttäuschung. Und so konnte auch ich mich oft nur durch Täuschung aus dem grauen Einerlei der Lagerwirklichkeit retten.

Mitte Juni ging ich eines Tages nach der Arbeit in die Nähe des Blocks 20. In diesem Block hatte ich eine Woche zuvor meinen Vater verlassen. Ich wollte etwas über ihn erfahren. Vielleicht würde ich ihn zu sehen bekommen, dachte ich. Es glückte mir, Rospenk herauszurufen. Er kam irgendwie verwirrt und betreten auf mich zu. Ich sah, daß ihn etwas bedrückte. Am Ende würgte er heraus: »Gestern war eine Selektion. Ich hab getan, was ich konnte, aber es hat nicht geklappt. Sie haben deinen Vater mitgenommen.« Ich erstarrte. Rospenk drückte mir die Hand und fügte hinzu: »Laß dich nicht unterkriegen! Du mußt halt leben! Kopf hoch!« Dann wandte er sich ab und verschwand in der Tür des Blocks.

Ich stand noch einen Augenblick reglos da. Langsam bohrte sich die bittere Gewißheit in mein Gedächtnis. Der Vater war tot. Ich hatte keinen Vater mehr. Ich hatte denjenigen verloren, der mein ganzes bisheriges Leben hindurch die einzige Richtschnur und mein wahrer Betreuer gewesen war. Ich hatte den Vater nicht mehr, dem es nicht gelungen war, die Freiheit für sein Polen zu erkämpfen. Er hinterließ mir Einsamkeit und Leiden für das Vaterland. In mir zerbrach etwas. Mich erfaßte eine ungeheure Leere, so, als würde ich in einem luftleeren Raum schweben. Und dann kam der überwältigende Schmerz, der leidige Hader mit Gott, daß er mir den Vater genommen hatte, der Hader mit dem Schicksal, mit allen Menschen, mit der ganzen Welt. In mir staute sich Auflehnung auf. Warum mußte ich davon betroffen werden? Warum?

Die Tür des Blocks 20 öffnete sich erneut. Mit einer Trage, mit umgehängten Riemen kamen die Leichenträger Głowacki und Obojski heraus. Die Trage bog sich unter dem Gewicht mehrerer lebloser Körper durch. Unwillkürlich nahm ich die Mütze ab. Die beiden wandten sich mit ihrer Last dem Block 28 zu, von wo aus jeden Abend die Toten zum Krematorium abgeholt wurden.

O mein Gott! Wieviel Tod gab es doch ringsum! Wieviel Leid, wieviel Not, wie viele Dramen! Und es gab nichts, um damit fertigzuwerden? Um sich dagegen aufzulehnen? Wieviel mußte man noch erleiden? Wie viele Tage und Nächte noch aushalten, um zu überleben? Aber nein! Von hier gab es doch nur einen einzigen Ausweg – durch den Kamin! Hartnäckig bohrten sich mir die Begrüßungsworte des Lagerkommandanten an die Neuzugänge in den Kopf. Trotz des Hungers würgte ich meine Scheibe Brot an diesem Abend lustlos und ohne jeden Geschmack hinunter. Ich wurde von absoluter Gleichgültigkeit und Resignation erfaßt.

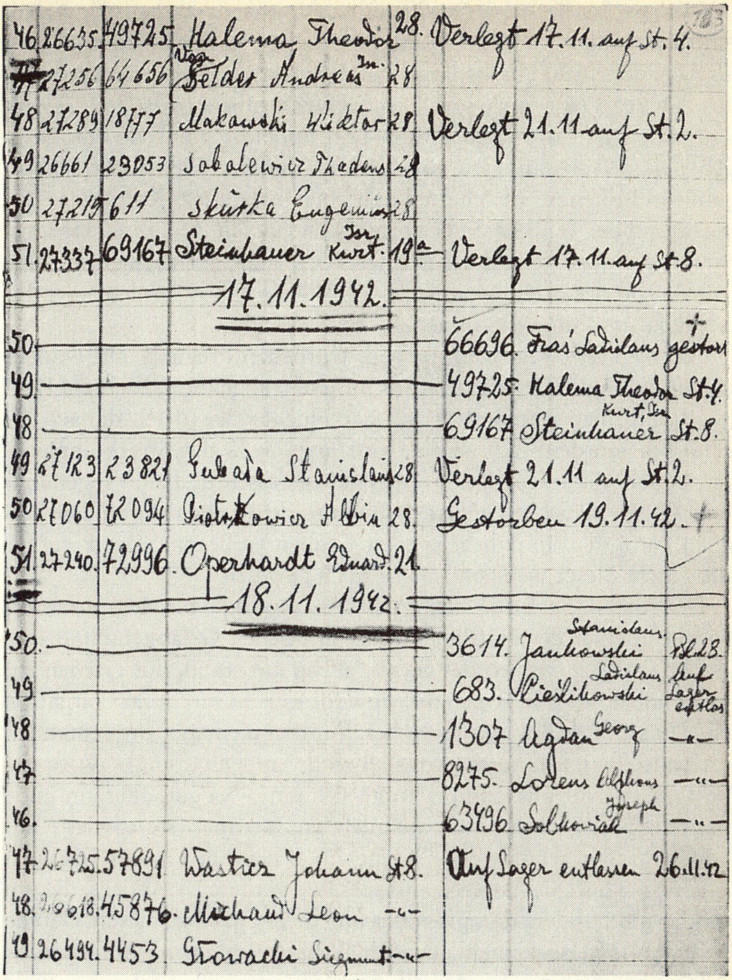

46	26635	49725	Halema Theodor	28.	Verlegt 17.11. auf St. 4.
47	27256	64656	Zelder Andreas Isr.	28	
48	27289	18777	Makowski Wiktor	28	Verlegt 21.11 auf St. 2.
49	26661	23053	Sobolewicz Tadeusz	28	
50	27215	611	Skurka Eugeniusz	28	
51	27337	69167	Steinbauer Kurt. Isr.	19a	Verlegt 17.11. auf St. 8.
			17.11.1942.		
50					66696. Fras Ladislaus gestorben
49					49725. Halema Theodor St. 4.
48					69167 Steinbauer Kurt, Isr. St. 8.
49	27123	23821	Sobała Stanislaus	28	Verlegt 21.11 auf St. 2.
50	27060	72094	Piotrkowicz Albin	28.	Gestorben 19.11.42. +
51	27240	72996	Operhardt Eduard	21.	
			18.11.1942.		
50					3614. Jankowski Stanislaus — Bl. 28.
49					683. Cieślikowski Ladislaus — auf Lager entlassen
48					1307 Agdan Georg — -"-
47					8275. Lorens Alphons — -"-
46					63496 Solkowiak Joseph — -"-
47	26725	57891	Wastrer Johann	St. 8.	Auf Lager entlassen 26.11.42
48	26618	45876	Michaud Leon	-"-	
49	26494	4453	Skowacki Siegmunt	-"-	

Abb. 7 KZ Auschwitz. Ausschnitt aus dem Krankenbuch des Blocks 20 mit dem Namen des Verfassers (Zeile 4).

An jenem Tag ließen die SS-Leute nachmittags während der Arbeit im Kommando besonders brutal ihre Laune an den Häftlingen aus, und bei der Rückkehr ins Lager sprangen sie auf die Marschierenden los. Sie bearbeiteten sie mit ihren Gewehrkolben, bedachten sie mit Fußtritten und droschen grund- und mitleidslos auf sie ein. Beim Abendappell erfuhren wir vom Aufruhr der Häftlinge der Strafkompanie in Birkenau. Also hatten sich doch nicht alle tatenlos dem Unrecht und der Willkür unterworfen – dachte ich. Mehrere Häftlinge waren geflohen. Nicht einer oder zwei, nein, gleich mehrere. Ich wurde von der Erregung angesteckt. Würde auch ich mich eines Tages dazu entschließen können?

Am nächsten Tag, beim Appell, wurden Aufregung und Leidenschaft durch die Nachrichten aus Birkenau abgekühlt. Mehrere Dutzend Häftlinge waren während der Flucht oder gleich danach erschossen worden. 320 Mann, also fast 75 % der Strafkompanie, hatte man mit Stacheldraht die Hände gefesselt und zum sogenannten Weißen Häuschen gejagt, wo sie vergast worden waren. Die Leichen hatte man in nahegelegenen Gruben verbrannt. Der Preis für die Flucht dieser wenigen war zu hoch gewesen.

Der Abendappell zog sich an diesem Tag lange hin. Das war stets so, wenn einer der Häftlinge dieser höllischen Gefangenschaft entflohen war. Szpryngier, der gerade neben mir stand, flüsterte ich zu: »Die haben aber Mut gehabt, obwohl es eine furchtbare Situation ist.« Er stimmte mir zu: »Ja sicher, nur daß niemand für niemanden und alle für jeden verantwortlich sind. Sippenhaftung!« Wieczorkowski, der vor uns stand, wandte sich um: »Na gut, aber am Ende hatten sie das Recht, sich aufzulehnen, wo man sie sowieso mit Sonderstrafen gequält und Woche für Woche in kleinen Gruppen erschossen hat. Sie hatten nichts mehr zu verlieren.« Andere, die um uns herum standen, dämpften uns und meinten: »Mit diesem Gerede helft ihr sowieso keinem. Die Blockführer kommen! Aufgepaßt!« Alle verstummten. Der Appell zog sich weiter in die Länge. Viele fürchteten, daß die SS-Leute vor Wut imstande sein würden, uns zu dezimieren und weitere Häftlinge zu erschießen. So hatte sie dieser Aufruhr in Rage versetzt. Spät abends ging der Appell zu Ende.

In den nächsten Tagen zogen wir in übler Stimmung zur Arbeit aus. In Gedanken überschlug ich die Zahl der in der Strafkompanie ermordeten Leidensgefährten. Ich konnte mich nicht von der mich unablässig bewegenden Frage freimachen, wann ich an die Reihe kommen werde, wann sie mich erschlagen würden. Ich schleppte eine Hoffnungslosigkeit des Schicksals mit mir herum. Ich wurde nervöser und unruhiger. Was half es, daß ich mich an den harten Drill, an Disziplin und Gehorsam – im Kommando und im Block – »gewöhnt« hatte. Ich fiel nicht auf. Innerlich hatte ich mich mit den gewaltsam aufgezwungenen Pflichten nicht abgefunden. Die Unterwürfigkeit der Kapos, Vorarbeiter und Blockältesten gegenüber der SS widerte mich an. Leider kam es vor, daß sich unter den Arschlekkern und Sadisten auch Polen befanden. Aus Angst versuchten sie, ihr Leben auf Kosten anderer zu retten. Die Hände ballten sich mir zur Faust, wenn ich mitansehen mußte, wie einige Blockälteste auf bestialische Weise schwächere, schlecht aussehende Häftlinge ermordeten.

Und wiederum kam ich bei meinen Überlegungen auf meine konkrete Situation im Kommando zurück. Die war nicht gerade die schlechteste. Nach wie vor hämmerte ich im »Huta«-Kommando hölzerne Konstruktionen zusammen. Weil ich vom Gymnasium her etwas Deutsch konnte und mich während der Lagerzeit darin verbessert hatte, wurde der Kapo auf mich aufmerksam und trug mir auf, die um die Mittagszeit in Kesseln auf die Baustelle gebrachte Suppe an die Häftlinge zu verteilen. Das war eine Auszeichnung, die wohl nur dadurch bedingt war, daß einige Kapos und Blockälteste es liebten, sich mit Häftlingen anderer Nationalität in der »Amtssprache« zu unterhalten.

Ich füllte also die Portionen in die Kochgeschirre meiner Mithäftlinge und bemühte mich, jedem eine volle Kelle zu geben. Wenn alle die ihnen zustehende Suppe bekommen hatten, blieb auf dem Boden des Kessels meist noch ein kleiner Rest zurück. Ich war verpflichtet, dem Kapo und dem Vorarbeiter eine zweite Schüssel einzufüllen. Für das Verteilen durfte auch ich mir das Kochgeschirr noch einmal füllen. Aber auch so blieb immer etwas am Boden zurück. Man drängte sich um den Kessel. Die Masse der Häftlinge wartete darauf, wem wohl der Rest zufallen werde. Das war nicht viel, aber immerhin etwas. Irgend jemand konnte etwas satter werden. Ich wußte genau, was im Magen jedes einzelnen vor sich ging. Vorwiegend waren es frisch ins Lager eingelieferte Häftlinge. Ich war vor gar nicht so langer Zeit selbst ein »Zugang« gewesen und kannte bestens die Bedeutung jedes Löffels zusätzlicher Verpflegung. Der Kapo wies auf drei oder vier Mann, die seiner Ansicht nach gut gearbeitet hatten. Ihnen gab ich also einen der Kessel. Die anderen beiden gab ich denen, die sich am meisten danach drängten. Es hatte keinen Zweck, mit ihnen zu kämpfen. Um sie herum brodelte es.

Die Häftlinge rissen sich gegenseitig die Kessel weg, um wenigstens einen Löffel vom Boden herauszukratzen. Einer stieß den andern weg, und es kam sogar zu Prügeleien. Der Kapo tat, als ob er wütend werde, als er sah, was vor sich ging. Die SS-Leute sahen sich das vorerst gleichgültig mit an. Der Kapo mußte Autorität genießen im Kommando. Er machte dann Gebrauch von seinem Knüppel, um die bei den Kesseln zusammengelaufenen Häftlinge auseinanderzujagen. Ich begriff, daß ich einen Fehler gemacht hatte. Man durfte die Kessel nicht »wahllos« herausgeben. Der Kapo wies mich zurecht und stauchte mich leicht mit dem Knüppel zusammen. Er drohte, daß sich das nicht wiederholen dürfe, sonst würde ich keine Suppe mehr ausgeben. »Die Reste bekommen diejenigen, die gut gearbeitet haben«, wies er in strengem Ton an. Ich mußte mich seinem Befehl fügen.

Am nächsten Tag versuchte ich gemeinsam mit zwei älteren Häftlingen – einer von ihnen war ein Pfadfinderinstrukteur – die Suppenreste der Reihe nach an die auf den einzelnen Bauabschnitten des Kanals eingesetzten Brigaden zu verteilen. Drei Tage lang konnten wir beim Verteilen des Nachschlags aus den Kesseln einigermaßen Ordnung halten. Später berichtete ein junger Häftling, wahrscheinlich die »Flamme« des Kapos, seinem Auftraggeber von unserem Vorgehen, und der Kapo nahm mir die Funktion des Suppenverteilers ab. Diese Arbeit übernahm jetzt sein Augapfel. Damit fielen auch meine zusätzlichen Suppenrationen weg.

Zum Glück konnte ich – nach der Rückkehr ins Lager – mindestens einmal in der Woche mit der Unterstützung von Leszek aus der Küche rechnen. Eine Scheibe Brot – das war ein Schatz, der viel zu bedeuten hatte. An einem Sonntag gelang es mir, mich mit Leszek zu treffen. Ich erfuhr, daß er ebenso wie ich Pfadfinder war und derselben 16. Mannschaft »General J. Bem« des Posener Fähnleins angehört hatte. Ich dankte ihm für seine Unterstützung, für das Brot. Und er entgegnete ganz einfach: »Ach, das hat nichts zu bedeuten. Du würdest genauso handeln. In der Küche machen das alle. Man muß sich gegenseitig helfen.«

Wohl gerade damals gewann ich die Überzeugung zurück, daß es sich dennoch lohnte zu leben. Nicht alle Leute sind schlecht – dachte ich mir. Nicht alle sind Halunken. Ich verabschiedete mich von Leszek und bewahrte tief im Innern ein Fünkchen Optimismus und Glauben an den Menschen. Vielleicht würde ich diese Hölle doch überstehen. Vielleicht würde ich diese Banditen überleben.

Der nächste Tag versetzte alle in Erregung. Aus dem HWL (Hauptwirtschaftslager) waren vier Häftlinge geflohen – in SS-Uniformen und mit einem Kraftwagen der SS. Das war ein völlig unglaubliches Ereignis. Die Deutschen waren wütend. Ich freute mich, daß Polen die Flucht gewagt hatten.

Nach den Abendappellen wurden, im engsten Kreis von Vertrauten, die Einzelheiten der Flucht eingehend von den Häftlingen diskutiert. Diese Tat stärkte bei vielen von ihnen den Glauben daran, daß es aus dieser Hölle doch einen anderen Ausweg geben konnte als den Kamin. Es war aber nur ein kurzer Augenblick der Hoffnung und der Freude. Beim nächsten Appell erreichte uns die Nachricht, daß mehrere Dutzend Häftlinge an der Todesmauer des Blocks 11 erschossen worden waren. Die Lager-Gestapo schlief nicht und erfüllte konsequent ihre mörderische Mission. Sie wollte um jeden Preis die Häftlinge einschüchtern, sie terrorisieren und ihnen den Willen zum Leben – und zur Flucht – nehmen.

Damals versuchte ein weiterer Häftling zu fliehen, aber auch ihm gelang das nicht. Der Unglückliche wurde ins Lager gebracht. Als die Arbeitskommandos unter den Klängen des Häftlingsorchesters ins Lager einrückten, stand der Ausreißer mit einem Pappschild »Ich bin wieder da!« am Lagertor. Um ihn herum standen SS-Leute, unter ihnen Lagerkommandant Höß. Zufrieden lachend, spuckten sie zum Häftling hinüber und versetzten ihm von Zeit zu Zeit Fußtritte.

Wie mochte diesem armen Hund zumute sein? Woran dachte er? Was ging in ihm vor?

Von außen her das Tor durchschreitend, bemerkte ich, daß er ein blaues Auge und eine gebrochene Nase hatte; und in den Mundwinkeln war Blut geronnen. Es war nur noch die Hülle eines Menschen. Sein Leben war besiegelt. Gebraucht wurde er nur noch, damit die Stärkemeldung beim Appell stimmte.

Zwei Tage später, morgens beim Antreten des Arbeitskommandos, kam ein SS-Rottenführer zum abmarschbereiten Kommando, in dem ich eingesetzt war. »Wer von euch Deutsch spricht, soll sich melden«, sagte er. Ich überlegte. Meine Deutschkenntnisse waren nicht die besten, aber vielleicht konnte ich in ein besseres Kommando kommen! Zaghaft hob ich die Hand, mehrere andere ebenfalls. »Vortreten!« lautete der Befehl. Wir waren sieben. »Keiner weiter?« fragte der SS-Mann. »Kapo! Zur Arbeit marsch!« Der SS-Mann nickte dem Aufseher zu, das »Huta«-Kommando brach auf.

Der Rottenführer befahl uns, ihm zu folgen. Am Block 24 mußten wir stehenbleiben. Dort waren ungefähr 30 Häftlinge, deren Nummern Palitzsch überprüfte. Was hatte das zu bedeuten? Derjenige, der uns hergebracht hatte, begann unsere Nummern aufzuschreiben. Es handelte sich also nicht um die Politische Abteilung. Doch worum dann? Von hier aus wurden die Verurteilten zum Block 11 abgeführt. Ich registrierte die Beunruhigung derjenigen, die mit mir zusammen gekommen waren. In der Nähe stand eine kleine Gruppe von SS-Offizieren – mit Kommandant Höß, mit Aumeier und Grabner. Nie zuvor hatte ich diese Mörder so nahe gesehen.

Schreckerfüllt standen wir eine Weile herum. Unruhe und Angst nahmen zu. Wollten sie uns »erledigen«? Ich spürte, wie mein Herz heftig zu schlagen begann und sich mir die Kehle zuschnürte. Das Blut stieg mir zu Kopf. Einer der hinter mir Stehenden begann zu weinen. Mein Nebenmann begann plötzlich furchtbar zu zittern und versuchte, ein Winseln zu unterdrücken. Ich biß mir schmerzhaft auf die Lippen. Das war doch unmöglich! Ich wollte den schlimmsten Gedanken nicht an mich heran lassen. Ich verfluchte den Augenblick, da ich mich gemeldet hatte. Mit der Deutschkenntnis, das konnte nur ein Vorwand gewesen sein. Zur Hölle mit dieser ständigen Ungewißheit!

Als der Rottenführer die Nummern aufgeschrieben hatte, kehrte er ins Innere des Lagers zurück, und wir standen weiterhin da. Die letzten Arbeitskommandos verließen das Lager. Die SS-Offiziere waren schon verschwunden. Das Orchester hörte auf zu spielen, und die Musiker begannen ihre Instrumente einzupacken, als der Rottenführer schließlich wieder auftauchte. Er brachte noch drei Häftlinge mit, denen er befahl, sich uns anzuschließen. Dann gab er den Befehl »Mir nach! Marsch, marsch!«

Wir wandten uns dem Lagertor zu. Das war das wichtigste. Ich verspürte ungeheure Erleichterung, die Spannung ließ nach. Ein Stein war mir vom Herzen gefallen. Die anderen atmeten ebenfalls auf. Es ging also nicht darum, daß wir den Verurteilten zugewiesen werden sollten. Als wir an ihrer Gruppe vorüberzogen, vor der wir uns so gefürchtet hatten, überwältigten mich Mitgefühl und Trauer um ihr Schicksal. Aber diese Gefühle stellten im Lager keinen faßbaren Wert dar. Am Tor wurden unterdessen unsere Nummern notiert, und der SS-Mann führte uns auf den Weg nach Birkenau. Die Unruhe kehrte zurück. Birkenau galt als eine Hölle, die noch schlimmer war als das Stammlager.

Als wir uns dem Gelände des neuen Lagers näherten, bemerkten wir in den Entwässerungsgräben zur Arbeit eingesetzte Frauen – weibliche Häftlinge. Sie sahen entsetzlich aus. Die fast zum Skelett abgemagerten Gestalten standen da oder bewegten sich langsam; sie hantierten mit Schaufeln, Hacken und anderen Werkzeugen. Man sah, mit welcher Mühe sie etwas Erde auf die Schaufel nahmen, um sie nach oben zu werfen. Alle Augenblicke brüllten junge SS-Aufseherinnen und Häftlingsfrauen mit der Armbinde »Capo«. Mit Knüppeln trieben sie die langsamer Arbeitenden an.

Wir erreichten die Hauptwache am Eingang zum eingezäunten Lagergelände. Nach einer weiteren Überprüfung der Nummern wurde uns befohlen, zur Seite zu treten und zu warten. Der uns beaufsichtigende SS-Mann steckte sich eine Zigarette an. Nach längerer Zeit blieb vor der Wache ein Lastwagen stehen, der mit mehreren Tischen und Hockern beladen war. Wir bekamen den Befehl, die Tische abzuladen und in einen der Sektoren im Innern des Lagers zu bringen. Der SS-Mann zeigte uns die Stelle und verteilte dann einen dicken Stapel Karteikarten an uns. Er erklärte lange, was wir von den neueingelieferten Häftlingen erfragen und wo wir es eintragen sollten. Es zeigte sich, daß wir als Schreiber fungieren sollten. Am wichtigsten war für den Rottenführer, daß wir die Adresse aufschrieben, an die die Post des »Neuzugangs« aus dem Lager gerichtet werden sollte. Wir bekamen Kopierstifte und ausdrückliche, strenge Anweisungen: »Ihr dürft nur Fragen stellen. Die Antworten werden in die Karteikarten eingetragen. Keine Gespräche, keine Informationen! Wenn ich einen von euch beim Plaudern erwische, dann wandert er zusammen mit denen dort ab! Na, ist das klar?«

Ich verstand das nicht so recht, aber der neben mir sitzende Häftling mit niedriger Lagernummer flüsterte mir zu: »Wir werden bestimmt aussortierte Juden aufschreiben. Ihre Familien gehen gleich ins Gas!« »Ich begreife nicht ganz«, entgegnete ich. »Ach, du bist noch zu jung, um alles zu verstehen! Bald wirst du es selber sehen.« Heimlich begann ich mich umzublicken. Die Tische, an denen wir saßen, standen in der Nähe des Weges, der vom Haupteingang ins Innere des Lagers führte. Wir befanden uns im Vorfeld niedriger, gemauerter Baracken. Auf der anderen Seite standen reihenweise Holzbaracken. Die anderen Teile des riesigen Geländes befanden sich noch im Bau. Überall stieß man auf Stacheldraht und Zäune. Hinter ihnen sah ich Gruppen männlicher und weiblicher Häftlinge. Nach einer Weile erblickte ich eine dichtgedrängte Menschenmenge, die – wie mir mein Nachbar erneut zuflüsterte – in Kürze vom Bunker verschluckt werden sollte, in dem die Vergasung stattfand. Frauen, ältere Leute und Kinder zogen dahin. Sie verhielten sich ganz normal auf dem Hauptweg des »neuen« Lagers – etwas schwatzhaft, unbekümmert und furchtlos. Vor der Abfahrt des Transports hatte man ihnen mitgeteilt, daß sie an einen Ort führen, wo sie ungestört arbeiten und leben könnten. Wie überaus gewöhnlich erfolgte das alles und war doch so perfide durchdacht!

Für längere Überlegung blieb keine Zeit. Ein gutes Dutzend älterer und jüngerer Männer wurde von SS-Leuten zu unseren Tischen gebracht. Es stellte sich heraus, daß der Transport aus Holland gekommen war. Offensichtlich hatte man irgendein Ghetto aufgelöst, und wir begannen die Leute von dort aufzuschreiben. Nicht alle. Nur jene, die vielleicht noch einige Zeit im Lager bleiben sollten. Dann würden auch sie der »Sonderbehandlung« unterzogen werden. Zuerst würden die bei der Selektion für das Lager Ausgesuchten eine lakonische Mitteilung an ihre Verwandten in Holland schicken – »Wir sind gesund und fühlen uns wohl.« Die dortige Gestapo würde sich für die Verwandten interessieren, die sich – beruhigt durch die Briefe aus dem unbekannten Auschwitz – freiwillig zur Abreise entschließen sollten, um sich wieder mit der Familie zu vereinigen. Die Deutschen würden ihnen beim Transport behilflich sein ... Zur Vereinigung für immer.

Immer mehr Männer kamen an unsere Tische. Ich schrieb fast ununterbrochen. Einige flämische Wörter und Namen schrieb ich vielleicht nicht ganz richtig, aber das war bedeutungslos. Von Zeit zu Zeit blickte ich in die Augen dieser Menschen. Was mochten sie denken? Was spürten sie? Wußten sie, welches Geschick sie erwartete? Aber nein! Sie waren ruhig, vielleicht konnte man etwas Unsicherheit, etwas Vorsicht bei diesem oder jenem bemerken. Selbst wenn ihnen einer von uns gesagt hätte, worum es hier ging – sie hätten es nicht geglaubt. Sie glaubten ihren Häschern, den Deutschen.

Alles verlief reibungslos. Am frühen Nachmittag waren wir fertig. Die SS-Offiziere und SS-Ärzte bestiegen ihre Autos und fuhren in die Kantine, zum Mittag. Uns wurde aus der Lagerküche ein Kessel Wassersuppe gebracht. Nach der Mittagspause bekamen wir den Befehl, die Karteikarten der registrierten Leute alphabetisch zu ordnen. Später mußten wir die Tische zusammenstellen, und zu Fuß ging es zurück ins Lager zum Appell.

Nachts konnte ich nicht einschlafen. Ständig erschienen mir die Gesichter der Menschen, die niemand zu retten vermochte. Vom Fenster des Blocks aus erblickte ich am Horizont, dort, wo Birkenau lag, einen roten Feuerschein. Dort verbrannte man die Familien der armen Juden aus Holland, die Familien jener, die wir durch die Aufnahme ihrer Personalien ins Lager übernommen hatten. Und wieder bedrängte mich hartnäckig der Gedanke, wann ich an die Reihe kommen werde, wann sie mich verbrennen würden. Schließlich unterbrach der Schlaf meine Überlegungen.

Am nächsten Tag war ich auf ähnliche Weise beschäftigt. Ich trug die Angaben holländischer Juden in Karteikarten ein, und meine ganze Deutschkenntnis beschränkte sich auf die Fragen nach Name, Vorname, Geburtsdatum und -ort, letztem Wohnort und Adresse, an die der Betreffende schreiben wollte. Die Arbeit war nicht schwer, aber in mir bestärkte sich die Überzeugung, daß ich durch den Zufall an diesem makabren Betrug beteiligt war. Die Nummern der Schreiber waren jedoch registriert. Ich konnte mich nicht einfach vor dieser Arbeit drücken.

Am nächsten Tag in Birkenau erfuhr ich bei der Befragung der Neuzugänge, daß ein vor dem Tisch stehender älterer Mann in Będzin geboren war und seit Jahren in Holland gelebt hatte. Als ich aufhörte, ihn auf Deutsch zu befragen, wandte er sich in gebrochenem Polnisch an mich: »Sie sind Pole, nicht wahr?« Ich hob den Kopf und blickte mich rasch, aber vorsichtig um, ob nicht etwa ein SS-

Mann in der Nähe war. Als ich mich überzeugt hatte, daß keine Gefahr drohte, antwortete ich: »Ja. Aber worum geht es?« Der Fremde zog heimlich eine kleine Schachtel aus der Tasche und stellte sie auf den Tisch. »Nehmen Sie das mit. Vielleicht nützt es Ihnen mal was. Wenn wir uns im Lager treffen, unterhalten wir uns.« Ich erschrak. Das war schließlich streng verboten. Vorsichtig blickte ich nach rechts und links und steckte die Schachtel blitzschnell ein. Zum Glück standen die SS-Leute etwas weiter weg an den anderen Tischen. »Ich danke Ihnen«, sagte ich. »Aber gehen Sie schon weiter. Ich weiß nicht, ob wir uns im Lager zu sehen bekommen. Hier wird man aus dem nichtigsten Grund umgebracht«, warnte ich den Fremden flüsternd. Der Jude wandte sich ab und meinte leise: »Ja. Das hab ich mir gedacht. Von hier gibt es wohl keinen Ausweg«, nickte er und ging auf die Gruppe zu, die später zur Effektenkammer getrieben wurde. Dort zogen sie ihre Zivilkleidung aus, dort wurden sie desinfiziert und in die gestreifte Kluft gekleidet – für einige Zeit durften sie noch im Lager arbeiten. Kaum einer von ihnen würde länger als sechs Monate am Leben bleiben. Vorwiegend wurden sie im Sonderkommando eingesetzt, d. h. beim Entfernen der Vergasten aus den Bunkern und Gaskammern sowie beim Verbrennen der Leichen in Gruben oder Krematorien.

Nach wie vor nahm ich die Personalien der Neuzugänge auf, aber die Tatsache, daß ich etwas Verbotenes in der Tasche hatte, ließ mir keine Ruhe. Als wir an diesem Tag ins Stammlager zurückkehrten, war ich beim Passieren des Lagertors sehr aufgeregt. Es gab häufig Kontrollen und Leibesvisitationen von Häftlingen. Die kleine Schachtel hatte ich unter dem linken Arm versteckt, den ich mit abgenommener Mütze diensteifrig an den Körper preßte. Erleichtert vernahm ich das »Ab!« aus dem Mund des uns aufmerksam beobachtenden SS-Diensthabenden, der unserer Zehnergruppe erlaubte, das Lager zu betreten. Nachdem ich im Block mein Brot abgeholt hatte, sah ich nach, was die Schachtel des holländischen Juden enthielt. Angeblich sollte es Rasiercreme sein, aber in Wirklichkeit barg die Schachtel, eingewickelt in dünnes Papier, eine wunderschöne Armbanduhr der Marke »Omega«.

Ich war erregt. Die Uhr stellte einen Gegenstand dar, den mit Genehmigung der SS nur ausgewählte prominente Häftlinge im Lager benutzen durften. Wie sollte ich sie verstecken, und wo? Was sollte ich damit machen? Ich überlegte und überlegte, aber mir fiel nichts ein. Ich war ein Häftling, der nichts Verbotenes besaß. Ich hatte kein Taschentuch, kein Taschenmesser, keinen Bleistift oder andere Kleinigkeiten, deretwegen so mancher Lagerkamerad streng von den SS-Leuten bestraft worden war. Kontrollen wurden manchmal auch in den Blocks vorgenommen. Gelegenheit zur Taschenkontrolle boten die abendlichen Sachenappelle.

Wo sollte ich die Uhr verstecken? Dieses Problem mußte ich noch am selben Tag lösen. Heimlich – so, daß es niemand bemerkte – betrachtete ich die Uhr. Sie war wunderschön. Der vergoldete Deckel des Ziffernblatts strahlte hell und klar. In meinem kurzen Leben hatte ich eine einzige Uhr besessen, die man mir bei der Einlieferung ins Lager abgenommen hatte. Ich hatte sie als Anerkennung für die Aufnahme an das Gymnasium von den Eltern bekommen. Aber diese war viel schöner. Es fiel mir schwer, mich von ihr zu trennen. Ich war mir aber darüber klar, daß ich sie unmöglich bei mir behalten durfte. Ich war kein prominenter Häftling; ich war ein gewöhnlicher Durchschnittshäftling, der wegen des Besitzes einer Uhr in die Strafkompanie oder möglicherweise sogar in den Strafbunker des Blocks 11 eingewiesen werden konnte. Mir lief eine Gänsehaut über den Rücken. Was sollte ich tun?

Mit der Uhr in der Tasche konnte ich das Lagertor nicht passieren, weder nach draußen zur Arbeit noch zurück ins Lager. Ich hatte Angst, sie im Strohsack des Blocks, in dem ich schlief, zu verstecken. Das alles war zu riskant. Man mußte an einen Häftling herankommen, dem diese Gefahren nicht drohten, der sie verhältnismäßig ungefährlich aufbewahren und vielleicht sogar benutzen konnte. Im ersten Augenblick dachte ich an Leszek, aber dann fiel mir ein, daß es in der Lagerküche ebenfalls Kontrollen geben konnte. Ich überlegte, ob ich sie nicht bei jemandem im Krankenbau verstecken sollte. Als ich jedoch nach dem Abendappell den Weg zwischen den Blocks entlangging, fiel mein Blick auf einen ordentlich, in saubere Lagerkluft gekleideten Häftling, der neben dem Winkel die aufgenähte Nummer 77 trug. Er war vom ersten Transport. Seine Nummer flößte Respekt ein. Ich konnte mich an sein Gesicht erinnern.

Es war »Teddy« (Tadeusz Pietrzykowski), ein Boxer aus Warschau, der letzten Sonntag in einem extra vor der Küche aufgebauten Ring einen deutschen Kapo k.o. geschlagen hatte. Es war mir geglückt, mich unter die den Ring umgebenden Häftlinge zu mischen und den Kampf zu verfolgen. Das war für mich ein echtes Erlebnis gewesen. Im Lager schien jede Abwechslung oder Unterhaltung unmöglich zu sein, und doch hatten die SS-Leute den Boxkampf erlaubt, weil sie ihn selbst mitansehen wollten und weil sie vermuteten, daß der kräftig gebaute Deutsche mühelos den kümmerlichen Polen erledigen werde.

»Teddy« war keineswegs ein Muster an Körperkraft und Stärke. Er war eher zierlich gebaut und mager, dafür aber wendig und schlau. Während des Kampfes hatte er sich, so gut es ging, vor den Schlägen des mächtigen Deutschen gedeckt, war immer wieder mit blitzschnellen Vorstößen aus der Distanz auf ihn eingedrungen und hatte seinen Gegner so lange mit Körperschlägen bearbeitet, bis dieser schließlich ausgezählt auf den Brettern lag. Die Freude der polnischen Häftlinge war unbeschreiblich gewesen. Sie waren glücklich über den Sieg des Polen. Den erschöpft und verschwitzt den Ring verlassenden »Teddy« hatten sie mit Beifall überschüttet. Es war zu sehen, daß auch er glücklich war. Mich umblickend, hatte ich aus den Blicken der Häftlinge nicht nur Freude herausgelesen, sondern auch die Worte der polnischen Nationalhymne »Noch ist Polen nicht verloren ...« Polen war nicht verloren, wenn Tapferkeit und Mut selbst in diesem Leichenhaus zu so einem Ergebnis führen konnten.

Einige hatten sich Sorgen um »Teddy« gemacht, weil sie befürchteten, der Kommandant oder der Lagerführer könnten ihn bestrafen, weil er den Deutschen besiegt hatte. Aber die SS-Leute hielten ihr Versprechen. Der Pole bekam ein ganzes Brot und einen Würfel Margarine, denn diesen Preis hatten sie vor dem Zweikampf für den Sieger ausgesetzt. Er wurde auch in ein bevorzugtes Kommando eingewiesen, in das sogenannte Führerheim, wo er in der SS-Kantine Arbeit fand.

Jetzt stand »Teddy« zusammen mit zwei anderen Häftlingen neben einem der Blocks. Als er sich von den andern verabschiedete, beschloß ich, ihn anzusprechen. Ich sagte ihm, daß ich ein Anliegen an ihn habe. »Teddy« blieb erstaunt stehen. »Na, so was! Was für ein Anliegen?« fragte er und sah mich aufmerksam an. Ich erklärte, worum es ging, und bat ihn, mir zu helfen. »Teddy« blickte sich um. In der Nähe war weder ein SS-Mann noch irgendeiner der Lagersadisten zu sehen. Wir gingen um die Ecke eines Blocks.

»Du warst sicher bei den Pfadfindern«, leitete ich das Gespräch ein. »Ich war draußen nämlich Pfadfinder. Und ich vertraue nur einem Pfadfinder«, sagte ich, gleichsam als wolle ich ihn überzeugen, daß er mir vertrauen könne. Gleichzeitig aber auch, als wolle ich sichergehen, daß er mich nicht enttäuschen werde. »Teddy« begann zu lächeln. »Ich war Pfadfinder und Sportler. Das hat für mich mehr zu bedeuten, als du ahnst.« Etwas beruhigt, zog ich vorsichtig meinen Schatz aus der Tasche. »Teddy« stieß einen begeisterten Pfiff aus. »Ist das aber eine feine Uhr«, meinte er. »Da hast du aber Glück gehabt, was?« Er blickte mich anerkennend an. »Was willst du dafür haben?« fragte er mich nüchtern. Ich war überrascht. Ich wußte nicht, was ich ihm sagen sollte. Am Ende brachte ich stotternd heraus: »Ich möchte in einem guten Kommando arbeiten. Da, wo ich jetzt bin, halt ich es nicht länger aus«, erklärte ich ihm.

»Teddy« betrachtete mich eingehend. Ich mußte sehr heruntergekommen aussehen, denn in seinen Augen entdeckte ich keinerlei Anerkennung. In einem guten Kommando konnten nur solche arbeiten, die durch ihr Aussehen und ihr Verhalten etwas darstellten. »Na gut«, sagte »Teddy«. »Und in welches Kommando möchtest du? Was meinst du selber?« »In die Küche«, gab ich zurück, ohne lange zu überlegen. In der Küche gab es zu essen, und ich war im Lager stets hungrig.

»Teddy« lachte auf: »Na gut; ich verstehe. Aber du hast keine niedrige Nummer. Es wird schwer sein. Wir versuchen es. Gut, ich geh zu Leo. Der ist Kapo in der Küche, ein Pole aus Poznań. Es wird allerdings etwas dauern.« »Soll es ruhig dauern. Hauptsache, du erledigst es«, warf ich rasch ein. »Woher stammst du, und wo arbeitest du?« fragte mich »Teddy«. »Aus Częstochowa«, gab ich zurück. »Und seit zwei Tagen arbeite ich als Schreiber bei den Judentransporten. Ich hab genug davon.« »Ach so! Na dann ist alles klar«, meinte mein neuer Gönner. »Eine Woche oder auch zehn Tage wirst du dich gedulden müssen, bis ich Gelegenheit zu einem Gespräch in der Küche habe. In Ordnung?« »In Ordnung«, antwortete ich und überreichte »Teddy« die Uhr. »Such mich nächste Woche im Block 24. Halt die Ohren steif!« »Teddy« verabschiedete sich mit dem Pfadfindergruß, und ich gab ihn zurück. Ich fühlte mich irgendwie beruhigt. Ich hatte die »heiße Ware«, die mir große Sorgen bereiten konnte, nicht mehr bei mir. Und wie es weiterging, mußte man halt sehen. »Teddy« war ein Pfadfinder. Ich kannte ihn zwar nicht näher, aber er würde mich wohl nicht enttäuschen. Ich vertraute ihm.

Am nächsten Tag, als ich mich bei meiner Zehnergruppe der Schreiber meldete, erfuhr ich, daß wir an diesem und am nächsten Tag im Lager bleiben sollten. Ein Funktionshäftling vom Arbeitseinsatz wies uns Arbeit innerhalb des Lagers zu. Ich bekam Besen, Schaufel und Eimer und sollte die Verbindungswege des Lagers und zwischen den Blocks fegen. Das war keine schwere Arbeit. Man mußte nur höllisch auf die ständig im Lager herumschwirrenden SS-Leute und verschiedene Blockälteste aufpassen. Und man mußte mit dem Besen so herumfuchteln, daß man sagen konnte, der Häftling arbeite.

Es war ein heißer Hochsommertag in der ersten Julihälfte des Jahres 1942. Die Sonne stach unbarmherzig. Gleich nach dem Ausmarsch der Arbeitskommandos erblickte ich eine Gruppe von Häftlingen, die von Palitzsch zum Block 11 geführt wurden. Die Blockältesten befahlen uns, sofort in den nächsten Blocks zu verschwinden. Es wurde Blocksperre verhängt. Nachdem die Verurteilten vorbeimarschiert waren, jagte man uns wieder zum Fegen der Lagerwege. Ich hantierte mit dem Besen, aber meine Gedanken waren bei denen, die man zum Block 11 gebracht hatte. Sie waren wie Schlachtvieh dahingezogen, ohne Kampf, ohne Auflehnung. Vielleicht hatten sie sich innerlich nicht damit abgefunden, daß das nun das Ende sein sollte, aber ein unbewaffneter Aufruhr konnte den Tod nur beschleunigen. Das ließ mir keine Ruhe.

Mich verfolgte der Gedanke, daß alle zur Lagerhaft verurteilten Häftlinge darauf warteten, wann sie an die Reihe kämen, wann man sie abholen und erschießen würde. Ich konnte mir meinen Tod nicht vorstellen, obwohl ringsum alles davon erfüllt war. Trotz der bohrenden Unruhe und Ungewißheit wies ich den Gedanken an den Tod weit von mir. Ich habe noch einiges vor mir – täuschte ich mich selbst. Ich würde weiterleben, versuchte ich mich selbst zu überzeugen.

Ich verabredete mich mit einem der Häftlingsfeger und bat ihn, er möge auf unseren Abschnitt aufpassen, während ich zum Austreten in einen der Blocks schlüpfte. Ich stöberte in meinen Jackentaschen herum und kratzte Tabakreste zusammen. Ich schüttete sie auf ein Stückchen Papier, das ich beim Fegen gefunden hatte, rollte es zusammen und zündete es an. Von dem starken Tabak wurde mir schwindlig, als ich den Rauch einsog. Ich war leicht betäubt. Meine Gedanken kreisten unablässig um den Block 11 und um die unglücklichen Häftlinge, deren Schicksal sich dort erfüllte. Nichts und niemand war imstande, ihnen zu helfen. Sie würden sich in den letzten Augenblicken ihres Lebens selbst überwinden müssen, um würdig zu sterben – für Polen, um das sie gekämpft hatten, für Polen, mit dessen Knechtschaft sie sich nicht hatten abfinden wollen.

Ich erinnerte mich daran, wie mir ältere Häftlinge irgendwann erklärt hatten, daß sie meist Häftlinge zur Erschießung abholten, denen man aktive Konspiration, Waffenbesitz, Sabotage oder Spionage nachgewiesen hatte. Aber das lief alles nur darauf hinaus, ob in den Akten des Häftlings die Abkürzung »RU« (Rückkehr unerwünscht) vermerkt war oder nicht. Die Entscheidung traf die Gestapo dort, wo man den Delinquenten verhaftet hatte.

Ich hatte eine ganze Weile auf dem Klo gesessen. Als ich den letzten Zug getan hatte, warf ich die Kippe hinein. In diesem Augenblick hörte man Schritte in genagelten Schuhen auf dem Flur. Ein SS-Mann – schoß es mir durch den Kopf. Die Tür wurde urplötzlich aufgerissen, und vor mir stand einer der Blockführer. »Mensch, was machst du denn hier? Hast du geraucht?« fragte er mißtrauisch. Und ohne meine Antwort abzuwarten, hob er den Stock und begann mich damit zu bearbeiten. »Du blöder Hund! Du verfluchtes Arschloch! Aber schnell an die Arbeit!« brüllte er wütend. Und als er sah, wie ich wie geölt aus dem Block lief, machte er auf dem Absatz kehrt und ging weiter, um anderswo einen Block zu kontrollieren. Ich hatte Glück gehabt. Ein anderer SS-Mann hätte Meldung erstattet, und ich hätte »SK«, Strafkompanie, dafür bekommen können. Dieser hatte meine Nummer nicht aufgeschrieben. Es hätte viel schlimmer ausgehen können.

Voller Eifer machte ich mich wieder an die Arbeit, gleichsam als wollte ich meinen Verstoß gegen die Lagerordnung wieder gutmachen. Kurze Zeit später entdeckte ich Blutspuren an meiner Hand. Ich konnte mir denken woher. Der SS-Mann hatte mir die Lippe aufgeschlagen. Ich blutete. Diese Spuren mußte ich schnell beseitigen. Ein Häftling mußte sauber und ordentlich aussehen. Ich durfte keinen Anlaß bieten, mich erneut verprügeln zu lassen. Ich vergewisserte mich, daß kein SS-Mann im Block war, und lief in den

Waschraum, um die Blutspritzer von Gesicht und Händen abzuwaschen. Auch dem Blockältesten begegnete ich nicht. Es hatte geklappt. Ich kehrte zu meinem Besen zurück.

Nach der Mittagspause tauchte auf dem Weg vom Block 11 ein Leiterwagen auf. Unter einer Plane lagen die Leichen von Erschossenen auf dem Wagen. Mehrere Häftlinge des Leichenträgerkommandos zogen den Wagen zum Krematorium. Als sie vorbei waren, sah ich Blutstropfen auf dem Kiesweg. Der Lagerälteste, der plötzlich mit einem Stock auftauchte, befahl uns, die Blutspuren mit Sand zu bestreuen. Morgens hatte dieses Blut noch in den Adern meiner Lagergefährten geflossen.

Beim Aufräumen der mir zugewiesenen Wege und Blocks beendete ich meine Arbeit etwas früher. Ich hatte Kopfschmerzen und beschloß, mich bis zum Appell in meinen Block 23 a, zwischen den Blocks 17 und 18, zu verdrücken. Hier konnte man sich besser verstecken als in einem gemauerten Block. Es war eine Holzbaracke, in der man dreistöckige Pritschen mit Strohsäcken für etwa 500 Häftlinge aufgestellt hatte. Ich schlüpfte ungesehen ins Innere und lief rasch den Gang zwischen den Pritschen entlang, zu einer Ecke des Blocks. Dort legte ich mich auf eine der obersten Pritschen. Meine Füße ragten über den Rand.

Ich streckte mich bequem aus und schloß die Augen. Nur gut, dachte ich, daß mich kein Funktionärshäftling gesehen hatte. Niemand wußte, wo ich mich versteckte. Für einen Augenblick fühlte ich mich sicher. Zum ersten Mal seit der Einlieferung ins Lager hatte ich es gewagt, vom Arbeitsplatz zu desertieren. Das war ein ernster Verstoß gegen die Lagerordnung, aber ich machte mir keine Gedanken darüber. Es war zuviel geschehen. Ich hatte zu viele Eindrücke, zuviel Leiden und Tod zu verarbeiten. Ich wollte, ich mußte mich einfach vom Regime, von der Disziplin der Blockältesten, Kapos, SS-Leute und sogar der Mithäftlinge erholen. Ich brauchte zumindest einen kleinen Augenblick, um mich einsam in mich selbst zurückzuziehen und mich meinen wirren Gedanken hinzugeben, damit sich die angespannten Nerven wenigstens etwas beruhigen konnten. Meine unablässige Wachsamkeit, die ständige Furcht, das Leben zu verlieren, und die ewige Angst, verprügelt zu werden, hatten mich nicht mehr zur Ruhe kommen lassen. Seit dem Verlassen des Häftlingskrankenbaus war ich ununterbrochen Belastungen ausgesetzt, von denen man erschöpft und geschwächt wurde. Der Tod des Vaters hatte mich bis ins Innerste erschüttert. Das Fehlen eines Kommandos, in dem ich Anschluß finden konnte, und das Fehlen eines Betreuers, mit dem ich mich hätte beraten können, wie ich handeln und vorgehen sollte, um zu überleben, bewirkten bei mir ein eigenartiges gedankliches Chaos. Ich handelte nicht überlegt, sondern ließ mich mehr von Instinkt und Intuition leiten. Ich war 18 Jahre und befand mich seit einem Jahr im Konzentrationslager. Ich reifte heran, wurde älter, gleichzeitig aber auch ärmer. Die verfließende Zeit bewirkte, daß sich die Hemmung in der normalen Entwicklung des Menschen vertiefte. Eine Hemmung, die darin bestand, daß das Leben und die Existenz auf den Gedanken, den Hunger zu stillen, und auf ein rein physisches Bedürfnis reduziert waren. Mein empfindliches Wesen konnte sich nicht damit abfinden, aber einen Ausweg gab es einfach nicht.

Vorübergehend ließ meine Wachsamkeit nach, aber die Ohren registrierten das Geflüster und die Geräusche, die vom anderen Ende des Blocks zu mir herüberdrangen. Sie schienen etwas näher zu kommen. Ich lauschte diesen Stimmen und zog die Füße auf die Pritsche. Langsam begriff ich, daß auch andere – ebenso wie ich – versuchten, Kräfte zu sparen und sich zu verbotener Zeit zu entspannen. Wenn auch andere Häftlinge auf »Tauchstation gegangen« waren, schien keine Gefahr zu drohen. Zwar war jeder für sich selbst verantwortlich, aber man konnte eben nie wissen. Bis zum Appell hatten wir noch mindestens zwei Stunden Zeit. Mir kam der verlockende Gedanke, etwas zu schlafen.

Ich mochte die Augen nicht öffnen. Für eine Weile geriet ich ins Träumen. In meiner Phantasie erschienen mir die Gesichter von Vater und Mutter ... Es war mir so gut gegangen vor dem Krieg, bei den Eltern. So gut – und ich hatte nicht gut genug gelernt. Dann tauchten plötzlich Bilder aus dem Pfadfinderleben auf, vom letzten Lager in der Umgebung von Suwałki. Mein Fähnlein »Jastrzębie« hatte zusammen mit anderen Schützengräben, Fallgruben und Panzergräben ausgehoben. Es war der heiße August 1939. Wir trainierten den Körper und übten unsere Gewandtheit. Wir glaubten, daß wir dem Vaterland in schwerer Zeit halfen, denn das war unsere patriotische Verpflichtung. »Ein Pfadfinder dient dem Vaterland« hatten wir mit Tannenzapfen auf dem Platz vor den Zelten ausgelegt.

»Wer dem Vaterland dient, dient Polen ...« Der Trompeter blies das Signal, und langsam wurde die polnische Flagge am Mast gehißt. Ich stand mit den andern stramm. Plötzlich verwandelte sich das Gesicht des Trompeters in die Schnauze des Blockältesten – schweißüberströmt, unangenehm, dumm und gefährlich. Ich hörte das Trompetensignal, aber es verwandelte sich überraschend in einen Gong, in den weithin hallenden Lagergong ...

Ich schreckte auf. Ich hatte geschlafen, aber wie lange? – Zu mir kommend, erhob ich mich von der Pritsche. Die Totenstille im Block erfüllte mich mit Schrecken. Sollte der Appell noch nicht angefangen haben? Angstvoll raffte ich mich auf. Blitzschnell sprang ich vom obersten Stock der Pritsche und rannte den Gang zwischen den Pritschen entlang zum Haupteingang. Hartnäckig peinigte mich ein entsetzlicher Gedanke. Das war doch nicht möglich! Sollte ich den Appell verschlafen haben? Ich schaffte es nicht bis zur Tür. Sie ging plötzlich auf, und drei SS-Leute, einer mit einem Hund, betraten den Block. Der Hund sprang auf mich zu, die SS-Leute bemerkten mich. Ich erstarrte. Wie gebannt blieb ich stehen.

Blitzschnell jagten mir die verschiedensten Gedanken durch den Kopf. Schluß! Die machen mich fertig. Es gab keinen Ausweg. Auf das Verschlafen des Appells stand Bunker und Strafkompanie. Da half nichts. Zusätzlich würde ich vielleicht ausgepeitscht. Sie würden mich zu Tode prügeln. Aber die Gedanken rissen ab, es blieb nur noch die Angst. Der Hund riß mir ein Stück des Hosenbeins heraus. Mehrere Schläge landeten einer nach dem andern auf meinem Kopf. Nach einem Augenblick war mein ganzer Körper durchgewalkt. Es tat weh. Die Schläge fielen weiterhin. Ich begann zu stöhnen. Sie schleiften mich aus dem Block. Ringsum standen die Reihen der zu zehnt angetretenen Häftlinge. Fluchend stießen mich die SS-Leute vorwärts. Eine restlose Betäubung und Gleichgültigkeit hüllte mich ein. Sollte doch alles endlich für immer enden.

Ich wurde zum Prügelknaben für alle. Der Blockälteste sprang auf mich zu und versetzte mir einen Hieb ins Gesicht, so daß ich mich überschlug. Ich spürte eine klebrige Flüssigkeit am linken Auge. Das war bestimmt Blut. Bevor ich mich erheben konnte, vernahm ich das Gebrüll: »Aufstehen, du Sauhund!« Entsetzt erblickte ich Aumeier, den Lagerführer mit seinen eleganten Lederhandschuhen. Neben ihm standen Palitzsch, der für Exekutionen zuständige, und noch zwei andere mit den Totenkopfabzeichen der SS. Ich stand auf und versuchte, Haltung anzunehmen, aber der kleine, untersetzte Aumeier schlug mir links und rechts ins Gesicht.

Ich konnte mich aber auf den Beinen halten. Also schlug er erneut zu – zweimal. Und er brüllte, er werde mich erschießen lassen. Mir war alles egal. Von irgendwoher, von der Seite der angetretenen Häftlinge, hörte ich, wie mir jemand auf Polnisch riet: »Laß dich nach dem nächsten Schlag zu Boden fallen!« Ich kapierte. Als Aumeier wiederum zuschlug, sackte ich auf den Kiesweg, den ich einige Stunden zuvor gefegt hatte. Und nun bedachte mich der SS-Mann mit Fußtritten – in den Bauch, in die Nieren, in die Genitalien. Das tat weh, aber er massakrierte das Gesicht nicht mehr. Als er endlich genug hatte, befahl er mir, mich vor ihm aufzustellen, und fragte: »Was hast du im Block gemacht?« Was für eine Ausrede sollte ich erfinden? »Ich war krank. Ich bin ohnmächtig geworden und hatte einen Blutsturz«, log ich so gut ich konnte auf Deutsch. »Was?« brüllte Aumeier drohend. »Krank im Block fürs Arbeitskommando?! Blockältester, zu mir!«

Der Blockälteste war sofort zur Stelle. Ich machte mir keine Illusionen. Der würde mir erst recht zusetzen – dachte ich. Indessen bekam er vom Lagerführer ein paar Schläge ins Gesicht, weil er den Block vor dem Appell nicht kontrolliert hatte. Dann sprang er wieder auf mich zu, schlug mich zweimal ins Gesicht, so daß ich niederfiel, und rief den Lagerältesten und den Dolmetscher zu sich. »Die Nummer aufschreiben!« befahl er. »Und in der Strafkompanie kurieren«, lachte er dem Lagerältesten unheilverkündend zu. »Ab!« Das bedeutete, daß der Appell zu Ende war.

Die Häftlinge liefen in die Blocks, um ihr Brot abzuholen. Nach einem langen Arbeitstag war das der wichtigste Augenblick für sie. Eine Scheibe Brot! Meinetwegen hatten sie länger darauf warten müssen. Sie hatten dastehen müssen, bis der Häftlingsstand beim Appell stimmte. Ich versuchte, aufzustehen. Ich war gründlich durchgeprügelt worden, und beim ersten Versuch gelang es mir nicht, mich zu erheben. Erst als mich zwei Häftlinge unter den Schultern ergriffen, stand ich wieder auf den Beinen. »Na, was ist? Kannst du dich einigermaßen zusammenreißen?« fragte einer von ihnen.

Ich war so zerschlagen, daß ich nicht antworten konnte. Aber der

Schmerz war nicht das Schlimmste. Die größte Angst hatte ich davor, was mit mir geschehen werde.

In dem zweiten Häftling, der mich stützte, erkannte ich Wieczorkowski von meinem Transport. »Verzage nicht«, flüsterte er mir zu. »Wir nehmen dich mit.« Ich wußte nicht, was er meinte. Ich war halb bewußtlos durch das Prügeln. Willenlos ordnete ich mich meinen unerwarteten Betreuern unter. Sie schleppten mich zum Block 15. Im Waschraum lagen mehrere Tote. Sie zogen einem von ihnen die Kluft aus und befahlen mir, mich umzuziehen. Ich begriff nichts. »Vorläufig muß das so sein. Mit deinem Blockältesten erledigen wir die Verlegung in unseren Block«, erklärte Wieczorkowski. »Mit dieser Nummer kannst du zwei, drei Tage in diesem Block überstehen. In deinem würde dich der Blockälteste fertigmachen. Du bist jung und hast schon einiges durchgemacht. Ich hab jemanden in der Schreibstube. Dort muß deine Nummer geändert werden. Wenn das geschehen ist, bekommst du deine zurück. Und der da mit der notierten Nummer«, zwinkerte er mir vielsagend zu, »wird als Toter gemeldet.«

Ich verstand überhaupt nichts. Ich war vollkommen betäubt. Noch vor einer Viertelstunde hatte ich mich schon im Block 11, im Bunker, in der Strafkompanie gesehen. Sollte es möglich sein, daß sie mich nicht erledigten? Woher hatte Wieczorkowski solche Beziehungen?

Meine Gefährten nahmen mich in die Mitte und brachten mich auf die Stube. Wieczorkowski teilte seine Scheibe Brot mit mir. Der Schmerz nach den erlittenen Prügel breitete sich im ganzen Körper aus. Ich konnte es noch immer nicht fassen, daß ich gerettet sein sollte.

Am nächsten Tag kam der Reichsführer SS, Himmler, persönlich zu einer Inspektion ins Lager. Die Blockältesten spielten verrückt, um ihre Stuben in Ordnung zu bringen. Im Falle einer Inspektion wollten sie so gut wie möglich abschneiden. Nach beendeter Besichtigung des Lagers stellte Kommandant Höß Himmler etwa 20 Häftlinge deutscher Nationalität vor – meist Kriminelle, die wegen guter Führung aus dem Lager entlassen werden sollten. Unter ihnen befand sich auch der Dolmetscher, der während des Appells meine Nummer in sein Notizbuch aufgeschrieben hatte. Als er seine Unterlagen in der Schreibstube ablieferte, war die Änderung der Nummer des Strafkompaniekandidaten kein Problem mehr. Dort arbeiteten mehrere Polen, die es – trotz der wichtigen von ihnen bekleideten Funktionen – so manches Mal verstanden, ihren Mithäftlingen im Lager zu helfen.

Nach zwei Tagen streifte ich wieder die Kluft mit meiner eigentlichen Nummer über. Ich war wieder ich. Das Umnähen der Nummern war nur noch eine Kleinigkeit. Wieczorkowski hatte sein Wort gehalten und mich vor dem unweigerlichen Tod gerettet. Es lohnte sich, das alles zu ertragen, um am eigenen Leibe zu erfahren, daß es im Lager Leute gab, deren Herzen – trotz aller Gefahren – für andere schlugen. Durch diesen dramatischen Zwischenfall änderte sich meine innere Einstellung. Ich hatte erkannt, daß Menschen, die Gutes taten, es anderen ermöglichten, den Sinn des Lebens wieder zu entdecken.

Es vergingen drei Tage. In meinem Block stellte der Schreiber eine Liste der innerhalb des Lagers eingesetzten Häftlinge auf. Auch ich stand auf der Liste. In den anderen Blocks wurden ähnliche Listen angelegt. Das bedeutete, daß Schreibstube und Arbeitseinsatz auf Anweisung der Lagerleitung einen Transport in ein anderes Lager vorbereiteten. Auschwitz krachte aus allen Nähten. Die Blocks waren überfüllt. Ein Teil der Häftlinge war nicht voll ausgelastet, während im Inneren des Reiches billige, zur Ausbeutung geeignete Arbeitskräfte gebraucht wurden. Es kreisten Gerüchte, daß der Transport nach Mauthausen gehen sollte. Es war mir klar, daß ich von der Verlegung bedroht war. Ich beschloß, am Abend »Teddy« im Block 24 aufzusuchen.

Er stand gerade im Flur, als ich ihn traf. Er verließ mit mir den Block und sagte sofort: »Gut, daß du da bist. Morgen früh nach dem Antreten der Arbeitskommandos mußt du dich vor der Küche einfinden. Ich komme hin, und zusammen gehen wir zu Leo.« »Danke, das ist gut«, sagte ich. »Ich habe nämlich gerade Schwierigkeiten. In zwei Tagen soll ich mich bei der Schreibergruppe melden. Gleichzeitig wird ein Transport vorbereitet. Ich weiß selbst nicht, was ich davon halten soll.« »Teddy« unterbrach meine Zweifel. »Ja, ich hab was läuten hören. Na, und du, du hast den Appell verschlafen, was? Aber Schwamm drüber. Mach dir keine Sorgen. Es kommt alles in Ordnung. Ich habe dir schließlich mein Wort gegeben. Kopf hoch!

Bis morgen«, klopfte er mir auf die Schulter und verschwand. Morgen sollte ich also anfangen, in der Küche zu arbeiten. Mein Lager-Wunschtraum sollte in Erfüllung gehen. Ich war so aufgeregt, daß ich den Lagerältesten Bruno, der gerade vorbeiging, beinahe angerempelt hätte. Im letzten Augenblick nahm ich dienstbeflissen die Mütze ab und ging ihm dann rasch aus den Augen. Ich hatte Angst, er könnte sich von dem unglückseligen Appell her an mich erinnern. Voller Spannung kehrte ich in meinen Block zurück. Die bevorstehende Veränderung rief begründete Unruhe in mir hervor.

Am nächsten Tag fand ich mich, nach dem Appell, vor der Küche ein. Dort drückten sich mehrere Häftlinge aus dem Krankenbau und ein paar Straßenfeger herum. Nach einer Weile erschien »Teddy« in sauberer, blau-weiß-gestreifter Häftlingskluft und mit einer phantasievoll zurechtgedrückten Mütze. »Da bist du ja«, meinte er. »Dann laß uns gehen«, und er führte mich direkt durch den Haupteingang zur Küche. Dampfschwaden umfingen uns. Ein hochgewachsener Häftling mit der Nummer 1879 kam auf »Teddy« zu, und sie wechselten einige Worte. Aus dem Hintergrund der Küche tauchte Leo, der Kapo des Lebensmittellagers, auf. Auf mich weisend, fragte er »Teddy«: »Geht es um ihn?« Als »Teddy« dies bejahte, lachte er auf: »Bist du verrückt geworden? So eine Bohnenstange bringst du mir hierhin zur Arbeit? Nein, der schafft das nicht«, schloß er mißbilligend.

Ich erstarrte vor Entsetzen. Aber »Teddy« entgegnete: »Leo. Er war krank, hat Typhus gehabt. Er ist in keinem guten Kommando gewesen. Kein Wunder, daß er nicht besonders gut aussieht.« »Aber Franz nimmt ihn nicht. Mann, das ist schwere Arbeit hier. Was stellst du dir bloß vor? Das ist kein Zuckerlecken, nach zwei Tagen kippt er um!« »Na, dann nimm ihn als Gehilfen, Leo. Er ist ein Pfadfinder aus Poznań. Nimm ihn!« »Teddy« versuchte eifrig, Leo zu überzeugen. Die Nummer 1879 schloß sich ihm an. »Pietrek hat niemand für den Fünfhunderter, denn Józek haben sie abgeholt«, sagte er. Ich verstand nicht recht, wovon er sprach, ich blickte nur flehend den Kapo an. Am Ende winkte Leo ab und gab dem Hochgewachsenen die Anweisung: »Na gut, nimm ihn zur Probe! Bring ihn zu Pietrek. Verlegung in den Block und Einkleidung erledigt Chmura.« Er schrieb meine Nummer auf, gab »Teddy« die Hand, und damit hatte es sich. »Teddy« klopfte mir auf die Schulter und meinte: »Na, jetzt hängt alles von dir ab. Laß dich nicht unterkriegen!« und dann verabschiedete er sich mit dem Pfadfindergruß. »Danke! Vielen Dank!« sagte ich leise und bemühte mich, die Freude in mir zu unterdrücken.

Der hochgewachsene, breitschultrige Häftling hieß Lutek (Lucjan Sobieraj, Nr. 1879). Er führte mich zu einem Kessel, an dem ein mittelgroßer, kräftig gebauter Häftling arbeitete. »Pietrek, du hast einen Gehilfen. Leo hat angewiesen, daß du ihn übernimmst!« Der andere sah mich von oben bis unten an, spuckte aus und meinte: »Verfluchter Mist! So einen Scheißer geben sie mir, für den ich mich abrackern muß. O nein, ich halte das nicht aus in diesem Dreckladen. Verflucht noch mal!« Er füllte den Herd weiterhin mit Kohle, und ich stand wie ein begossener Pudel daneben. Nach einer Weile wandte er sich an mich: »Na gut. Verfurz dich, mein Söhnchen, mit dem kleinen Faß und hol Kartoffeln! Aber dalli!«

Gehorsam ergriff ich das Faß und lud es mir auf die Schulter. Lutek wies mir den Weg zum Gemüselager. »Mach es nicht ganz voll, sonst schaffst du es nicht«, flüsterte er mir wohlmeinend zu. Ich jagte mit dem Faß zu dem Flügel des Küchengebäudes, in dem das Kartoffellager lag. Dort befanden sich in speziellen Bottichen geschälte und gewaschene Kartoffeln. An einem Bottich stand ein Häftling. Er kannte mich nicht, konnte sich aber denken, wer ich war, denn er meinte: »Du bist also der neue Gehilfe. Bestimmt bei Pietrek, was?« »So ist es«, bestätigte ich. »Ich heiße Adam«, drückte er mir die Hand. »Na, lad dir soviel auf, wie du tragen kannst«, meinte er und reichte mir eine Art große Forke zum Einkellen. Rasch füllte ich das Faß dreiviertel voll und rollte es dann seitlich geneigt auf dem Fußboden zurück zum Kessel. Pietrek hieß mich, es auf einer Seite am Boden zu packen, ergriff selbst die andere Seite, und gemeinsam schütteten wir den Inhalt in den offenen Kessel. »Und jetzt bring ich dir bei, wie man kocht«, teilte er mir mit. Er schloß den Deckel des Kessels, verschraubte ihn und zeigte mir den Druckmesser, auf dem ein Zeiger die Atmosphären anzeigte. Er unter wies mich, woher ich Kohle zum Nachlegen holen sollte und bis zu welchem Strich der Zeiger auf der Skala wandern durfte. Er warnte mich, daß der Kessel in die Luft fliegen könne, wenn die Temperatur die angegebene Marke überschreite. So, wie es vor ein paar Monaten geschehen sei.

Dem Kessel näherten sich mehrere Köche. »He Pietrek, du machst ihn ja fertig, wenn du den Lehrer spielst!« »Ja, ja, da hat er aber ein Söhnchen gefunden!« Dem Anschein nach waren das Sticheleien, sie waren aber nicht böswillig gemeint. Im Gegenteil. Es interessierte sie, wer ich war und woher ich kam. Die Tatsache, daß ich Pfadfinder gewesen war, nahm sie gleich für mich ein. Selbst Pietrek verfolgte verständnisvoll und großmütig meine ersten Schritte in der Küche. Er befahl mir, den Betonfußboden rings um den Kessel gründlich aufzuwischen, ihn sauberzuhalten und die in einer Reihe an der Wand aufgestellten Kessel und Fässer gewissenhaft abzuwaschen. Ich machte mich eifrig an die Arbeit. So, als wollte ich mich bei Pietrek entschuldigen, daß ich nicht nach einem Koch aussah.

Die an den anderen Kesseln angesetzten Häftlinge waren auf ähnliche Weise beschäftigt. Im allgemeinen sahen alle nicht übel aus; sie waren kräftig gebaut, stärker und größer als ich. Ich suchte Leszek unter ihnen, konnte ihn aber nicht entdecken. Unterdessen wanderte der Zeiger des Manometers bis zur Ziffer 3 und blieb beim roten Strich stehen. Ich öffnete kurz die Tür des Ascheraums und des Rostes. Die Temperatur pendelte sich auf demselben Stand ein. Als mehr als eine halbe Stunde vergangen war und kleine Dampfwölkchen unter dem Deckel des Kessels hervorstießen, rückte Pietrek einen hölzernen Hocker an den Kessel heran und machte diesen dann auf. Heißer Dampf schlug uns entgegen. Einen Augenblick lang konnte ich nichts erkennen. Pietrek langte nach einem großen Stampfer, der in einen eisernen Handgriff auslief, und begann die Kartoffeln im Kessel durchzustampfen. Als er erschöpft war, wandte er sich an mich. »Und jetzt mach du weiter. Probier mal, wie leicht die Arbeit in der Küche ist.« Ich ergriff den Stampfer und versuchte, die Kartoffeln zu zerquetschen. Aus dem Kessel stieg nach wie vor Dampf auf. Mir war unheimlich heiß, aber ich machte weiter, weil ich beweisen wollte, daß ich nützlich und stark war.

Plötzlich floß mir Blut aus der Nase – in den Kessel. Ich hörte auf zu stampfen. Pietrek hatte auch gesehen, was los war. »Na siehst du! Du bist nicht kräftig genug, du junger Spund. Gib den Stampfer her! Leg dir eine kalte Kompresse aufs Gesicht, dann vergeht das.« Ich legte den Kopf in den Nacken, damit das Blut nicht den Fußboden um den Kessel herum beschmutzte. Ich tränkte einen Lappen mit kaltem Wasser und drückte ihn mir an die Stirn, später auf den Nakken. Die Blutung hörte auf. Ich schämte mich, aber es war eben geschehen. Mein Meister, Piotr Przybylski, Nr. 8639, war nicht gerade zufrieden. Er war aber ein guter Kumpel. Er bemerkte meine Besorgnis und meinte: »Na, na, verzag nur nicht gleich, Kleiner. Das hilft dir sowieso nicht. Du bist schwach, das stimmt.« Er blickte sich in der Küche um, ob kein SS-Mann da sei, und fügte hinzu: »Verzieh dich da hinter die Kessel. Hau dir was rein. Na geh schon, ich paß auf den Kessel auf!« Ich begriff nicht, worum es ihm ging, zog aber los und versteckte mich zwischen zwei gewaltigen Kesselwänden.

Unter einem kleinen Küchenschemel stand eine Schüssel, und darin ... Kartoffelpüree. Daneben lag ein Löffel. Ich stürzte mich auf das Essen. Die Kartoffeln waren gesalzen und anscheinend etwas mit Zwiebel gewürzt. Für einen ausgehungerten Lagerhäftling war das ein Leckerbissen. Ich machte mir nicht einmal Gedanken, wann Pietrek die Kartoffeln aus dem Kessel geholt und zubereitet hatte. Im Nu war die Schüssel leer. Ich kehrte zu Pietrek zurück und dankte ihm. Er musterte mich und sagte: »Und jetzt paß auf! Nach dem Stampfen der Kartoffeln muß Wasser zugegeben werden. Hier, bis dahin!« Er zeigte mir die Marke im Innern des Kessels. »Gleich werden sie Mehl und Margarine ausgeben.« Pietrek lehnte sich an die Wand und verschränkte die Arme.

Unsere Tatenlosigkeit dauerte nicht lange. Den benachbarten Kesseln näherte sich ein kleiner Wagen, geschoben von einem großen, athletisch gebauten Häftling. Neben ihm stolzierte ein SS-Mann und überwachte die Ausgabe der Lebensmittel. Auf dem Wagen befanden sich mehrere Kartons Margarine und ein Behälter mit Mehl. Der Häftling hieß Szelest und war, wie ich später erfuhr, vor dem Krieg polnischer Landesmeister im Schwimmen gewesen. Kazimierz Szelest warf die Margarinewürfel direkt in den Kessel, und schüttete einige Schaufeln Mehl in die neben den Kesseln aufgestellten Handmaße. Er versorgte auch unseren Kessel. Als er mit dem SS-Mann vorbei war, zeigte mir Pietrek, wie das Mehl mit Wasser angerührt werden mußte. Er setzte den eisernen Stampfer in das Fäßchen und rührte so lange, bis sich das Mehl im Wasser aufgelöst hatte und alle Klümpchen verschwunden waren. Das war die Mehlschwitze für die Suppe.

Danach hoben wir das Gefäß hoch, stützten es auf den Rand des Kessels und gossen den Inhalt hinein. Die Margarinewürfel hatten sich schon fast ganz aufgelöst. Jetzt ergriff Pietrek eine große Holzkelle für den Kessel und begann, die Suppe durchzurühren. Später befahl er mir, die Suppe mit der Kelle so umzurühren, daß nichts herausspritzte. Der Inhalt des Kessels mußte wieder zum Kochen gebracht werden. Ich legte also Kohle nach, machte die Ofentür etwas weiter zu und begann, das mehlbeschmutzte Geschirr abzuwaschen. Pietrek war zufrieden, daß er mich nicht zur Arbeit antreiben mußte.

Dem Kessel näherten sich zwei als Vorarbeiter eingesetzte Häftlinge. Es waren die Fähnriche des polnischen Heeres Tadeusz Chmura aus Krakau und Edmund Szymanek aus Poznań. Chmura gab mir die Anweisung, ich solle sofort in den Waschraum gehen, wo ich andere Kleidung bekäme. Wenn mich der Küchenchef in der gestreiften Kluft sehen würde, gäbe es vor allem für die Vorarbeiter Unannehmlichkeiten.

Ich ging in den Waschraum. Nach einem Bad unter der Dusche bekam ich frische Unterwäsche und weiße Drillichkleidung mit roten Streifen. Ich meldete mich bei Chmura, und der befahl mir, nach der Arbeit meine Nummer anzunähen. Dann sollte ich sofort Pietrek dabei helfen, die Suppe in Fässer und Transportkessel zu füllen. Ich lief zu meinem Meister, der gerade anfing, mit einer riesigen, an einem langen Stiel befestigten Kelle Suppe in eines der Fässer zu füllen. »Gut, daß du da bist«, begrüßte er mich. »Hilf mir mal, dieses verfluchte Faß an die Wand zu schieben.« Ich packte den Rand des Fasses auf der einen Seite und Pietrek auf der andern. Beim Vorrollen des Fasses spritzte mir etwas Suppe auf die Hand und verbrühte mich. Die Suppe war heiß. Rasch steckte ich die verbrühte Hand in ein Salzfaß.

Das Umfüllen der Suppe dauerte ungefähr eine Dreiviertelstunde. Unser Kessel hatte 500 l Fassungsvermögen. Außer vier 100-l-Fässern füllten wir auch eiserne 50-l-Kessel. Als wir damit fertig waren, steckte Pietrek einen direkt mit dem Wasserhahn verbundenen Gummischlauch in den Kessel und begann, das schmutzige Innere zu bespritzen. Er gab mir Scheuerlappen und Bürsten zum Ausscheuern der eisernen Kesselwände. Es dauerte einige Zeit, bevor der Kessel wieder richtig sauber war. Dann trug mir mein Meister auf, den Kessel mit Wasser zu füllen. Auf den Rosten unter dem Kessel sah ich nach dem Feuer und legte Kohle nach. Pietrek schraubte unterdessen den Deckel zu.

Abb. 8 KZ Auschwitz. Austeilung des Essens für die Häftlinge.

Es begann das »Teekochen«. In der Mittagspause traf ich Leszek. Er war überrascht und freute sich, daß es mir geglückt war, in die Küche zu kommen. »Sie haben dich wahrscheinlich anstelle des erschossenen Józek Lichtenberg genommen. Du bist zur rechten Zeit gekommen, denn Arbeit gibt es hier mehr als genug. Sie hängt einem bald zum Halse raus. Na, aber ich muß los«, verabschiedete er sich. »Vielleicht braucht mich mein Chef.« Leszek kochte an einem Extrakessel, den der Küchenchef persönlich beaufsichtigte. Er hieß Egersdorfer und hatte den Spitznamen »Onkel«. Von meinen Kollegen erfuhr ich, daß die Küche – außer vom Chef – von zwei diensthabenden SS-Leuten beaufsichtigt wurde, von Hoffmann (genannt »Bubi«) und Taube (dem die Köche den Spitznamen »Hammel« verpaßt hatten). Sie sagten mir, daß man sich vor ihnen in acht nehmen müsse, um nicht wegen eines Verstoßes aufzufallen. Vor allem nicht wegen Essens während der Arbeit.

Die Köche aßen dieselbe Suppe wie alle Häftlinge. Sie hatten nur den Vorteil, daß sie mehr von dieser Suppe bekommen konnten, und das hatte viel zu bedeuten. Mir wurde ein Platz am Tisch zugewiesen. Endlich konnte ich wieder an einem Tisch essen. Das ist ganz was anderes als während der Arbeit im Kommando, sagte ich mir, wo man die Schüssel Suppe im Stehen ißt. Wie oft lenkt doch ein Zufall das Schicksal des Menschen. Etwas Unglaubliches war Wirklichkeit, war Realität geworden. Mir schossen die verschiedensten Gedanken durch den Kopf, aber einer beherrschte alles – ich durfte nicht auffallen! Ich mußte wachsam sein, um das zu bewahren, was mir ein Glücksstrahl beschert hatte.

Das Kochen des »Tees« oder »Kaffees« (eine Ersatzmischung aus verschiedenen Blättern, meist Birkenblättern) beendeten wir gegen 15 Uhr. Es hing vom Bedarf, von der Zahl der Gefäße ab, die gefüllt werden mußten, wann wir fertig wurden. Manchmal dauerte es länger. Hin und wieder kochten wir sogar zweimal Suppe oder Tee. Nach dem Ablassen des »Tees« direkt von den Kesseln in die Behälter, die später in die Blocks wanderten, nach dem Saubermachen der Kessel und der Brennkammern darunter und nach dem Vorbereiten der Kessel für den nächsten Tag hatten die Köche Anspruch auf eine einstündige Erholungspause vor dem Appell. Das war die sogenannte Bettruhe.

Geweckt wurden wir sehr früh am Morgen. Ein Teil der Köche begab sich gegen vier, manchmal noch früher zur Arbeit in die Küche. Bis sechs Uhr mußte der »Tee« oder die »Avo« in den Kesseln gekocht sein. Das Abfüllen der Flüssigkeit in die Behälter und die Verteilung auf die Blocks erfolgte in schnellem Tempo. Die Häftlinge hatten vor dem Appell und dem Ausmarsch zur Arbeit einen halben Liter Flüssigkeit zu bekommen, der ihnen bis zur Mittagspause reichen mußte. Inzwischen traten die Köche zusammen mit dem ganzen Lager zum Morgenappell an. Erst nach dem Formieren der Arbeitskommandos kehrten sie an ihre Kessel zurück und setzten die Arbeit fort. Aus den Blocks und dem Krankenbau brachte der Ordnungsdienst Kessel, Fässer und alles mögliche Geschirr in die Küche. Die Köche wuschen diese Gefäße ab, um sie mittags beim Verteilen der Suppe wieder zu verwenden.

Ungefähr 20000 Häftlinge mußten verpflegt werden. Kartoffel- und Gemüseschäler gab es 120 bis 150, manchmal weniger. Das hing vom Bedarf ab. Auf langen Bänken saßen sie einander gegenüber und unterhielten sich leise. Zwischen ihren Füßen standen Körbe und Behälter für Kartoffeln, Rüben und Schalen. Sie schälten den ganzen Tag über. Andere Brigaden holten die Kartoffeln ab, brachten sie zu den Wasserbottichen und wuschen sie. Von dort wurden sie auf die Gefäße verteilt, mit denen sich die Köche einfanden. Je mehr Kartoffeln oder Rüben ein Koch mitnahm, desto dicker und gehaltvoller war die Suppe, die den ausgehungerten Magen sowieso nur betrog. Es gab zwar eine – von der SS-Kommandantur festgesetzte – Kartoffelnorm pro 100 l, aber sowohl der für die Kartoffelkammer zuständige Kapo, als auch die Köche waren bemüht, die Kessel mit möglichst vielen Zutaten zu versehen.

Die Menge der Rüben, selten waren es Mohrrüben, wurde von einem bei den Bottichen beschäftigten Häftling aufgeschrieben. Weil sich der Häftlingsstand jedoch tagtäglich änderte, wurde jeden Tag ein zusätzliches Quantum aus der Kartoffelkammer (Gemüsekammer) von den meisten Köchen benutzt, um die Qualität der Suppe zu verbessern. Dadurch waren die SS-Behörden gezwungen, die Lieferungen in das Lager zu erhöhen.

Ich bemerkte, daß die Chefs der Küche und der SS-Kommandantur angesichts des riesigen Zustroms neuer Häftlinge nicht imstande waren, die benötigten Lebensmittelmengen zu kontrollieren. Die Suppe hatte ohnehin keinen hohen Nährwert. Einmal in der Woche, manchmal auch einmal in zwei Wochen, gelangten Fleischreste, die die Lagerküche vom Schlachthaus bekam, in die Kessel. Aber das waren lächerlich geringe Mengen. Es waren die wenigen Fleischreste, die man von den ausgekochten Knochen abkratzte. Eine Schaufel Fleisch für einen 700 oder 500-Liter-Kessel konnte den Kalorienwert nicht spürbar verbessern. Margarine, Grütze oder Mehl gelangten ebenfalls nicht täglich in denselben Mengen in die Kessel, weil der Küchenchef die »Rezeptur« für die Häftlinge willkürlich festlegte und gewisse Mengen an die SS-Küche abgab.

Nach einigen Wochen meiner Beschäftigung in der Küche erfuhr ich von den Machenschaften des Küchenchefs. Durch größere Erschießungs- oder Vergasungsaktionen (als Folge der Selektionen im Krankenbau) verursachte »Überplanbestände« an Lebensmitteln lieferte er nicht nur an die SS-Mannschaftsküche für die auf den Wachtürmen eingesetzten Soldaten, sondern auch zur Versorgung der SS-Offizierskantine. Auf diese Weise war er der Kommandantur gegenüber gedeckt und konnte machen, was er wollte. Diese Situation wurde von den Köchen ausgenutzt.

Die Stärkemeldungen, die der Küchenchef und der Kapo des Lebensmittellagers Leo (Leon Wierzbicki, Nr. 845) täglich aus der Lagerkanzlei bekamen, unterschieden sich von der tatsächlichen Belegung um 600 oder gar 1600 Mann. Diese Unterschiede entstanden im Laufe eines einzigen Tages. Morgens betrug der Häftlingsstand z. B. etwa 25 000 Mann, während es abends durch »Arbeitsunfälle« in den Kommandos, durch Todesfälle im Krankenbau, durch Erschießungen, Selektionen usw. vielleicht »nur noch« 24 000 waren. Die Rationen waren für 25 000 vorgesehen; die Differenz übernahmen die anderen Häftlinge. Einen Teil rissen die Funktionärshäftlinge in den Blocks (Blockälteste, Kapos, Stubenälteste) an sich, während ein erheblicher Teil von den Köchen und den in den Lebensmittellagern beschäftigten Häftlingen übernommen werden konnte. Als gewöhnlicher Lagerhäftling hatte ich davon keine Ahnung gehabt. Als Koch – genauer gesagt, als Küchengehilfe – war ich nur Zeuge dieser Vorgänge. Denn die meisten Lebensmittel für die Häftlinge im Krankenbau bzw. in den verschiedenen Kommandos »besorgten« oder »organisierten« die beiden Vorarbeiter (Chmura und Szymanek), die ganz genau wußten, daß ihnen beim Verteilen der Suppe die Möglichkeit gegeben war, ihren ausgehungerten Leidensgefährten zu helfen.

Ein Zufall fügt es, daß ich zum Abfüllen der Suppe noch zwei eiserne 50-l-Behälter brauchte. Es mangelte oft an Gefäßen für die Suppe. Daher war es ganz normal, wenn man sich Fässer in der Küche besorgte. Die Köche stahlen sich gegenseitig die Gefäße. Sie wollten die Kessel so schnell wie möglich ausscheuern, damit sie für die nächste Suppe oder den »Tee« vorbereitet waren. Diese Arbeit wurde in einem unablässigen Tempo ausgeführt. Auf der Suche nach leeren Gefäßen entdeckte ich in der Nähe des Eingangs zur Küche zwei eiserne Kessel. Da ich niemanden in der Nähe erblickte, ging ich unwillkürlich darauf zu und öffnete den Deckel des einen Behälters.

Wie groß aber war mein Erstaunen, als ich sah, daß in dem zur Hälfte mit Zucker gefüllten Kessel mehrere Würfel Margarine lagen. Rasch machte ich den Deckel wieder zu. Dennoch überraschte mich der aufmerksam die Situation in der Küche überwachende Chmura, der ausgerechnet in diesem Augenblick zusammen mit drei Häftlingspflegern aus dem Krankenbau die Küche betrat. »Was machst du denn hier, mein Sohn? Verschwinde, aber dalli!«

Als ich mich abwandte, hörte ich die Stimme Chmuras: »Das sind die beiden Kessel für die Schonung. Also weg damit. Los!«

Die Pfleger packten die Griffe der Kessel und verließen eilig die Küche. Dies geschah gerade noch zur rechten Zeit, denn plötzlich tauchten SS-Mann »Bubi« und Kapo Franz auf. Vor allem der zweite konnte gefährlich werden. Franz war Küchen-Kapo und gleichzeitig als Kapellmeister für das Lagerorchester verantwortlich. Wenn er auch nur den geringsten Verstoß gegen die Lagerordnung oder das Organisieren von Lebensmitteln bemerkte, schlug und mißhandelte er häufig seine Mitgefangenen. Er war den SS-Leuten zu Diensten, weil er vorzeitig entlassen werden wollte.

Ich machte mich gerade an das Scheuern des Kesselrandes, als Kapo Franz unerwartet zu mir trat. Ich unterbrach meine Tätigkeit und nahm Haltung an. »Ach, du bist also der Neue«, wandte er sich auf Deutsch an mich, obwohl er Pole war. Ich antwortete, daß es so sei. »Und woher kommst du?« lautete die nächste Frage. »Aus Poznań«, gab ich zurück. »Aus Posen bist du, nicht aus Poznań!« brüllte er wütend und schlug mir ins Gesicht. »Das nächste Mal, wenn dich ein Vorgesetzter auf Deutsch anspricht, dann hast du auf Deutsch zu antworten! Verstanden?« »Jawohl!« gab ich erschrokken zurück. Er verschwand, aber insgeheim wünschte ich, daß ihn der Schlag treffen möge, diesen Verräter und Renegaten. Seit dieser Begegnung mied ich Franz wie ein gebranntes Kind das Feuer und hielt mich so fern von ihm wie möglich. Von ihm hing es ab, ob ich weiterhin in der Küche bleiben konnte. Leo, der als Kapo des Lebensmittellagers manchmal Franz vertrat, hatte ihm bestimmt gesagt, daß ich aus Poznań kam, denn er stammte selbst aus dieser Stadt. Andererseits weiß ich selber nicht, warum ich Franz auf seine Frage in Deutsch auf Polnisch geantwortet habe.

Nach der ersten Arbeitswoche in der Lagerküche kam ich langsam zu mir. Durch die bessere Verpflegung wurde ich wieder kräftiger. Ziemlich schnell bekam ich Muskeln beim ständigen täglichen Schleppen der Lasten, beim Anheben und Verladen der Fässer und Kessel. Ich wunderte mich selbst, daß ich dieser Arbeit, die nicht gerade zu den leichtesten gehörte, gewachsen war. Sie bot jedoch die

Möglichkeit und die Aussicht zu überleben. Und das war das Wichtigste, es war die Triebkraft zum Durchhalten.

Die Arbeit der Köche war in zwei Schichten organisiert. Jeden zweiten Sonntag hatte ich »frei«. Ich konnte mich ins Lager begeben und mich mit Kollegen treffen. Wieczorkowski entdeckte ich ohne Mühe. Ihm und Szpryngier brachte ich heimlich Suppe aus der Küche mit. In unseren Gesprächen war uns am wichtigsten zu erfahren, was an der Front geschah. Die Deutschen waren unablässig im Vormarsch. Obwohl die Russen eine erfolgreiche Verteidigung organisiert und die deutschen Truppen vor Moskau zum Stehen gebracht hatten, gab es keine Aussicht auf eine rasche Beendigung des Krieges. Bei den Kämpfen in Afrika trugen die Deutschen noch Siege davon.

In unseren Gesprächen überlegten wir uns, wie man etwas aus der Küche herausschmuggeln könne. Beim Gang über den Appellplatz stieß ich auf Staszek (Stanisław) Bzowski aus Częstochowa, den Sohn der »Großmutter«, die mich seinerzeit von Krakau aus eskortiert hatte. Staszek, der früher verhaftet worden war als ich, sah sehr schlecht aus. Er war ins Kommando Buna-Werke gekommen, wo damals entsetzliche Bedingungen herrschten und beim Bau der Kautschukwerke in Auschwitz mörderisch gearbeitet wurde. Selbstverständlich vereinbarte ich mit ihm, wo und wann er in die Nähe der Küche kommen sollte, um Brot in Empfang zu nehmen. Von diesem Augenblick an trafen wir uns zwei, drei Mal in der Woche nach Einbruch der Dämmerung. Ich warf ihm vom Toilettenfenster des Magazinflügels aus ein Stück Brot zu und freute mich, als sich sein Aussehen nach einiger Zeit sichtlich verbessert hatte. Dann dachte ich an den Monat zurück, als mein Vater noch gelebt hatte. Ich überlegte mir, daß er wahrscheinlich noch leben könnte, wenn ich früher in der Küche gearbeitet hätte. Das Schicksal hatte es aber anders gewollt.

In der Küche lernte ich viele gute Kameraden kennen. Neben Pietrek Przybylski waren das Lutek Sobieraj, Andrzej Rablin, Józef Gryszkiewicz, Edward Liszka, Wiśniowski, Urbański und Styczyński – alle älter als ich. Sie verhielten sich mir und den gleichaltrigen Kollegen gegenüber sehr verständnisvoll und besorgt. Michał Piękoś (Spitzname »Bzum«) arbeitete gemeinsam mit Tadeusz Job (»Jarosławski«), Czajkowski und Szczudlik am Kessel nebenan. Er verstand es, mit seiner vitalen Fröhlichkeit unsere oft traurigen und bedrückten Gesichter aufzuheitern. Seine Witze nannten wir »Bzums«. Er sprühte stets vor witzigen Einfällen, die es uns leichter machten, die Mühen des endlosen Tages zu ertragen. Im Küchenkommando herrschte eine gute, solidarische Atmosphäre gegenseitigen Wohlwollens. Dies war vielleicht dadurch bedingt, daß die meisten in der Küche Beschäftigten ehemalige Soldaten von Widerstandsorganisationen und Pfadfinder waren. Ein Teil von ihnen gehörte zu den Häftlingen des ersten Auschwitz-Transports.

Sie hatten den schlimmsten Zeitraum im KZ Auschwitz hinter sich und wurden daher von den anderen voller Achtung und Anerkennung behandelt. Sie hatten nämlich mehr durchgemacht und waren länger gepeinigt worden, bevor man sie zu Köchen avanciert hatte. Zu dieser Gruppe gehörten E. Cyba, B. Dutka, M. Albin, A. Piotrowski, E. Golik, T. Niedzielski, K. Jędrosz, S. Łapiński und andere.

Im allgemeinen waren sich die Köche der Verantwortung und der Rolle bewußt, die sie ihren Kollegen gegenüber in diesem Todeskombinat zu erfüllen hatten. Durch den Umgang mit Lebensmitteln rückten sie in den Rang der privilegierten Häftlinge, der sogenannten Lagerprominenz, auf. Zu ihnen zählten hauptsächlich Blockälteste, Kapos, Schreiber und die im Arbeitseinsatz und beim Arbeitsdienst beschäftigten Häftlinge. Die Letztgenannten mußten keine schwere Arbeit verrichten. Sie waren nicht solchen Gefahren ausgesetzt wie die Köche, die neben ihren zahlreichen Pflichten die Verantwortung beim »Organisieren« von Lebensmitteln auf sich nahmen. Die Köche übten keine Aufseher- oder Verfolgerfunktionen aus. Daher beruhte ihr »Prominentencharakter« auf anderen Grundlagen und hatte andere Bedeutung. Sie traten anderen ihre Portionen ab und organisierten – oft aus eigenem Antrieb heraus und auf eigene Faust – Lebensmittel für ihre Freunde und Gefährten im Lager, die ihnen so manches Mal das Weiterleben oder gar das Überleben zu verdanken hatten.

Das gemeinschaftliche »Organisieren« von Lebensmitteln konzentrierte sich meist auf den Häftlingskrankenbau. Beteiligt war daran – aus verständlichen Gründen – nur ein kleiner Kreis von Eingeweihten in der Küche und in der Kartoffelkammer. Für das Sicherstellen und illegale Aufbewahren der Lebensmittel in der Endphase standen mehrere Ärzte und Pfleger zur Verfügung.

Ich wollte nicht nur ein tatenloser Zeuge dieser Maßnahmen sein.

Bei einer sich gerade bietenden Gelegenheit, als der Küchenchef mehrere Köche und mich herbeirief, um Würste vom Rollwagen ins Küchenmagazin zu bringen, »organisierte« ich mehr als 20 Würste. Vom abgestellten Rollwagen bis zum Lager war es nicht weit, etwa 15 m. Anfangs lud ich mir ruhig 15 bis 20 Würste auf und brachte sie – so, wie die anderen – ins Magazin. Der Rollwagen war voll beladen, aber der Wurstberg schmolz ziemlich rasch zusammen. Ich mußte mich entscheiden. Beim Rollwagen standen drei SS-Leute mit dem Chef, im Magazin zwei. Die einzige Möglichkeit bestand darin, etwas nicht ins Magazin zu bringen. Irgend jemand von den Köchen ließ wegen zu hohen Drucks gerade Dampf aus einem Kessel ab. Bei meiner nächsten Runde zum Rollwagen nahm ich einen ganzen Arm voll Wurst in Empfang, verschwand aber – anstatt im Magazin – in den dichten Dampfschwaden. An der Wand entdeckte ich ein 100-l-Faß und ließ geschickt den ganzen Armvoll Wurst hineingleiten. Nach einer Weile kehrte ich zum Rollwagen zurück und brachte die nächste Ladung Wurst ordentlich ins Magazin. Ich hatte etwas weiche Knie und spürte die prickelnde Erregung des Risikos.

Unterdessen verzog sich der Dampf, während das unglückselige Faß dicht bei der Tür stand. Meine Gefährten beendeten das Abladen, und der Chef mußte jeden Augenblick in sein Kontor in der Küche zurückkehren. Das Faß stand neben einem Kessel, für den ich nicht verantwortlich war. Ich brachte einen Gefährten in Gefahr. Es gab keinen anderen Ausweg. Ein paar Meter weiter erblickte ich einen Wagen für den Transport der Kartoffelfässer. Ich entfernte mich von meinen Kollegen, die den Rest der Wurst wegbrachten, schnappte mir das Faß mit den Würsten und rollte es zu dem Wagen. Ich lud es auf, stellte noch zwei Fässer von Wołąsewicz (»Góral«) hinzu, zwinkerte dem nebenan stehenden Jędrosz aus Sosnowiec zu und fuhr quer durch die Küche zum Gemüselager. Unterwegs begegnete ich SS-Mann Taube. »Was ist mit diesen Fässern?« fragte er mißtrauisch. »Man hat mir befohlen, sie ins Gemüselager zu bringen«, log ich, ohne mich lange zu besinnen. »Ab!« sagte er, und ich atmete auf. Vor Aufregung brach mir der Schweiß aus. Die Füße wollten mir nicht gehorchen.

Schwungvoll fuhr ich in die Gemüsekammer und suchte hastig nach »Puzon« (Cyba), der gerade zur Strafe wegen irgendeines Verstoßes in der Küche, beim Gemüseputzen, eingesetzt war. Er war ein guter Kumpel, ein verdienstvoller »Organisator«. Als ich ihn entdeckte, stieß ich leise heraus: »Genek, nimm das alles! Bewahr es auf! Gib es denen, die es brauchen. Für meine Kollegen laß eine zurück! Na, Puzon?!« (»Posaune« nannten wir ihn wegen seines Äußeren und seiner Größe.)

»Puzon« schaute ins Faß, und ihm blieb die Spucke weg. »Wir haben keine Zeit. Laß das verschwinden!« sagte ich. Und ohne abzuwarten, was er entgegnete, kehrte ich im Galopp zu meinem Kessel zurück, um nicht aufzufallen. Piertrek hatte das Geschehen von weitem verfolgt. Er begrüßte mich mit den Worten: »Du bist vielleicht ein durchtriebener Strolch! Ich hab gar nicht gewußt, was für einen Helfer ich habe!« Lutek, er arbeitete neben uns, kam herbei und meinte: »Na Tadek, jetzt hast du dich bewährt. Nun bist du endgültig einer von uns.« Ich wurde rot. »Doch, doch«, holte Lutek weiter aus, »der ganze Witz besteht darin, daß sie die Kartoffeln und Rüben nie gezählt bekommen. Aber Wurst und Margarine verstehen sie schon besser zu kontrollieren. Das sind Deutsche, gründlich und gewissenhaft. Im Magazin erweist sich nun, daß irgend etwas fehlt, was in der Fleischerei ausgeliefert worden ist. Sie werden überlegen und überlegen, aber ihnen wird jetzt nichts einfallen. Sie werden es halt verschleiern müssen. Sie haben nichts bemerkt, obwohl sie die ganze Zeit am Rollwagen, im Magazin und beim Tragen dabei gewesen sind. Ha, ha, ha, da hast du ein dickes Ding gedreht!« klopfte er mir freundschaftlich auf die Schulter. »Ist ja gut«, wandte Pietrek ein. »Aber für so ein Ding hätten sie ihn ...« – hier machte er mit der Hand die Bewegung des Halsabschneidens – »einen Kopf kürzer machen können. Und ich hätte wieder keinen Gehilfen gehabt.«

Wir lachten alle und kehrten an unsere Arbeit zurück. Ich freute mich, daß es mir gelungen war. Etwas Angst hatte ich, ob mich nicht jemand verraten würde. Aber nein. Zu dieser Zeit gab es in der Küche keine Spitzel. Es hatten übrigens nur wenige Kollegen gesehen, was geschehen war. Das ganze Problem bestand eben darin, daß man ohne Zeugen »organisierte«. Man durfte sich nie hundertprozentig auf andere verlassen.

Einige Tage später erkrankten mehrere Köche an Typhus. Trotz der besseren Verpflegung, trotz der verhältnismäßig sauberen Stuben, in denen sie sich nach der Arbeit ausruhten, hatte die Epidemie auch sie erwischt. In den Häftlingskrankenbau wanderten Andrzej

Rablin und Edward Liszka aus Krakau, später dann Genek Cyba und Mietek Albin. Unter der Bedienungsmannschaft der am nächsten stehenden Kessel gab es einen Häftling, den wir »Stahlschnauze« nannten – wegen seiner auffälligen Silberzähne. Das war Czajkowski, ein Offizier des polnischen Heeres. Er gehörte zu den erprobten, tatkräftigen Kollegen, die ihren Freunden im Lager halfen. Eines Tages wurde er zusammen mit Szczudlik, einem weiteren Koch, in die Politische Abteilung gerufen. Nachmittags erfuhren wir, daß man sie erschossen hatte. Kurze Zeit später wurde Maurycy Potocki, der erst nach mir ins Küchenkommando gekommen war, in den Block 11 gerufen. So wie die beiden andern, kehrte auch er nicht zurück. Das Privileg, essen zu dürfen, bedeutete nicht für alle das Privileg, am Leben zu bleiben.

Zwei Wochen später wäre es beinahe zu einer weiteren Tragödie gekommen. Aus dem Krankenbau bekamen wir die Nachricht, daß Rablin, Liszka, Cyba und Albin, die die Fieberkrise des Typhus überstanden hatten, sich aber vor Erschöpfung noch nicht rühren konnten, auf die Liste der zur Vergasung vorgesehenen Häftlinge gesetzt worden waren. In der Küche brodelte es. Schließlich waren es geschätzte, bei allen beliebte Kollegen. In die Bemühungen, den Küchenchef dazu zu bewegen, sich für sie einzusetzen, schalteten sich unsere älteren Kollegen ein, unter anderem A. Piotrowski, T. Chmura und L. Werwicki. Zuerst wollte der »Onkel«, unser Chef, überhaupt nichts davon hören, daß er vorstellig werden sollte. Aber die »Argumente« der Häftlinge, die seine Schwächen und Fehltritte kannten, bewogen ihn dazu, daß er sich persönlich zum SS-Arzt Entress begab und in letzter Minute, als die Lastwagen bereits am Infektionsblock 20 vorfuhren, um die unglückseligen Kranken abzuholen, die Zurückstellung der Köche erwirkte. Nach einiger Zeit konnten wir die Rekonvaleszenten wieder in unseren Reihen begrüßen. Wieder einmal hatten Solidarität und Kameradschaftlichkeit der durch dasselbe Schicksal miteinander verschworenen Menschen gesiegt. Die Freude über die Rückkehr der Geretteten war ungeheuer.

An Arbeit mangelte es in der Küche nie, und ständig trafen neue Transporte aus ganz Europa im Lager ein. Es überwogen die Insassen vieler jüdischer Ghettos. Kinder, Greise und Frauen füllten mit ihren Leibern die Gaskammern, die man inzwischen in Birkenau errichtet hatte. Obwohl man die dortige Küche ausgebaut hatte und in den Lagern einen Teil der von den Transporten mitgebrachten Lebensmittel aufbewahrte, gab es doch so viel davon, daß man beträchtliche Mengen ins Stammlager weiterleitete, vor allem Brot und Marmelade. Die Lagerkommandantur, der an der raschen Inbetriebnahme der Buna-Werke gelegen war, wies an, die mitgebrachten Nahrungsmittel in der Küche zu »Brotsuppe« zu verkochen. Sie sollte als Zusatzverpflegung für die beim Bau der Fabrik eingesetzten Häftlinge dienen. Langsam zeichnete sich ein Wandel in der Behandlung der Häftlinge ab. Die Arbeitskräfte mußten entsprechend verpflegt werden, wenn sie die von der SS festgesetzten Leistungen erbringen sollten. Erschießungen und Vergasungen gingen weiter, aber die Häftlinge, denen man – selbstverständlich vorübergehend – erlaubt hatte zu arbeiten, bekamen, wenn sie von der SS als Schwerarbeiter eingestuft waren, nach und nach Zusatzverpflegung in Form von Brot, Wurstzipfeln, Käse und verschiedenen Suppen.

Beim Kochen der Brotsuppe mußte man aufpassen, damit sie nicht anbrannte; sie mußte ununterbrochen gerührt werden. Obwohl die angelieferten Zutaten vorher kontrolliert wurden, waren im Brot manchmal Geldscheine und verschiedenartige Kleinigkeiten versteckt. Das Papiergeld schwamm dann oben auf der Suppe. Franken, Gulden, Kronen, Pengös – das war kein Geld, das Interesse erweckt hätte, und so diente es als Feueranzünder für den Herd. Dollars gelangten seltsamerweise nicht in die Küche. Die SS-Kontrolle mußte sie früher beim Sortieren herausgefischt haben. Wertgegenstände stellten im Lager immer eine Gefahr dar.

Es gab aber Häftlinge, die dieses Risiko auf sich nahmen. Uns erreichten Mitteilungen über Kollegen aus dem Lager, die man mit aufbewahrten Wertsachen oder Geld erwischt hatte. Das wagten sowohl deutsche Funktionärshäftlinge als auch einige der höhergestellten Häftlinge anderer Nationalität. Oft endete ihr Versuch mit einem Verhör in der Politischen Abteilung, mit Einweisung in den Bunker oder in die Strafkompanie. Aber konnte man sich eigentlich darüber wundern? Einige Häftlinge, die schon länger im Lager waren, glaubten, daß sie nun nach so langer Zeit auch weiterhin durchhalten würden. Mit den riskanterworbenen Wertsachen wollten sie sich einen relativen Wohlstand in der Freiheit sichern. Darüber hinaus gab es verbotene Handelsbeziehungen unter den Häftlingen, bei denen das Motto »ich geb dir dies, du gibst mir das und das« das normale Vorgehen umriß. Dies nannte man die »Börse« oder den »Schwarzmarkt«.

Ich selbst war nur eine Schachfigur, zu jung, um die Erwachsenen, ihr Handeln und ihre Überlegungen zu verstehen. Von Kollegen erfuhr ich, daß einige ältere Häftlinge »für alle Fälle« Wertsachen anhäuften, denn es konnte ja sein, daß sie einem beim Transport in ein anderes Lager, bei vorfristiger Entlassung oder bei einer Flucht zugute kommen würden. Unter den Tausenden von Häftlingen gab es die verschiedensten Menschen, mit unterschiedlichen moralischen und ethischen Vorstellungen, oft im Widerstreit mit der Moral überhaupt. Vielen Häftlingen hatte die Gestapo bei der Verhaftung alles weggenommen, nicht selten den ganzen Besitz beschlagnahmt. Dasselbe geschah den Häftlingen jüdischer Abstammung. Zuerst hatte man sie in den Ghettos beraubt und dann bei der Einlieferung ins Lager. Man hatte ihnen alles abgenommen, und meist stammten die Wertgegenstände im Lager von ihnen. In Koffern, Kleidung, Brot oder Kosmetika versteckte Banknoten wurden früher oder später entdeckt – entweder von den SS-Aufsehern beim Sortieren (im Effektenlager »Kanada«) oder aber zufällig beziehungsweise beim genauen Durchsuchen von anderen Häftlingen.

Die Wunschträume einiger kreisten – außer um die Freiheit, dem kostbarsten Gut – um finanzielle und andere Mittel, die in Freiheit der Bequemlichkeit und der Sicherheit dienen sollten. Unter den Gegebenheiten des Lagers konnten diese Mittel das Leben zeitweise verlängern, manchmal bewahren, aber auch zugrunde richten. Trotzdem waren dies die Wunschträume einer sehr beschränkten, sehr kleinen Gruppe privilegierter Häftlinge, von Funktionärshäftlingen und einigen Lagerprominenten, vorwiegend Deutschen, in geringerem Umfang von Polen, Tschechen oder Juden. Die verschiedenartigsten Einstellungen, Verhaltensweisen und verwirrten Begriffe hatten Einfluß darauf, daß mein Bewußtsein reifer wurde. Meine Gedanken machten nicht bei goldenem Schmuck und grünen Banknoten halt. Aus meinem Elternhaus hatte ich die Überzeugung davongetragen, daß Geld nicht glücklich mache. Wahrscheinlich unterlag ich deshalb nicht der Versuchung, irgend etwas zu sammeln.

Es trafen immer mehr Häftlinge ein. Das wirkte sich auch auf die Arbeitszeit in der Küche aus, sie wurde länger. Aber dagegen war kein Kraut gewachsen. Die Häftlinge mußten essen, nicht zuviel und nicht zuwenig – so, daß sie zum Nutzen des »Dritten Reiches« und ihres Führers arbeiten konnten.

Eines Tages bekam ich von Chmura den Auftrag, gemeinsam mit Liszka, der in der Nähe von Pietreks Kessel arbeitete, einen kleinen Tisch in das Küchenmagazin zu bringen, den der Chef des Magazins brauchte. Ich war nie im Magazin gewesen, ausgenommen beim denkwürdigen Fortschaffen der Wurst. Ohne Genehmigung hatten die Köche dort keinen Zutritt. Wir stellten das Tischchen an der Wand ab. Im Magazin waren keine SS-Leute, nur Szelest, der Vertraute des Chefs. Er war damit beschäftigt, Mehlsäcke zu zählen. Liszka, der ihn von Krakau her kannte, sprach ihn an, ob es nicht etwas zu organisieren gäbe. Inzwischen zwinkerte er mir zu und deutete zu einem Tisch hinüber, auf dem abgepackte Margarinewürfel lagen. Ich zögerte keinen Augenblick und schob drei Stücke hinter den Hosengürtel unter der Arbeitsjacke. Szelest drohte uns: »Macht bloß keine Dummheiten! Gleich kommt der ›Onkel‹. Also fort mit euch! Ihr habt das Tischchen hergebracht und jetzt zurück an die Arbeit. Aber dalli!«

Liszka schob das von uns herbeigeschaffte Tischchen auf ihn zu, versperrte ihm so den Weg zu uns und meinte beruhigend: »Ist ja schon gut, Kaziu. Wir gehen ja schon.« Er drehte sich urplötzlich um und ergriff, bevor Szelest es mitbekam, zwei im Regal liegende Würste. Kaum hatte er sie in der Hose verschwinden lassen, da stand auch schon der Chef persönlich in der Tür. Mir wurde heiß. Die Margarinewürfel unter meinem Gürtel schienen mich zu verbrennen. »Was macht ihr denn hier?« fragte der SS-Mann mißtrauisch. Liszka antwortete auf der Stelle, ebenfalls ziemlich laut: »Wir gehen gerade. Wir hatten den Befehl, das Tischchen herzubringen. Das haben wir getan.« »Onkel« musterte den kleinen Edek drohend und meinte: »Na gut, aber was hast du denn hier?« Dabei deutete er auf den vorstehenden Bauch Edeks. Der Zipfel einer versteckten Wurst stand als kleine, verdeckte Wölbung hinter dem Gürtel hervor. In diesem Augenblick hatte ich keinen Zweifel mehr, daß wir geschnappt worden waren. Doch Liszka war mit allen Wassern gewaschen. Er zog blitzschnell den Bauch ein, so daß die Wurst vom Gürtel in die Hosen rutschte, deren Beine in seine Gummistiefel gestopft waren. Dort blieb sie in den Falten stecken. Auf der Stelle ging er zum Angriff über: »Sehen Sie doch selbst, Chef. Bitte, sehen Sie sich das an!« Mit diesen Worten ging er auf ihn zu und streckte den Bauch hervor.

Das sah so komisch aus, daß sich der »Onkel« auf die Lippen biß, um nicht laut loszulachen. Er winkte ab und brummte: »Hau ab, aber los!« Wie von Hornissen gestochen, verließen wir das Magazin. Ich atmete tief aus. Dieser Edek hatte es faustdick hinter den Ohren. Zurück am Kessel, schnappte ich mir eines der Fässer und zwinkerte Pietrek zu. Er hatte verstanden. Ich rollte das Faß in die Kartoffelkammer. Diesmal bewahrte Adam Różycki an den Bottichen die Magarinewürfel auf. Einen davon teilte er sich mit den Arbeitskollegen seines Kommandos, zwei brachte er nach der Arbeit zu Wieczorkowski. Die benachbarte Kartoffelkammer bot den Köchen die Möglichkeit, sich des Schmuggelguts, das man sich in der Küche oder im Magazin besorgt hatte, rasch zu entledigen.

In der zweiten Hälfte des Jahres 1942 und in der ersten des Jahres 1943, als das Lager mit mehreren Zehntausend Häftlingen belegt war, bekamen die in der Kartoffelkammer beschäftigten Häftlinge offiziell oder inoffiziell alle Restbestände der Suppe, die in der Küche gekocht wurde. Viele Häftlinge hegten den Wunsch, in dieses Arbeitskommando zu kommen, weil man dort den Hunger stillen konnte. Kapo Lisowski (Tadeusz Lisowski, Nr. 329) teilte die zusätzlichen Suppen- und Brotrationen, die den Beschäftigten des Kartoffelschälerkommandos von den Köchen zugeschmuggelt werden konnten, gerecht unter alle auf. Er kümmerte sich auch darum, daß heruntergekommene, schwache und ausgezehrte Häftlinge nach überstandenem Typhus oder aus dem Schonungsblock in dieses Kommando aufgenommen wurden.

Er war ein hervorragender Mensch, der durch seine Deutschkenntnis und sein anscheinend rauhes Verhalten geschickt den Lebensmittelschmuggel über die Kartoffelkammer verschleierte. Ihm war es zu verdanken, daß etwa 25 Prozent der heimlichen Lebensmittellieferungen aus der Küche die Häftlinge des ihm unterstehenden Kommandos erreichten, und daß der Rest zu gegebener Zeit weitergeleitet wurde, meist in den Häftlingskrankenbau. Im Saal der Typhuskranken von Janusz Młynarski im Block 20 und in der Leichenhalle im Block 28 von Julek Kiwała wurden die geschmuggelten Lebensmittel aus der Küche am häufigsten aufbewahrt. Ärzte oder Pfleger befaßten sich mit der Verteilung an diejenigen, die es am

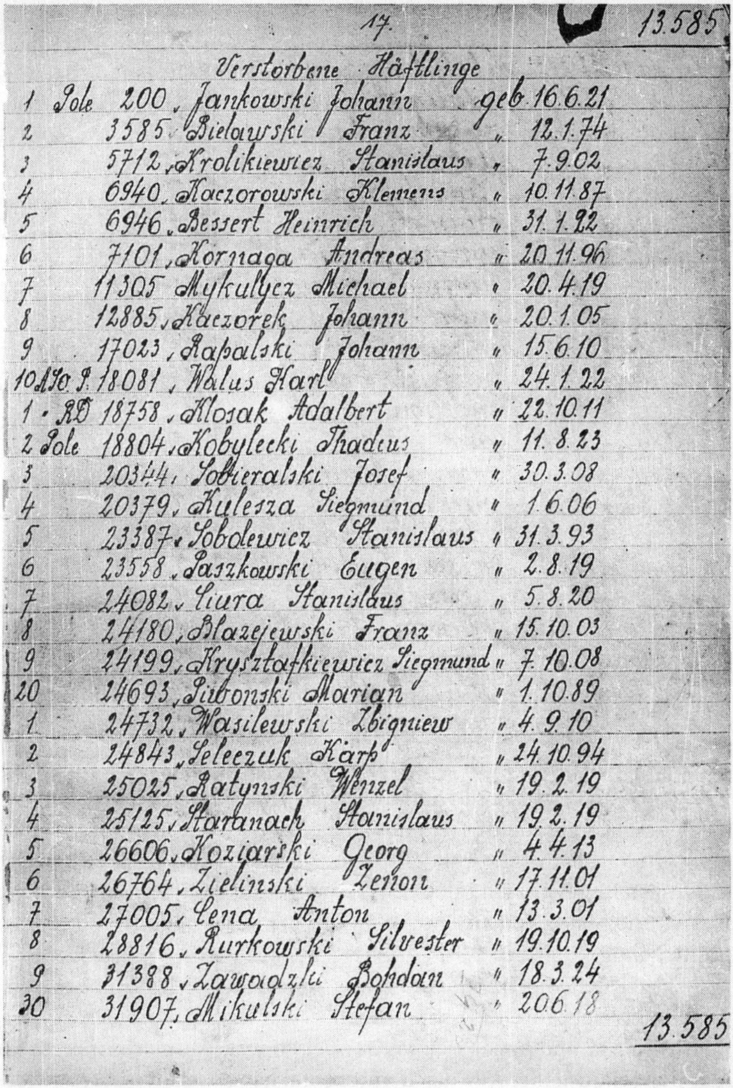

17. 13.585

Verstorbene Häftlinge

1	Pole	200.	Jankowski	Johann	geb.	16.6.21
2		3585.	Bielawski	Franz	"	12.1.74
3		5712.	Krolikiewicz	Stanislaus	"	7.9.02
4		6940.	Kaczorowski	Klemens	"	10.11.87
5		6946.	Bessert	Heinrich	"	31.1.22
6		7101.	Kornaga	Andreas	"	20.11.96
7		11305	Mykulycz	Michael	"	20.4.19
8		12885.	Kaczorek	Johann	"	20.1.05
9		17023.	Rapalski	Johann	"	15.6.10
10	A.Vo.P.	18081.	Walus	Karl	"	24.1.22
1	RD	18758.	Klosak	Adalbert	"	22.10.11
2	Pole	18804.	Kobylecki	Thadeus	"	11.8.23
3		20344.	Sobieralski	Josef	"	30.3.08
4		20379.	Kulesza	Siegmund	"	1.6.06
5		23387.	Sobolewicz	Stanislaus	"	31.3.93
6		23558.	Paszkowski	Eugen	"	2.8.19
7		24082.	Siura	Stanislaus	"	5.8.20
8		24180.	Blazejewski	Franz	"	15.10.03
9		24199.	Krysztafkiewicz	Siegmund	"	7.10.08
20		24693.	Sikonski	Marian	"	1.10.89
1		24732.	Wasilewski	Zbigniew	"	4.9.10
2		24843.	Seleczuk	Karp	"	24.10.94
3		25025.	Ratynski	Wenzel	"	19.2.19
4		25125.	Staranach	Stanislaus	"	19.2.19
5		26606.	Koziarski	Georg	"	4.4.13
6		26764.	Zielinski	Zenon	"	17.11.01
7		27005.	Lena	Anton	"	13.3.01
8		28816.	Rurkowski	Silvester	"	19.10.19
9		31388.	Zawadzki	Bohdan	"	18.3.24
30		31907.	Mikulski	Stefan	"	20.6.18

13.585

Abb. 9 KZ Auschwitz. Ausschnitt aus dem Stärkemeldungsbuch vom 20. 6. 1942 mit den Namen der im Lager verstorbenen Häftlinge, darunter der des Vaters des Autors (Zeile 15).

dringendsten benötigten. Lisowski wurde später erschossen. Mit den Worten »Noch ist Polen nicht verloren …« auf den Lippen starb er an der schwarzen Todesmauer. Es stellte sich heraus, daß er der Widerstandsbewegung des Lagers angehört hatte, jener geheimen Militärorganisation, die sich trotz des entsetzlichen Terrors im Lager das Ziel gestellt hatte, aktiv zu handeln, das hieß Mitgefangene zu unterstützen und Schwache und Kranke zu retten. Der Organisation gehörte eine Reihe von Offizieren, Soldaten, politischen Funktionären, Pfadfindern und Studenten an.

Aber die SS-Behörden waren wachsam, sie hatten ihre Spitzel und Zuträger. Von Zeit zu Zeit wurden Verdächtige in die Politische Abteilung gerufen und kehrten oft nicht wieder zurück. Bestimmt waren sich auch die SS-Leute in der Küche darüber klar, daß die Köche Lebensmittel »organisierten«. Es war aber schwer, sie zu erwischen, denn die Gruppe der Küchenarbeiter bildete trotz unterschiedlicher Herkunft und Überzeugung eine Gemeinschaft, die sich untereinander bestens verstand. Zu dieser Gruppe gehörten im Prinzip ausschließlich Polen, nicht eingerechnet der Renegat Franz Nierychło. Irgend etwas mußte aber zu den SS-Behörden durchgesickert sein, denn im Herbst 1942 brachte Rapportführer Palitzsch eines Tages direkt aus dem Krankenbau einen Häftling namens Dorosiewicz in die Küche. Ihm ging das Gerücht voraus, er stehe im Dienste der Lager-Gestapo. Palitzsch befahl dem Chef, Dorosiewicz in der Küche zu beschäftigen. Doch die Köche nahmen sich in acht. Sie verfolgten nahezu jeden Schritt des neuen Häftlings. Sie gaben seine Äußerungen von Mund zu Mund weiter und beobachteten sein Verhalten. Er hatte damals gerade den Typhus überstanden, war abgemagert und entkräftet. Allein schon die Tatsache, daß er vom Vollstrecker der Todesurteile, Palitzsch, dessen Namen man nur flüsternd, voller Angst und Schrecken aussprach, in die Küche gebracht worden war, sagte genug.

In der Küche herrschte eine etwas angespannte Atmosphäre. Alle bemühten sich, ihren Pflichten noch besser nachzukommen als bisher. Chmura und Szymanek verdoppelten ihre Aufmerksamkeit bei der Suppenausgabe. Aus der Befürchtung heraus, provoziert zu werden, wurde niemand in die Küche gelassen. Die Köche waren schließlich bestens erprobte, unter den Bedingungen des Lageralltags erfahrene alte Hasen. Unter den Augen von Dorosiewicz schafften

Andrzej Rablin und Tadek Chmura mehrfach volle Kessel mit Zusatzsuppe für die Pfleger des Krankenbaus aus der Küche fort. Nach vier Wochen wurde Dorosiewicz zum Landvermesserkommando verlegt. In der Küche kehrte wieder die entspannte Atmosphäre guter Kameradschaftlichkeit ein.

Mehrere Tage später fiel ich auf. Ich hatte mir von dem Berg des aus Birkenau in die Küche gebrachten Brotes – so, wie die anderen – ein kleines Stück Brot »aus der Freiheit« genommen. Es schmeckte eben anders, es roch nach Schwarzkümmel, gewöhnlichem Kümmel oder noch etwas anderem und hatte überhaupt den Geruch von Gebäck aus der Freiheit, nicht wie die lehmige Masse, aus der das Stück Lagerbrot bestand. Ich hatte ziemlich viel von meinem Stück gegessen und den Rest im Behälter am Kessel aufbewahrt. Nach dem Abfüllen der Suppe aus dem Kessel hatte ich mich flugs an das Scheuern gemacht und den Fußboden rings um den Kessel mit Wasser bespritzt. Dabei hatte ich nicht bemerkt, daß seitlich neben mir SS-Mann »Bubi« (Hoffmann) stehengeblieben war und zuschaute, was ich machte. Plötzlich trat er an den Kessel und fragte mich: »Und das, was ist denn das? Was hast du da versteckt?« Verwundert blickte ich auf, und erstarrte vor Schreck. Das Wasser, mit dem ich den Fußboden um den Kessel herum besprengt hatte, hatte den kleinen Brotrest aus dem Behälter nicht fortgeschwemmt. Dort lagen – von weitem zu erkennen – drei oder vier Krumen des nicht aufgegessenen Stücks. Der SS-Mann befahl mir, die Schublade des Behälters aufzumachen. Dort lag, wie zur Zierde, das Stückchen Brot. »Was hat denn das zu bedeuten? Mit welchem Recht wagst du es, Brot zu verstecken? Weißt du nicht, daß das verboten ist?« fragte er. »Jawohl, ich weiß das.« »Um so schlimmer für dich, wenn du es weißt«, meinte er und schlug mir mit voller Kraft rechts und links ins Gesicht. Als ich wieder Haltung angenommen hatte, schlug er noch zweimal zu, und als ich niederfiel, stieß er mich brutal mit den Füßen und zischte giftig: »Daß mir das das letzte Mal gewesen ist! Wenn ich dich nochmal erwische, fliegst du aus der Küche!« drohte er. Ich nahm vorschriftsmäßig Haltung vor dem SS-Mann ein und würgte ein »Jawohl!« heraus. Als er verschwand, pfiff Pietrek, der gerade vom Mittag zurückkehrte, verärgert durch die Zähne. »O Tadek, war das denn nötig?! Hast du das Brot nicht am Tisch essen können? Wozu ausgerechnet hier?« knurrte er vorwurfsvoll. »Ich wollte noch etwas von diesem Geruch haben, von der Freiheit«, murmelte ich. Pietrek blickte mich an und meinte dann: »Ach, du dummer Spinner! Wegen dieses Stückchens ›Freiheitsbrot‹ hättest du in der Strafkompanie landen können, von wo dich nichts und niemand gerettet hätte. ›Bubi‹ ist ein Schweinehund«, belehrte er mich. »Laß es gut sein, Pietrek«, bat ich ihn. »Es ist nun einmal passiert.« »Passiert, passiert!« äffte er mich nach. »Wenn er dich noch mal bei der kleinsten Kleinigkeit erwischt, fliegst du raus. Das wirst du sehen«, prophezeite mir hartnäckig mein Meister. »Vielleicht fliege ich nicht. Ich werde aufpassen!« versicherte ich ihm.

Und ich flog wirklich nicht aus der Küche. Dafür bekam ich drei Tage später ganz überraschend Fieber, das mich im Nu sehr schwächte. Nur mit Mühe konnte ich die Kessel und Fässer anheben. Chmura befahl mir, mich im Krankenbau zu melden. Man diagnostizierte Fleckfieberverdacht. Ich konnte es einfach nicht fassen. Vor einem Jahr hatte ich Typhus gehabt. Sollte man etwa zum zweiten Mal daran erkranken können? Wie auch immer, ich befand mich zum dritten Mal im Block 20. Man führte mich in einen der Säle. Dort kannte ich niemanden. Mir wurde Blut abgenommen zur Untersuchung, und ich wurde geröntgt. Das Fieber ging nicht zurück. Der SS-Arzt, der den Saal inspizierte, befahl, den Bettlägrigen irgendwelche Tabletten zu verabreichen und deren Wirkung auf den Organismus zu beobachten. Nachdem ich die Tabletten geschluckt hatte, wurde mir schlecht. Sie bewirkten, daß man sich übergeben mußte. Ich fühlte mich entsetzlich. Ein unweit liegender Häftling (T. Śnieżko), der sah, wie ich mich quälte, riet mir leise, die Tabletten nur dem Schein nach zu schlucken und sie heimlich wieder auszuspucken. Er wies darauf hin, daß der SS-Arzt möglicherweise Experimente an uns vornehme und daß man sich so dagegen wehren müsse, daß er es nicht merke. Ich richtete mich danach. Ein anderer Häftling, er lag über mir, bekam nachts einen Anfall und starb gegen Morgen. Verflucht noch mal, was waren das für Tabletten? Ich lag sieben Tage in dem Saal, in dem tatsächlich irgendwelche Typhusversuche durchgeführt wurden. Mir wurde noch zweimal Blut abgenommen, und dann wurde ich mit Śnieżko in einen anderen Saal verlegt, wo Janusz Młynarski Stubenältester war. Dort lagen Häftlinge vom ersten Transport – E. Niedojadło, J. Chlebowiski und J. Pierzchała. Ich fühlte mich etwas besser; und das um so mehr, als das Fieber nachließ.

Meine Arbeitskollegen aus der Küche – Cyba, Golik, Werwicki – brachten mir Zusatzverpflegung. Ich bekam so viel, daß ich allen anderen im Saal etwas abgeben konnte. Es kam eine bessere Stimmung auf, wir begannen von der Freiheit zu sprechen. Was ich machen würde, wenn ich aus dieser Hölle herauskäme. Das war ein nie endendes Thema unter den Genesenden. Als Jüngster im Saal, unter lauter älteren Mithäftlingen, erweckte ich nicht selten Mitleid. Die andern wußten, daß man meinen Vater umgebracht hatte, daß meine Mutter nach Ravensbrück gebracht worden war, und daß ihr weiteres Geschick ungewiß war. Oft dachte ich, daß auch sie umgekommen sei. Ich verriet niemandem, daß ich mich unter fremdem Namen im Lager befand. Das vertraute ich keinem an. Ich war in mich selbst verschlossen. Meine Gedanken waren einzig darauf ausgerichtet, mich nicht umbringen zu lassen. Ich wollte überleben. Gesteigert wurde dieser Wunsch, als sich meine körperliche Verfassung den Umständen entsprechend wieder besserte.

Nach zwei Wochen erfuhr ich vom Stubenältesten, daß ich Paratyphus gehabt hatte und vom SS-Arzt pharmakologischen Typhusexperimenten unterzogen worden war. Ich begann zu überlegen. Auch das hatte ich also hinter mir, ich hatte es ausgehalten. Ich hatte es überlebt und würde sicher wieder in die Küche zurückkehren. Dieser Gedanke erfüllte mich mit freudiger Erregung. Ich würde zu meinen Kollegen zurückkehren, zu den Menschen, in deren Kreis ich etwas Herzlichkeit und Wohlwollen gefunden hatte. Vielleicht hatte ich gerade unter ihnen daran zu glauben begonnen, daß ich überleben könnte. Bei ihnen fühlte ich mich nicht einsam und verlassen. Es schien mir, daß auch sie mich brauchten, und dadurch fühlte ich mich vielleicht am stärksten zu ihnen hingezogen.

Pietrek begrüßte mich fröhlich wie immer: »Na, endlich bist du da! Du bist nicht verreckt, du junger Spund, und das ist gut so. Hau ab, hol Kartoffeln. Aber dalli!« Ich lief mit dem Kartoffelfaß los. Das gelang mir nicht ganz so gut wie früher, denn ich hatte keine Übung mehr. Aber ziemlich schnell erlangte ich meine Form zurück. Die alltägliche Küchenarbeit begann erneut. Den Kessel füllen, kochen, abfüllen, saubermachen … und wieder von vorne. Immer wieder dasselbe. Einige Tage genügten, und ich vergaß, daß ich krank gewesen war.

Es nahte das nächste Weihnachtsfest. Für uns Häftlinge brachten diese Tage nichts Neues, außer sehnsüchtigen Gefühlen und Erinnerungen. Doch für die religiöser eingestellten Mitgefangenen war dieses schöne, mit langjährigen Traditionen verbundene Familienfest ein tiefes Erlebnis. Ich versuchte, nicht daran zu denken, daß ich weder Vater noch Mutter hatte, daß ich inmitten unablässiger Gefahren und Bedrohungen lebte. Einige erst frisch in der Küche eingesetzte Köche (J. Strzelecki, W. Skorupski, H. Zguda) brachten ein paar Neuigkeiten mit. Flüsternd gaben wir einander die Nachricht von den verbissenen Kämpfen bei Stalingrad weiter, wo die Russen die Deutschen endlich zum Stehen gebracht hatten und entschlossen den weiteren Vormarsch der Totenkopf-Einheiten abwehrten.

Als der Heiligabend gekommen war, bemerkte ich auf dem Tisch, an dem wir wie eine große Familie zusammen saßen, einige Tannenzweige; und das genügte, daß mir die Tränen kamen. Ich verdrückte mich auf die Toilette, um dort mit meiner Schwäche, meiner Einsamkeit und meinem Schmerz allein zu sein. Als ich am Ende zu den andern zurückkehrte, summten die Köche gerade »Stille Nacht, heilige Nacht ...« Ich konnte keinen Ton hervorbringen, doch irgendwie kam ich zurecht und konnte nach und nach meine Rührung unterdrücken.

Am ersten Feiertag kochten wir keine Kartoffeln. Es gab eine Art Gulasch. Viel Fleisch war nicht da, aber irgendwelche Reste und Innereien bereicherten das Gericht ein wenig, so daß auch die Häftlinge im Lager meinten, den Köchen sei die Suppe diesmal gut geraten. Dem Anschein nach waren es Feiertage, aber nicht für alle. Die Strafkompanie arbeitete, einige Kommandos ebenfalls. Ein Teil der Häftlinge hatte mehr Zeit, sich zu erholen.

In der Küche erwischte »Bubi« indessen einen der Köche dabei, als er Brot und Wurst in die Gemüsekammer schmuggelte. Der Unglücksrabe bat den Vorarbeiter Szymanek, er möge den SS-Mann anflehen, keine Meldung über ihn zu erstatten, sondern ihn nur zu bestrafen. Der SS-Mann ging – o Wunder – darauf ein und bedachte das Gesäß des Deliquenten mit zehn Stockhieben. Dann entließ er ihn aus der Küche.

Wohl irgendwann Anfang des neuen Jahres (1943) war das Aufstellen von vier zusätzlichen Kesseln beendet, und der Küchenchef brachte mehrere neue Häftlinge zur Arbeit mit. Es waren Ukrainer.

Man konnte sich unschwer denken, daß es darum ging, uns in Zwistigkeiten zu verwickeln. Gleichzeitig ging es darum, das »Organisieren« von Lebensmitteln durch die Polen einzuschränken. Aber die Zeit tat das ihre. Die Ukrainer waren ebenfalls Häftlinge und gleichfalls hungrig. Allmählich erlernten sie das Küchenhandwerk, und allmählich begannen auch sie zu »organisieren«, zwar nur kleine Mengen Brot oder Suppe, aber immerhin. Der Hunger war stärker. Einer von ihnen wurde vom Chef erwischt und sofort aus dem Kommando entfernt. Nach einiger Zeit begannen sowohl Polen als auch Ukrainer, ihr Schicksal – die keineswegs leichte Arbeit in der Küche – zu teilen; und ich kann mich nicht daran erinnern, daß es in der Zeit meiner Beschäftigung in der Küche zu irgendwelchen Reibereien oder Denunziationen zwischen uns gekommen wäre.

Anfang März 1943 gelangte die Nachricht in die Küche, daß die Politische Abteilung Listen für mehrere große Transporte in andere Lager vorbereite. Abtransportiert werden sollten die Häftlinge mit der größten Lagererfahrung, d. h. diejenigen, die schon am längsten im Lager waren. Die SS-Führung hatte wahrscheinlich Wind von den Anfängen einer Lagerwiderstandsbewegung bekommen und befürchtete Aufruhr. Die »alten« (niedrigsten) Nummern mußten beseitigt werden, weil sich unter diesen Häftlingen potentielle Anführer und Widerstandskämpfer befinden konnten. Ich war überrascht, als ich erfuhr, daß auch mein Name auf der Transportliste aus der Küche stand. Ferner waren Leszek Werwicki, Edek Golik, Mietek Albin, Jurek Strzelecki und andere aufgeführt. Auf die Transportlisten hatte man viele Häftlinge des ersten Transports und vorwiegend solche gesetzt, die in besseren Kommandos beschäftigt waren. Der SS-Arzt nahm eine kurze Begutachtung vor. Daher konnte man vermuten, daß kräftige, gesunde Häftlinge andere Lager und Fabriken verstärken sollten, wo es ständig an Arbeitskräften mangelte. Einige Häftlinge versuchten, vom Transport zurückgestellt zu werden. Obwohl sie gute Bekannte in der Lagerkanzlei hatten, gelang das nur in den seltensten Fällen.

Unter den meisten zum Abtransport vorgesehenen Häftlingen herrschte eine unruhige, nervöse Stimmung. Jeder von ihnen wußte, was er im KZ Auschwitz zu erwarten hatte. Jedes andere, unbekannte Lager war ein Rätsel. Unter den neuen Gegebenheiten mußten alle wieder von vorn, aus dem Nichts heraus ums Überleben kämpfen. Sie wurden Neuzugänge und würden allen Unbequemlichkeiten, allen Schwierigkeiten unterworfen sein, denen die Häftlinge seitens anderer, unbekannter SS-Leute und Kapos ausgesetzt waren. Für manche bedeutete es eine Degradierung auf der Leiter der Lagerfunktionen und des Einsatzes in guten Kommandos. Man brauchte sich also nicht zu wundern, daß die Aufregung groß war und daß erst der Abreisetag darüber entschied, ob ausnahmslos alle wirklich vom Transport betroffen waren. Einer der Transporte sollte nach Neuengamme gehen, der andere nach Buchenwald. Mir sagte der zweite Name gar nichts. Ich erfuhr lediglich, daß die Ortschaft irgendwo mitten in Deutschland, in der Nähe von Weimar, liegen sollte. Beide Transporte zählten jeweils 1000 Häftlinge. Ich gehörte zum zweiten – nach Buchenwald.

Am 10. März 1943 mußten wir in Marschkolonne neben der Küche antreten. Der Reihe nach gingen wir zu den im Magazin beschäftigten Häftlingen, die von einem Rollwagen aus ein halbes Brot und eine drittel Fleischkonserve pro Kopf an uns verteilten. Nachdem wir in unserem Kochgeschirr einen halben Liter »Kaffee« in Empfang genommen hatten, schlossen wir uns gemeinsam mit anderen der Kolonne an. In den Küchenfenstern tauchten die Gesichter von Pietrek, Lutek, Chmura und Szymanek auf. Sie winkten uns zum Abschied zu. Neben mir standen Leszek Werwicki, Jurek Strzeleki und Mietek Albin. Uns war irgendwie komisch zumute. Im Halse würgte es. Wir verließen das auf polnischem Boden gelegene Lager. Wir wußten, daß wir ins Innere eines Landes fahren sollten, das uns feindlich gesinnt war. So hatte ich mir das Verlassen des KZ Auschwitz nicht vorgestellt. Aber zu weiterem Überlegen blieb keine Zeit. Die SS-Leute gaben den Befehl »Im Gleichschritt marsch!«

Die Kolonne bewegte sich langsam auf den Bahnhof zu. Unterwegs gab ein SS-Mann die Anweisung »Ein Lied!«, aber irgendwie fing niemand an zu singen. Daraufhin sprangen mehrere andere SS-Leute auf die Marschierenden zu und zwangen die Häftlinge mit ihren Gewehrkolben, das blöde Lied »Im Lager Auschwitz war ich zwar ...« anzustimmen. Als wir die Rampe erreicht hatten, wo die Güterwagen bereitstanden, wurde uns befohlen, in Gruppen zu 50 Mann hineinzuklettern. Drei oder vier zur Beaufsichtigung eingesetzte SS-Leute zählten die Einsteigenden. Wie Vieh wurden wir hineingestoßen und eng zusammengepfercht.

Wir warteten, was weiter geschehen würde. Einige Häftlinge gerieten in Panik. Irgend jemand begann zu jammern, mit dem Transport, das sei nur fauler Zauber, und wir würden bestimmt irgendwo in die Gaskammern gebracht. Mir lief ein Schauder über den Rükken, aber nach einer Weile begann jemand laut zu überlegen: »Dann hätten sie uns nie und nimmer ein halbes Brot gegeben. Übrigens brauchen sie uns zur Arbeit. Nur kühlen Kopf bewahren! Noch ist das Ende für uns nicht gekommen!«

Im Innern des Waggons wurde es ruhiger. Später kamen auch die SS-Leute der Wachmannschaft herein, und der Zug fuhr an. Dicht zusammengedrängt, versuchten wir, uns irgendwie zum Schlafen hinzulegen. Das rhythmische Rattern der Räder schläferte uns ein, trug uns aber auch immer weiter fort von jenem Ort, der unsere Grabstätte hatte werden sollen.

Buchenwald

Der Zug blieb immer wieder auf den verschiedensten Abstellgleisen und kleinen Bahnhöfen stehen. Zum Austreten wurden wir einzeln aus dem Waggon gelassen. Wir fuhren die ganze Nacht, den ganzen nächsten Tag und noch eine Nacht lang, bis unser Transport schließlich am 12. März gegen Morgen auf einem Bahnhof anhielt, auf dessen Stationsschild in gotischer Schrift »WEIMAR« geschrieben stand. Die SS-Leute der Wachmannschaft begannen zu schreien: »Raustreten!« Und wie gewöhnlich stellten sie uns mit Kolbenstößen und Peitschenhieben in Fünferreihen zu einer Kolonne auf. Erst als die ganze Gruppe von SS-Leuten mit Hunden umgeben war, brachen wir auf. Der Weg führte uns ein Stückchen durch die Stadt. Es war Vormittag, auf den Straßen bewegten sich Menschen: Frauen, Männer und Kinder. Voller Verachtung und Ekel betrachteten sie unseren Zug der graublau gekleideten Häftlinge. Einige Halbwüchsige und Kinder hoben Steine auf und begannen, uns damit zu bewerfen. Dabei schrien sie: »Verfluchte polnische Banditen! Euretwegen haben wir diesen Krieg.« Erst als wir die Stadt verließen, wurde es ruhiger. Man hörte nur unser ungleichmäßiges Klappern der Schuhe und Holzpantinen auf dem Straßenpflaster oder dem Asphalt der Chaussee. Die SS-Posten ließen uns während des Marsches in Ruhe. Als wir uns jedoch nach zwei Stunden dem Lager näherten, ließen sie uns aufschließen und ordneten Gleichschritt an. Wieder hieß es: »Links, links! Links, zwo, drei vier...«

Weit vor uns tauchten niedrige Gebäude auf; in der Mitte ein kleiner, von einer Balustrade eingefaßter Turm, unter dem sich das Lagertor befand. In der Nähe des Eingangs standen mehrere SS-Offiziere. Es war unschwer zu erraten, daß dies unser neuer Lagerkommandant mit seinem Gefolge war. Von der Seite her brüllte ein SS-Mann: »Achtung! Mützen ab!« Und vorschriftsmäßig klatschten sie an die Hosennaht. Unsere Gesichter den »Totenköpfen« zugewandt, zogen wir an ihnen vorbei. Kurze Zeit später durchschritten die ersten Reihen das Lagertor, auf dem in eisernen Buchstaben die Inschrift »Jedem das Seine« zu lesen war. Wir überschritten also die Grenze eines anderen Lagers mit einer anderen Inschrift am Tor. Sollte dies etwa ein Lager sein, in dem die Gerechtigkeit darüber entschied, was jedem gebühre und daß jedem, also auch dem Häftling, etwas gebühre? Ich konnte den Sinn dieser Losung nicht recht begreifen.

Unterdessen mußten wir uns auf dem riesigen Appellplatz aufstellen und wurden nochmals gezählt. Es folgte eine kurze Ansprache des Lagerführers, deren wichtigste Sätze darin bestanden, daß wir nach Buchenwald gekommen seien, um zu arbeiten, und daß diejenigen, die sich an Ordnung und Disziplin hielten, entsprechend behandelt würden. Wer nicht gut arbeiten werde, der dürfe nicht mit Nachsicht rechnen.

Dann wurden wir zum Duschen gejagt. Wir bekamen frische Wäsche und wurden in Gruppen von mehreren Dutzend Mann in die Quarantäne (ins sogenannte Kleine Lager) gebracht. Ich kam in den Block 59. Das war eine Pferdestallbaracke von der Art, wie sie zu Dutzenden in Birkenau standen. Es überraschte mich, daß wir von den Funktionshäftlingen des Lagers, die uns befehligten, weder beim Appell noch beim Duschen noch bei der Einweisung in die Blocks angeschrien oder geprügelt wurden. Dieser positive erste Eindruck rief jedoch bei den Auschwitz-Häftlingen Beunruhigung und einen bösen Verdacht hervor. Wenn einem etwas gut vorkam, dann konnte es bald sehr schlimm aussehen. Wir kannten das perfide Vorgehen der SS-Leute. Dieser Anschein geringerer Unterdrückung hieß uns, vorsichtig und mißtrauisch zu sein. Beim Umziehen im Bad hatte ich meine Kollegen aus der Küche aus den Augen verloren und war in eine andere Gruppe des Transports geraten. Ich freute mich, als ich im selben Block Oberleutnant Kwiatkowski aus dem Gefängnis in Częstochowa und Czesław Pstańkowicz, meinem Stubenältesten aus dem Typhusraum, begegnete.

Am nächsten Tag bekamen wir gestreifte Kluft aus der Desinfektionsanstalt, und nach dem Anpassen der Kleidungsstücke gingen wir der Reihe nach zum Blockschreiber, der gemeinsam mit dem Stubenältesten die neuen Häftlingsnummern verteilte. Ich bekam die

Abb. 10 KZ Buchenwald. Haupttor. 1945 kurz nach der Befreiung.

Nummer 10943. Das Kleine Lager umfaßte ein gutes Dutzend Pferdestallbaracken, die durch einen zusätzlichen Drahtzaun vom Hauptlager getrennt waren. Es gab auch ein separates Lagertor, das von Häftlingen beaufsichtigt wurde, die schwarze Armbinden mit der Aufschrift »Lagerschutz« trugen. Das hatte es in Auschwitz nicht gegeben – Lagerpolizisten in Häftlingskluft! Interessant war auch, daß fast alle diese »Polizisten« rote Winkel trugen. In Buchenwald waren, wie wir erfuhren, ziemlich viele deutsche politische Gefangene inhaftiert – Sozialdemokraten, Kommunisten oder Deutsche, die nicht mit dem faschistischen Regime Hitlers einverstanden waren. Sie hatten die Macht innerhalb des Lagers übernommen und die »grünen«, deutsche Kriminelle, die sich wegen gewöhnlicher krimineller Verbrechen im Lager befanden, verdrängt. Diese Informationen erreichten uns über polnische Häftlinge, die in ihrer Freizeit an den Zaun des Kleinen Lagers herantraten und unter den Neueingetroffenen des Transports Verwandte oder Bekannte suchten. Wir kamen aus Polen. Es war also nicht verwunderlich, daß sich die polnischen Häftlinge, die schon seit Jahren in Buchenwald gefangen waren, gerne auf Gespräche mit uns einließen, obwohl das verboten war.

Am Zaun traf ich am dritten Tag Leszek Werwicki, der mit zwei Polen aus Poznań sprach. Ich freute mich über diese Begegnung. Der eine hieß Leszek Krzemieniewski, der andere Leon Woźniak. Beide arbeiteten als Gehilfen des Zahnarztes im Revier. Am nächsten Tag brachten sie jedem von uns eine Scheibe Brot. Im neuen Lager sogleich Unterstützung zu bekommen, war eine große Freude. Sie kamen ganz einfach wieder und brachten uns etwas zu essen. Sie fragten uns nach Auschwitz, was in Polen vor sich gehe, wie es an der Front aussehe usw. Sie wollten es nicht glauben, daß es in Auschwitz fünf Krematorien und Gaskammern gab. Buchenwald zählte ganze 12 000 Häftlinge, während in Auschwitz zum Zeitpunkt unseres Abtransports die laufenden Nummern für etwa 120 000 Mann verteilt worden waren. Doch wie viele hatte man ohne Nummern, ohne Registrierung und ohne Aufnahme in die Lagerkartei vernichtet? Das konnte niemand einschätzen.

Unsere Quarantäne sollte zwei Wochen dauern. In der Zwischenzeit machten die Auschwitz-Häftlinge die schlimmsten Totschläger und größten Halunken ausfindig, die unserem Transport zugeteilt worden waren. Im Nachbarblock 57 wurden zwei ehemalige Funktionshäftlinge aus Auschwitz gelyncht. In unserem Block 59 entdeckten meine Gefährten Mitas, einen Sadisten, eine entartete Kreatur, die vor dem Abgang des Transports Kapo der Strafkompanie in Birkenau gewesen war. Ich kannte ihn vom Block 10 her, wo er beim Entlausen Mithäftlinge in der Desinfektionslösung ertränkt hatte. Es fing ganz harmlos an. Jemand sagte laut im Block: »Achtung, der Bandit kommt!« Mitas, der den Block betrat, bekam nicht mit, daß er gemeint war. Unbekümmert ging er zu seiner Pritsche. Doch dort warteten schon vier kräftige Häftlinge auf ihn. Ich saß auf der oberen Pritsche und verfolgte, was weiter geschah. »Du bist deinen Kameraden gegenüber rücksichtslos gewesen. Du hast immer gesagt, du hättest keine Feinde, weil du sie alle umgebracht hättest. Daher wird jetzt das Urteil an dir vollstreckt«, sagte einer der vier.

Mitas begann zu flehen, man möge ihn in Ruhe lassen. Das alles sei ein Mißverständnis, denn er habe immer nur das Beste gewollt. Als er sich jedoch losriß, auf die Tür zustürzte und schrie, er werde sie bei der SS melden, da war im Block der Teufel los. Viele Häftlinge sprangen von ihren Pritschen, um es dem Verbrecher zu zeigen. Die vier packten ihn an Händen und Füßen und begannen seinen Körper abwechselnd auf den Fußboden und an die hölzerne Pritsche zu schmettern. Als sie erschöpft waren, warfen sie die bewegungslose menschliche Masse zu Boden, während andere von den Pritschen sprangen und ihn beinahe in den Fußboden des Blocks hineinstampften. Verbissenheit und blinde Wut, mit der die ehemaligen Opfer das Urteil an Mitas vollzogen, waren durch ihre Narben und Folgen der Mißhandlungen gerechtfertigt, die sie ihren Leidensgefährten zeigten. Andere hoben die Überreste des Körpers auf, schleiften sie zur Latrine und warfen sie hinein. Dem Blockältesten wurde gemeldet, Mitas sei ungewollt in die Fäkalien gefallen und darin ertrunken.

Ende März, Anfang April wurde unser Auschwitz-Transport in Arbeitskommandos aufgeteilt, und nach dem Morgenappell trieb man uns auf einen Wald zu, wo Bäume gefällt wurden und man die Trasse für ein Bahngleis von Weimar ins Lager absteckte. Der Weg zur Arbeitsstelle war ziemlich weit. Von den Kapo-Aufsehern erfuhren wir, daß wir beim Bau des Bahndamms und bei der Vorbereitung des Geländes für die Strecke eingesetzt würden. Ein Teil der Kommandos wurde zum Roden der Bäume angewiesen, ein anderer Teil zum Aufschütten des Bahndamms, und noch eine andere Gruppe schleppte Holz aus dem Wald herbei oder schaufelte Erde um. Wir wurden von SS-Leuten beaufsichtigt, die das Arbeitstempo angaben.

Für uns war es wie ein Wunder, daß unsere Aufseher zunächst keinen Gebrauch von Knüppeln oder Stöcken machten. Ihre Unzufriedenheit ließen sie meist, vor allem die SS-Leute, an den Häftlingen mit grünen Winkeln aus. Das hatte ich in Auschwitz ebenfalls nie gesehen. Sie trugen leichtes gestreiftes Drillichzeug, Faltkäppis und Holzpantinen. Es waren Abteilungen gewöhnlicher Krimineller, meist deutscher Verbrecher, die man bei den schwersten Arbeiten einsetzte. Oft kamen in diesen Gruppen Menschen zu Tode, aber daraus machte sich niemand etwas. Die Arbeit schritt nicht sonderlich schnell voran, und so traten nach einiger Zeit Knüppel und Stöcke in Aktion. Unsere Auschwitz-Gruppen bekamen auch etwas davon ab. Wir wurden zu immer schwererer Arbeit angetrieben. Allein die Pausen für die Mittags- und Abendmahlzeit kennzeichneten die einzelnen Tage bei dieser Schwerstarbeit unter freiem Himmel.

Aus dem Kleinen Lager wurden wir schließlich in das Hauptlager verlegt und auf verschiedene Blocks verteilt. Ich kam mit den Auschwitz-Gefährten J. Stawarz, W. Poterek, H. Zguda, C. Dubiel und anderen in den Block 39. Den Stubendienst versahen Tschechen. Sie teilten die Verpflegung gerecht auf. Es war aber zu wenig, und sie reichte nicht aus. Bei den Erdarbeiten in Regen und Kälte verbrauchten die Häftlinge viel Kraft. Wir hatten es schwer, und viele von uns begannen zu erkranken und starben.

Inzwischen traf ein neuer Transport mit Polen in Buchenwald ein, diesmal aus Majdanek. Sie wurden in den Quarantäneblocks untergebracht, die wir noch unlängst belegt hatten. Nach der Arbeit ging ich zum Drahtzaun des Kleinen Lagers und suchte nach bekannten Gesichtern, fand aber niemanden. Dafür freute ich mich über die herzliche Kameradschaft der Buchenwald-Gefährten Krzemieniewski und Woźniak, die ab und zu, wenn wir uns in der Freizeit trafen, etwas zu essen mitbrachten – ein Stückchen Brot, etwas Wurst oder Käse. Das hatte große Bedeutung. Es hielt den Mut aufrecht und ermöglichte es, die Mühen der schweren körperlichen Arbeit im Kommando »Eisenbahnbau« leichter zu ertragen.

Ich hatte Glück, die ersten Wochen beim Fortschleifen von Zweigen und Roden von Baumwurzeln auf dem Gelände der künftigen Bahnstrecke zu überstehen. Dann wurde ich versetzt und arbeitete mit Schaufel und Harke beim Einebnen des Geländes. Ein Teil des Gebiets, das wir in Ordnung brachten, war für den Bau von Fabrikhallen vorgesehen. Weniger Glück hatten diejenigen, die in den Gleisbaugruppen eingesetzt waren. Das Schleppen der schweren Schienen und Schwellen erfolgte in unglaublichem Tempo. Die Deutschen hatten es anscheinend eilig mit dem Bau der Bahnstrecke und der Fabrikhallen, in denen Häftlinge aus dem Lager beschäftigt werden sollten. Viele Kameraden vom Auschwitz-Transport fanden dort den Tod. Täglich zehn Stunden und mehr dieser anstrengenden Arbeit ohne entsprechende Verpflegung bewirkten, daß der Körper rasch ausgezehrt war.

Fast jeden Tag erreichten uns Nachrichten vom Tode unserer Kameraden. Diejenigen, die sich im Häftlingskrankenbau meldeten, kamen meist nicht zurück. Ein gutes Dutzend Auschwitz-Häftlinge wurde in den Block 46 verlegt, wo man irgendwelche Experimente mit ihnen vornahm. Angeblich wurden dort wissenschaftliche Versuche durchgeführt, doch was für welche, das habe ich nie erfahren können, denn niemand wollte darüber reden. Vielleicht, weil ich einer der jüngsten war. Die zufälligen Gespräche, die ich mit Kwiatkowski, Ostańkowicz, Poterek oder Stawarz führte, mit denen ich durch das Schicksal im Kommando vorübergehend zusammenkam, konzentrierten sich auf das Gerücht, daß angeblich sowohl die SS-Führung als auch einige Kreise deutscher Buchenwald-Häftlinge nicht daran interessiert sein sollten, das Leben der widerspenstigen Auschwitz-Häftlinge zu verlängern, weil sie zuviel Unruhe und Durcheinander in das Lagerleben brachten.

Einige betrachteten uns aus Auschwitz als polnische Faschisten. Das stimmte nicht, und sicherlich bewirkten andere Gründe, daß im März mit dem Transport aus Auschwitz viele polnische Häftlinge eingetroffen waren, die vor allem in Birkenau die verschiedensten mehr oder weniger wichtigen Funktionen ausgeübt hatten. Bald war es ein öffentliches Geheimnis, daß einige dieser »Prominenten« aus Birkenau verschiedene »Kleinigkeiten« – Wertgegenstände oder Dollars – mitgebracht hatten. Tatsache war auch, daß einige von ihnen ziemlich schnell gar nicht so üble Posten in der Buchenwalder

Lagerverwaltung übernommen hatten. Es wurde gemunkelt, daß sie sich mit dem Lagerältesten Friedrich Wolff geeinigt hätten. Er veranlaßte, daß mehrere Auschwitz-Häftlinge in der Schreibstube des Lagers und im Revier beschäftigt wurden. Verständlicherweise hätte ein Zugang im neuen Lager unter den neuen Bedingungen von vorn beginnen müssen. Schließlich gelang es nicht jedem, in ein gutes Kommando zu kommen. Manchmal war übrigens auch so ein »gutes« Kommando nur die Vorhalle zum Krematorium, wie zum Beispiel das Lagerrevier.

Eines Tages aber erfuhren wir, daß man ungefähr 30 der unseren, also der »Auschwitzer«, festgenommen und in den Bunker gebracht hatte. Unter den Verhafteten befanden sich die bekannten Auschwitzer Häftlinge Dr. Rajchman, Gabryszewski und Ciepielewski, ehemalige Funktionshäftlinge des Krankenbaus in Birkenau, das Mitglied des Lagerorchesters Nowacki, »Czamara«, die Gebrüder Millak und andere. Von den tschechischen Stubenältesten wurde uns berichtet, daß diese Mithäftlinge angeblich eine Verschwörung gegen die Lagerverwaltung geplant haben sollten, um einige wichtige Schlüsselpositionen im Lager zu übernehmen. Das war eine Sensation, eine Affäre. Für solche Häftlinge wie mich und meine Kameraden vom Eisenbahnbau und vom Bau der Fabrikhallen waren diese Gerüchte sehr nachteilig und wirkten sich verheerend auf die Einstellung uns gegenüber aus. Die Blockältesten und Kapos waren Deutsche, vorwiegend Kommunisten. Bisher hatten sie sich uns gegenüber korrekt verhalten. Sie hatten uns nicht so gequält wie die Funktionshäftlinge in Auschwitz.

Fertiggemacht wurden wir allein von der Arbeit, die die SS-Leute von uns erzwangen. In Buchenwald gab es keine Gaskammern, aber es gab den Bunker, den Stehbunker, das Revier und die Pathologie (wo die Haut ermordeter Häftlinge zu Menschenleder für Lampenschirme, unter anderem für die Frau des Lagerkommandanten, verarbeitet wurde). Es gab auch ein Krematorium und einen Experimentierblock. Darin bestand der Unterschied zu Auschwitz. Von dem Augenblick an, da man die Gruppe der ehemaligen Auschwitzer verhaftet hatte, änderte sich die Einstellung gegenüber jedem von uns. Bei den geringsten Disziplinverstößen und Verletzungen der Lagerordnung griffen die alten Buchenwalder Funktionshäftlinge jetzt schärfer und entschiedener durch. Daß man die Häftlingsnummern mit einem Winkel auf der Brust trug, das Kennzeichen des ersten Auschwitz-Transports vom März, war ein geradezu unglückseliges Omen. Es bewirkte sofort, daß man aufmerksam und gründlich unser Verhalten verfolgte – nicht nur bei der Arbeit, sondern auch nach der Arbeit, im Block, während der Freizeit.

An einem freien Sonntag traf ich mich erneut mit Werwicki, Krzemieniewski und Woźniak. Wir waren alle jung, und »draußen in der Freiheit« waren wir Pfadfinder gewesen. Wir erklärten unseren Buchenwalder Kameraden also offen und ehrlich, daß man zu Unrecht alle Auschwitzer irgendeiner Verschwörung bezichtige. Nicht alle hatten Gold und Dollars mitgebracht. Nur einige wenige besaßen derartige Werte. Daß der Lagerälteste Wolff tatsächlich von ihnen geschmiert worden war, um ihnen Funktionen zu übertragen, das war möglich, aber nicht überprüft. Krzemieniewski, der älteste von uns, faßte zusammen: »Wir sind hier sowieso nicht von Bedeutung. Das sind Auseinandersetzungen zwischen erwachsenen, älteren Häftlingen.« Er wandte sich an Leszek und mich und sagte: »Ihr müßt diesen Zeitraum überstehen, bis sich alles aufklärt!«

In unser Gespräch schaltete sich der Häftling Zdzisław Lewandowski, ebenfalls aus Poznań, ein. Er arbeitete im Block der sogenannten Pathologie. Er war der älteste von uns. Er hatte ebenso wie Leszek und ich das Paderewski-Gymnasium in Poznań besucht. Auch er riet uns sachlich und kühl, uns nicht aus der Ruhe bringen zu lassen und zu versuchen, in unserer Arbeitsgruppe nicht unangenehm aufzufallen. Er berichtete, daß man Wolff ins Außenkommando geschickt habe und daß inzwischen Erich Reschke Lagerältester geworden sei.

Da »oben« war also irgend etwas los, wovon wir meist erst später erfuhren als die anderen. Lewandowski bat mich, einen kleinen Spaziergang mit ihm zu unternehmen, und als wir vor seinem Block angelangt waren, hieß er mich einen Augenblick zu warten. Ich wußte nicht, was er vorhatte. Nach einer Weile brachte er mir ein Stückchen Brot und eine kleine Portion Margarine. »Da, nimm das! Du kannst es gebrauchen. Und in ein paar Tagen komm wieder zu mir, hierher! Dann unterhalten wir uns.« Ich drückte ihm herzlich die Hand und kehrte in meinen Block zurück. Die Anwesenheit und die Fürsorge meiner Kameraden aus Poznań hatte mich ein wenig beruhigt. Ich begann wieder daran zu glauben, daß die Krise des Auschwitz-Transports vergehen werde.

Mitte Juli war die Arbeit am Bau der Bahnverbindung zwischen Weimar und Buchenwald abgeschlossen. Zuvor hatte man eine Probefahrt veranstaltet, an der SS-Leute und Vertreter der Nazi-Verwaltung teilgenommen hatten. Viele polnische Häftlinge waren bei dem Bau umgekommen. Der Schwerpunkt der Arbeiten verschob sich nunmehr auf das Errichten der Fabrikhallen, in denen die Häftlinge arbeiten sollten. »Gustloff-Werke« lautete der Name des Betriebs. Nach der Fertigstellung der Hallen trafen nach und nach die Maschinen ein, und man begann auf den Werkbänken mit der Herstellung von Gewehrläufen. Die billigsten Arbeitskräfte waren natürlich die Häftlinge. Unter der Aufsicht einer kleinen Gruppe ziviler Meister wurden sie bei dieser Produktion eingesetzt.

Anfänglich war ich einem kleinen Arbeitskommando zugeteilt, das sich »Maschinenablader« nannte. Wir waren fünf oder sechs Mann und fuhren unter der Aufsicht eines SS-Postens mit einem Lastwagen nach Erfurt, Jena, Gera oder Eisenach, um die Maschinen für die Fabrik herbeizuschaffen, die auf dem an das Lager Buchenwald grenzenden Gelände entstand. Es war Anfang Juli 1943. Die Deutschen boten alle Kräfte auf, um den Bedarf ihrer weiterhin kriegführenden Armeen zu decken.

Die Lastwagenfahrten waren für uns Häftlinge zweifellos eine Attraktion. Vom offenen Wagen aus konnten wir die zauberhaft schöne Landschaft Thüringens bewundern, durch die wir fuhren.

Ich hatte mich ununterbrochen in Baracken, Blocks, hinter Stacheldraht oder Gittern befunden, ständig auf Appellen, beim Antreten und auf dem Marsch der Arbeitskommandos. Die Begegnung mit dem schönen Landschaftsbild war für mich ein tiefes Erlebnis. Es gab also noch eine Welt, die sich von jener unterschied, in der ich um das Überleben kämpfen mußte. Die Sonne schien für die Menschen in der Freiheit. Für uns Häftlinge aber hatte sie nicht jenen Glanz und jene Wärme, die ein freier Mensch verspürte. Irgendwie war ich aber innerlich erfreut, als ich auf den Wiesen bunte Blumen und das vielfarbige Grün der Wälder erblickte. Irgend etwas riß mich innerlich der Freiheit entgegen, aber der SS-Mann mit dem Karabiner mahnte zur Vernunft.

Das Auf- und Abladen der Maschinen, die wir befördern sollten, war nicht sonderlich beschwerlich. Noch verfügte ich über Kraftreserven, die ich in der Auschwitzer Lagerküche gesammelt hatte. Nach einer Woche wurde ich jedoch in ein anderes Kommando versetzt. Diesmal arbeitete ich in einer Tischlergruppe, die mit der Endausstattung eines Luftschutzbunkers für Nazi-Würdenträger im Weimarer Schloß beschäftigt war. Es war eine neue Arbeit mit neuen Kollegen. Wir arbeiteten in Kellerräumen, die vollständig mit einer besonderen Holztäfelung versehen wurden, hinter der Telefonkabel und andere Fernmeldeleitungen verliefen. Ich war einer der jüngsten und spielte daher den Gehilfen.

Eines Tages, als mich der Meister des Kommandos auf den Schloßhof gerufen hatte, um Material zu holen, erblickte ich eine gerade einfahrende Limousine. Ich beugte mich vor und tat, als würde ich Bretter hervorziehen, beobachtete aber aus den Augenwinkeln heraus, wer da gekommen war. Der Limousine entstiegen zwei Nazi-Würdenträger in braunen Uniformen und mit Hakenkreuzbinden am Arm. Wie sich herausstellte, war der eine Baldur von Schirach und der andere Dr. Ley. Ihre Namen erfuhr ich erst später von einem deutschen Kapo, der schon über acht Jahre im Lager saß. Er, der die Nazis haßte, gehörte zu den wahrhaft guten, grundehrlichen Menschen. Manchmal teilte er Suppe und Brot mit anderen Häftlingen. In Auschwitz wäre das unmöglich gewesen. In Buchenwald waren die »Roten« an der Macht, und ihre Einstellung zu den Genossen anderer Nationalität war eine völlig andere. Sie hatten eine humane Einstellung. Es waren wahre Kommunisten, erzogen im Geist der besten ideellen Vorbilder. Obwohl sie schon sechs bis zehn Jahre im Konzentrationslager saßen, hatten sie ihre Menschenwürde nicht eingebüßt.

Ende Juli erfuhr ich von Lewandowski, daß sieben unserer Auschwitz-Kameraden, die man vorher in den Bunker gesperrt hatte, im Experimentierblock vom SS-Arzt ermordet worden waren. Es war unschwer zu erraten, daß die Reibereien und Mißhelligkeiten zwischen den miteinander rivalisierenden Häftlingsgruppierungen unterschiedlicher politischer Überzeugung den Hintergrund dieses Dramas bildeten.

Lewandowski weihte mich nicht in die Angelegenheiten ein. In unserem Block kommentierten die Mithäftlinge den ganzen Vorgang sehr unterschiedlich. Erfreulicherweise wurden 20 weitere im Bunker befindliche Auschwitz-Häftlinge nach einiger Zeit ins Lager entlassen und den einzelnen Arbeitskommandos zugeteilt. Zu ihrer Entlassung hatte, wie mir Lewandowski sagte, eine Gruppe linksorientierter polnischer Funktionäre beigetragen, die Einfluß auf die deutschen Kommunisten und die alten Buchenwald-Häftlinge hatten. Es war bekannt, daß die am längsten im Lager befindlichen Polen eine geheime Widerstandsgruppe gebildet hatten, der ganz gewiß Lewandowski angehörte.

All dies schien völlig unglaublich zu sein. In diesem Lager, in dem tagtäglich Menschen umkamen und im Krematorium verbrannt wurden, sollte es irgendwelche politischen Gruppierungen und Fraktionen geben. Weltanschauliche und politische Überzeugungen und Ansichten – rechtsgerichtete, linksorientierte – schienen angesichts des Schicksals der Häftlinge Nonsens zu sein. Und dennoch entstanden unter den im Kampf um die Lagerexistenz gestählten Häftlingen – sowohl deutschen als auch polnischen, russischen, französischen oder tschechischen Häftlingen – kleine Gruppen mit genau umrissenem ideellem Profil, die allerdings ein gemeinsames Hauptziel verfolgten: Schutz der Häftlinge und deren Betreuung sowie das Durchhalten bis zur ersehnten Freiheit. Diese Ziele vereinten alle, und sie ermöglichten es, an den Sinn des Kampfes zu glauben. Sie trugen dazu bei, daß man Vorbereitungen für den Fall traf, daß die SS versuchen sollte, die Häftlinge zu vernichten.

Ich selbst gehörte einer solchen Pfadfindergruppe an, und obwohl keiner von uns bei den Treffen und Gesprächen in der Freizeit von konspirativem Wirken sprach, verspürten wir schließlich alle die Notwendigkeit und den Willen, uns zusammenzuschließen, um alle Schwierigkeiten und Hindernisse zu bezwingen.

Die Tage im Weimarer Schloß vergingen wie im Fluge. Als wir mit der Arbeit fertig waren, wurde ich wieder in die Gustloff-Werke versetzt, in die Fabrik für Gewehrläufe. Ich hatte keine Ahnung von Werkzeugmaschinen, Winkeleisen und dem ganzen komplizierten Prozeß der Metallbearbeitung. Ich führte also Hilfsarbeiten aus – ich schaffte Material herbei und brachte es wieder fort, machte sauber. Die älteren Häftlinge nahmen Rücksicht auf mich und zogen mich nicht zu schweren Arbeiten heran. Ich war ihnen dankbar dafür, und ich versuchte, aus der Situation, in der ich mich während der Arbeit befand, auf meine Weise Schlußfolgerungen zu ziehen. Es vergingen Wochen, ja Monate. Sonntagnachmittags hatten die meisten Häftlinge frei. Krzemieniewski und Woźniak führten Leszek und mich zum Block 15, wo in einem brechend mit Häftlingen gefüllten kleinen Saal künstlerische Auftritte stattfanden.

Das war für mich ein großes Erlebnis. Ein Kulturprogramm in einem Konzentrationslager – es war unfaßbar. Talentierte Häftlinge warteten mit den verschiedensten Darbietungen auf. Es gab einen musikalischen Auftritt, ein Violinsolo, ausgeführt von einem der Häftlinge, und dann sang einer unserer Auschwitz-Gefährten, Kazimierz Jaremkiewicz, begleitet von Kazio Tymiński auf dem Akkordeon das Lied »Santa Madonna, hilf mir! Morgen kommt mein Mann aus Casablanca zurück«. Humoristische Monologe hatte Chomentowski darzubieten, und satirische Gedichte rezitierte Czesław Ostańkowicz, ebenfalls unser Auschwitz-Gefährte. Ich war meinen Kameraden sehr dankbar, daß sie mich in den Block 15 mitgenommen hatten, und das um so mehr, als ich auf diese Weise mehrere interessante Leute kennenlernte, die meist älter waren als ich. W. Szczerba, W. Czarnecki, A. Cichocki, J. Zakrzewski und andere wurden mir zu guten Bekannten, durch die ich erneut Zutritt zu künstlerischen Zusammenkünften erlangen konnte.

Eines Sonntags glückte es mir, nach dem Abendappell in den sogenannten Kinosaal zu kommen. Dort fand, mit Genehmigung der Lagerleitung, ein Häftlingskonzert statt. Die Musik hatte stets Eindruck auf mich gemacht, sie regte die Phantasie an und stillte irgendwie den Schmerz, der nach dem Verlust des Vaters in mir zurückgeblieben war. Der Besuch dieser »Auftritte« half mir sehr, meine seelische Verfassung zu verbessern.

Ich beneidete meine älteren Kameraden um den Applaus, um die Bravorufe und den begeisterten Beifall, mit denen das Häftlingspublikum die Ausführenden überschüttete. Ich kehrte in meinen Block zurück und verkroch mich unter der Decke, um für mich allein noch einmal all das zu durchleben, was ich gehört und gesehen hatte. Ich bewunderte diese älteren Kameraden, die sich trotz der täglichen schweren Arbeit in den Kommandos in ihrer kurzen Freizeit auf die Auftritte für ihre Haftgefährten vorbereiteten. Einige von ihnen kannte ich von den Auschwitzer Blocks oder Arbeitskommandos her, u. a. Tymiński, Ostańkowicz und Polak.

Bei der Arbeit in den Gustloff-Werken lernte ich mehrere Häftlinge kennen, die ihr reiches Wissen während der Arbeit, meist in den Pausen oder bei »Sitzungen« auf dem langen Balken der Latrine, an andere weitergaben. Bei W. Śniegucki und S. Zawadzki lauschte ich Belehrungen über Zeromski, Orszeszkowa und Prus, ein andermal über Słowacki und Krasiński. Es mag unglaublich klingen, aber diese Gespräche über polnische Literatur erinnerten mich an den Unterricht im Gymnasium. Doch nicht nur ich allein lauschte den Weisheiten meiner Kameraden. Von der Auschwitz-Gruppe unseres Transports nahmen an diesen »Unterrichtsstunden« auch J. Stawarz, J. Wenc, W. Poterek, K. Telesiński, Z. Wdowczyk, J. Strzelecki und J. Hurkała teil. Man mußte nur aufpassen, ob nicht von irgendwoher ein Kapo oder SS-Mann auftauchte. Diese wenigen Stunden waren ein großes Erlebnis für mich. Vielleicht wurde eben damals der überwältigende Wunsch in mir geboren, die polnische Literatur möglichst gut kennenzulernen.

In Buchenwald trafen immer mehr Polen ein. Fast jeden Monat kamen neue Transporte aus Auschwitz oder Majdanek an. Den Deutschen ging es darum, die Häftlinge in den Fabriken und Werken auszubeuten, um Rüstungsaufträge des Heeres schneller ausführen zu können. Uns erreichten Mitteilungen über die frisch eingerichteten Außenlager »Dora« und »Laura«, die nicht gerade gut klangen. »Dora« war ein unterirdisches Haftlager mit unterirdischen Fabrikstollen. Dort wurden Einzelteile für die Raketen V-1 und V-2 produziert. Die Arbeit bestand unter anderem darin, Gänge und unterirdische Hallen zu bauen. Selbst gesunde Häftlinge wurden dort rasch zugrundegerichtet. Ich gehörte nicht zu den Häftlingen, die unbedingt in den Gustloff-Werken gebraucht wurden, und daher hegte ich zu Recht die Befürchtung, ob man mich nicht nach »Dora« oder in ein anderes Lager verlegen werde.

Eines Tages verlas der Blockälteste beim Abendappell mehrere Häftlingsnummern, darunter auch meine. Ich erfuhr, daß ich nach Leipzig kommen sollte. Der Abfahrtstermin war nicht festgelegt, aber ich stand auf der Transportliste. Nach der Arbeit lief ich zu Zdzisław Lewandowski. Er versprach mir nachzuprüfen, ob die Transportgruppe, zu der ich gehörte, nicht zufälligerweise anderswohin gehen solle. Am nächsten Tag teilte er mir mit, daß er versucht habe, mich zurückstellen zu lassen, aber der bestätigte

Marschbefehl sei bereits in die Kommandantur gewandert. Ich sollte Buchenwald also verlassen.

Lewandowski meinte tröstend, daß die Arbeitsbedingungen in Leipzig nicht die übelsten seien. Er gab mir den Namen eines deutschen Kommunisten – Boczkowski –, der dort Lagerverwalter sein sollte. Er gab mir auch einen Zettel mit einer Empfehlung für ihn. Was half's, am Transport war nichts zu ändern. Ich verabschiedete mich von meinen Gefährten und dankte ihnen für die erwiesene Hilfe. Mir war etwas mulmig zumute, als ich das Lager verließ, in dem ich trotz alledem große Fürsorge und menschliches Mitgefühl zu spüren bekommen hatte. Erneut fuhr ich ins Ungewisse.

Anfang Oktober ging mein Transport mit ungefähr 500 Häftlingen nach Leipzig ab.

Leipzig

Das Lager in Leipzig trug den Tarnnamen »Thekla« und die Messerschmitt-Werke, in denen wir arbeiten sollten, nannte man »Erla-Werke« (»Emil«). Vom ersten Tage an wurden wir zum Bau von Baracken, Stacheldrahtzäunen und zum Einebnen des Geländes für das eigentliche Lager angetrieben. Dieses Lager befand sich etwa 500 m von einer Fabrikhalle entfernt. Dort waren bereits ein kleineres Lager, eine Küche, eine Tischlerei und vier Baracken, in denen die Gruppe der schon früher, im April 1943, eingetroffenen Häftlinge untergebracht war. Unser Eintreffen kündigte den Ausbau der Häftlingsunterkünfte an. Die Baracken, die wir nach unserer Ankunft bezogen, sollten später anderen Zwecken dienen.

Lagerältester war ein deutscher Häftling mit rotem Winkel, den ich außer bei den Appellen eigentlich nicht zu sehen bekam. Der Lagerführer war ein älterer Hauptscharführer, der ein wenig wie ein »Opa« aussah. Er hatte graues Haar und buschige Brauen. Er schrie, wies alle lauthals zurecht und brüllte ununterbrochen – er war überall zu hören und zu sehen. Er trug einen Krückstock und verlieh seinen Befehlen und Antreibereien mit Schlägen Nachdruck. Ganz besonders quälte er die russischen Gefangenen. Offensichtlich erblickte er in ihnen die Ursache für die Niederlagen der Deutschen an der Ostfront.

Andere SS-Leute paßten als Wachtposten auf die Häftlinge auf. Außerhalb des Stacheldrahts schoben sie ihren nach Stunden bemessenen Dienst. Das Lager lag auf freiem Feld. Ringsherum zogen sich, soweit das Auge reichte, bestellte Felder hin. Im Nordwesten konnte man am Horizont ein paar Gebäude und mehrere Schornsteine erkennen. Etwas näher sah man ganze Reihen von Fabrikhallen. Das war die Munitonsfabrik »Hasag«, die 3 bis 4 km von unserem Lager entfernt lag. Im Osten stand eine große Fabrikhalle mit halbrundem Dach, um die herum sich eine Reihe kleinerer Gebäude hinzog. In eben dieser Halle sollten wir arbeiten. Im Süden erstreckten sich ebenfalls Äcker und Felder. Die Landschaft war völlig eben, leicht zu beobachten für die SS-Leute auf den sechs Wachtürmen, die das Lagergelände umringten. Im Westen, wo auch Häftlinge eingesetzt waren, wuchsen Fabrikhallen und Schornsteine empor.

Vom ersten Tag an wiederholte uns der deutsche Kapo des Arbeitskommandos, daß wir hierher gekommen seien, um in der Fabrik zu arbeiten, und daß keinem, der gut arbeite, auch nur ein Haar gekrümmt werde. Die nächsten Tage, die ich beim Bau von Einzäunungen und mit dem Aufräumen der gerade errichteten Unterkunftsbaracken verbrachte, verliefen tatsächlich verhältnismäßig ruhig. Ich lernte die neuen Gegebenheiten und neue Kollegen kennen. Alles von neuem, immer wieder von neuem. Ich war bereits das dritte Jahr in Gefangenschaft. Am wichtigsten war – wie überall – das Essen, das Stillen des Hungers. Wir bekamen etwas bessere Suppe, aber das Stückchen Brot war kein Gramm schwerer als das, welches wir in Auschwitz oder Buchenwald bekommen hatten.

In meiner Freizeit nahm ich Kontakt und Gespräche mit einem älteren Häftling aus Buchenwald auf, der in Leipzig als Tischler eingesetzt war. Er hieß Paul, und sein Gehilfe war ebenfalls ein Pole mit Vornamen Leon. Ihre Nachnamen habe ich nie erfahren. Bei ihnen in der Tischlerei, wo es immer warm war, konnte man manchmal etwas zusätzliche Suppe bekommen. Wegen der wichtigen Arbeiten, die sie für die SS-Baracken ausführten, wurde ihnen von der Küche mehr zugeteilt. Paul stammte, ebenso wie Leon, aus der Umgebung von Poznań. So war es kein Wunder, daß sie mir wohlgesinnt waren und mir von Zeit zu Zeit halfen. Von ihnen erfuhr ich manchmal, was an der Front geschah. Sie hatten Vertrauen zu mir. Ihr zweiter Schützling war Jerzy Potrzebowski aus Krakau. Er konnte wunderschöne Porträts zeichnen, die verschiedenartigsten Skizzen und Gesichter »aus der Freiheit«. Meist waren es Frauenbildnisse. Ein von Jerzy gezeichnetes Bild zeigte Paul dem Lagerkommandanten, und als der es gesehen hatte, bestellte er sofort ein Bild von sich. Von diesem Augenblick an war Jurek der Hofmaler des Kommandanten. Er porträtierte ihn von allen Seiten und hatte außerdem alle vorkommenden Malarbeiten auszuführen. Selbstverständlich wurde er nicht in der Fabrik eingesetzt, sondern stand dem Lagerführer zur Verfügung – für Arbeiten innerhalb des Lagers.

Die Einrichtung des Lagers ging zu Ende. Tag für Tag wurden immer mehr Häftlinge dem eigentlichen Arbeitskommando zugeteilt und marschierten morgens zu der unweit gelegenen Fabrikhalle. Schließlich wurde auch ich dem Arbeitskommando zugeordnet, das von der riesigen, 100 m langen Halle verschluckt wurde. Unter der Aufsicht deutscher Meister und Vorarbeiter hatten wir bestimmte Arbeitsgänge auszuführen. Die Montage der Tragflächen für das Jagdflugzeug ME-109 erfolgte von fahrbaren Montagebrücken aus, den sogenannten Traversen. Die Arbeitsgänge an den Flügeln mußten innerhalb einer bestimmten Zeitspanne ausgeführt werden, die durch das Vorrücken der Traverse von einer blauen Linie bis zu einem roten Strich vorgegeben war. Wenn der vorgesehene Arbeitsablauf nicht restlos erfüllt war, mußten die Schiebebrücken manchmal angehalten werden. Dadurch verzögerte sich natürlich die Produktion. Die Fertigstellung der Tragflächen konnte dann nicht zum vorgesehenen Termin erfolgen. Der Bedarf an Flugzeugen aber war zu damaliger Zeit gewaltig.

Alle Verspätungen und Stillstandszeiten der Montagebrücken verursachten die verschiedensten Konflikte der deutschen Meister und Vorarbeiter untereinander als auch zwischen ihnen und den Zivilarbeitern aus anderen Ländern, denn auch solche arbeiteten dort. Holländer und Belgier waren am zahlreichsten vertreten. Die meisten Konflikte brachen aber zwischen den Vorarbeitern (fast alle Mitglieder der NSDAP) und den Häftlingen des Konzentrationslagers aus. Unter den Häftlingen gab es viele Russen. Die Verständigung auf Deutsch fiel ihnen schwer. Übrigens taten die Russen oft nur so, als verstünden sie nichts. Wir verhielten uns ganz ähnlich und führten die Anweisungen und Befehle nicht immer genau aus. Das brachte die pedantischen Deutschen, die das Arbeitstempo beschleunigen wollten, zur Verzweiflung.

Auf der Montagebrücke, auf der ich zusammen mit anderen Polen, mit Franzosen, Tschechen und Russen eingesetzt war, wurde die Arbeit von zwei deutschen Meistern überwacht. Beide waren hervorragende Fachleute, die ihr Feinmechanikerhandwerk bestens verstanden. Der eine von ihnen, er war kleiner und hatte eine schwarze Tolle, gehörte zu den ruhigen, ausgeglichenen und sachlichen Menschen. Konkret erklärte er die Aufgaben, die ein Häftling ausführen sollte. Oft zeigte er selbst, wie es gemacht wurde. Der andere hingegen, ein kräftig gebauter, breitschultriger Mann mit roten Haaren, gehörte zu jener Gruppe von Deutschen, denen das Peinigen der Häftlinge ausgesprochene Freude bereitete. Er war der geborene Sadist. Am Aufschlag seiner blauen Arbeitsjacke trug er das Parteiabzeichen. Wenn er einen Häftling auch nur bei den geringsten Arbeitsverstößen ertappte, schrie er ihn nicht nur entsetzlich an, sondern drosch mit seinen harten Fäusten wie mit Dreschflegeln auf ihn ein. Ganz besonders freute es ihn, wenn er den Häftling am Kopf traf und das Blut aus der Nase oder aus Platzwunden im Gesicht schoß.

Unsere ganze Häftlingsgruppe, die zwar dem Meister mit der schwarzen Tolle unterstand, nahm sich vor diesem rothaarigen Sadisten in acht, aber trotzdem fiel ihm von Zeit zu Zeit einer von uns in die Hände. Meist waren es russische Gefangene, denen ständig Werkzeuge und Kartons mit Nieten »verlorengingen«, denen die pneumatischen Nietpistolen kaputtgingen oder die Sägeblätter zum Schneiden des Duralblechs brachen. Sie fielen besonders oft dem »Rothaarigen« zum Opfer; so nannten wir den Meister, der auf diese Weise Gebrauch von seinen Körperkräften machte. Der Rothaarige mischte sich in jede Arbeit ein, was die Häftlinge machten, gefiel ihm nicht. Er erklärte die Handgriffe so, daß man eher in Verwirrung geriet als etwas verstand. Er störte mehr, als daß er half. Sein Übereifer löste negative Reaktionen aus und führte oft zu unnötigen Konflikten. Darunter litten natürlich die Arbeit und die Leistung, aber das kümmerte ihn wenig.

Mein Vorgesetzter war der Meister, der sich menschlicher verhielt. Mehrere Male steckte er heimlich ein Stück Schmalzbrot in meinen Werkzeugkasten. Es war leicht zu erkennen, daß dem Deutschen daran gelegen war, die Häftlinge seiner Gruppe zu guter Arbeit anzuspornen. Er steckte auch anderen Brot zu.

Meine Aufgabe bestand darin, innerhalb einer Viertelstunde – vom blauen bis zum roten Strich – ein Stückchen Blech an jener Stelle des Tragflügels zu befestigen, an der später die Räder der Messerschmitt eingefahren wurden. Zu diesem Zweck mußte ich das Duralblech mit der pneumatischen Säge beschneiden und das eingepaßte Stück mit mehreren Schrauben befestigen. In den unteren Teil des bereits verschraubten Blechs mußten neun Löcher gebohrt und dann vernietet werden, damit das befestigte Blech darauf vorbereitet war, vom nächsten Häftling weiterbearbeitet und ergänzt zu werden, und damit dieser Teil des Flügels endgültig fertiggestellt werden konnte. Die Arbeit verlangte Aufmerksamkeit und Konzentration. Daher war ich ständig angespannt bemüht, meine Aufgabe in der vorgeschriebenen Viertelstunde zu schaffen. Erst nach einigen Tagen verursachte ich keine Verzögerungen mehr.

Trotz der Aufmerksamkeit und Konzentration verletzte ich mich eines Tages sehr schmerzhaft, ich riß mir eine Kante des zu befestigenden Blechs unter den Fingernagel. Ich nahm die Verletzung nicht ernst, denn es gelang mir mühelos, das Blut zu stillen. Doch nach zwei Tagen schwoll der Finger an, und ich wurde von der Arbeit ausgeschlossen. Im Revier riß man mir unter einer miserablen Narkose den ganzen Nagel heraus, desinfizierte die Wunde und verband mich. Ein paar Tage lang mußte ich nicht zur Arbeit. Damals wurde zum ersten Mal – vormittags gegen zehn – Fliegeralarm gegeben. Die Sirenen heulten lange von allen Seiten her. Die Häftlinge wurden von der Fabrik ins Lager getrieben, und die Zivilarbeiter suchten zusammen mit den Deutschen in den Luftschutzkellern Zuflucht. Irgendwo in den Wolken vernahm ich Maschinengewehrfeuer und das Brummen von Flugzeugen. Nach einiger Zeit erreichte uns aus der Ferne das Getöse von Bombeneinschlägen. Den Häftlingen wurde befohlen, in die Blocks zu gehen und sie nicht zu verlassen. Nach zwei Stunden kam die Entwarnung, und die Arbeitsgruppen kehrten an ihre Arbeit in der Halle zurück.

Damals erinnerte ich mich an Lewandowskis Empfehlungszettel, den ich in einer Naht meiner Arbeitsbluse versteckt hatte. Ich beschloß, die Gelegenheit zu nutzen, daß ich als Kranker im Lager bleiben durfte, und Verbindung zu dem Deutschen aufzunehmen, dem Lewandowski mich empfohlen hatte. Von Paul erfuhr ich, daß Boczkowski ein alter Buchenwald-Häftling war, der schon über acht Jahre im Lager saß.

Ich wartete, bis die das Lager kontrollierenden SS-Leute ihre Baracken aufsuchten, und begab mich direkt vor das Magazin. Als der Lagerverwalter in der Tür auftauchte, überreichte ich ihm den Zettel und blickte ihn hoffnungsvoll an. Er lächelte mich an und bat mich hineinzukommen. »Ich sehe, daß du als Kranker geführt wirst und bessere Verpflegung brauchst. Wart mal!« sagte er und verschwand im Lagerraum. Nach einer Weile brachte er mir ein halbes Brot und ein Stück Wurst. »Da, nimm das! Aber versteck es gut, damit dich keiner damit zu sehen bekommt, wenn du hier rausgehst!« mahnte er. »Danke schön!« Ich drückte ihm die Hand und schob das kostbare Gut nach Lagerbrauch unter den Gürtel. »Wenn du hungrig bist, kannst du in einer Woche, in zehn Tagen wiederkommen«, meinte Boczkowski zum Abschied. »Gut, nochmals vielen Dank!« gab ich zurück, überwältigt von dem Schatz, den ich besaß. Ich blickte mich um, aber es war kein SS-Mann zu sehen. Raschen Schritts marschierte ich in die Tischlerei. Ich hatte Angst, mich im Block sehen zu lassen und dumme Fragen beantworten zu müssen.

Paul empfing mich lächelnd und meinte: »Das hast du richtig gemacht. Hier kannst du in Ruhe essen, soviel du willst. Den Rest heb ich dir für morgen auf.« Ich bedankte mich und murmelte, daß ich ihm und Leon gerne etwas abgebe, denn schließlich hätten sie mir vorher auch Suppe gegeben. Paul – er hätte mein Vater sein können – gab zurück: »Es ist nett von dir, daß du an uns denkst, aber uns reicht das, was wir haben und was wir zusätzlich besorgen. Du kannst es gebrauchen. Du bist jung und mußt mehr essen. Na, lassen wir es verschwinden!« meinte er zum Schluß. Ich schnitt mir noch ein Stück Brot und einen Happen Wurst ab, und den Rest versteckte Paul in seinem Werkzeugschrank. Als ich in meinen Block zurückkam, sah ich zwei ebenfalls als Kranke geführte Häftlinge, die heimlich organisierte Kartoffeln in einem Strohsack versteckten. So versuchte jeder auf seine Weise, den Hunger zu stillen und seine Schätze vor anderen zu verheimlichen.

In der nächsten Nacht tauchten plötzlich sehr tief fliegende amerikanische Bomber auf und begannen, die benachbarten Fabriken zu bombardieren. Die Erde erzitterte unter unseren Füßen, und die Dachbinder der Baracken krachten in ihren Halterungen. Die Sirenen heulten auf, als die Bomber ihre todbringende Last längst abgeworfen hatten und wieder abgeflogen waren. Es wurde lange keine Entwarnung gegeben. Trotz der innerlichen Spannung und Besorgnis schlief ich ein. Was geschehen sollte, würde auch ohne mich geschehen – philosophierte ich vor mich hin.

Nach dem nächsten Verbandswechsel wurde ich wieder zur Arbeit geschickt. Der Finger tat zwar noch weh, aber die Wunde heilte gut. Ich bohrte also die angezeichneten Löcher in die Tragkonstruktion der Flügel und die Befestigungslöcher im Blech, und obwohl das wegen des Fingers nicht so schnell ging, schaffte ich es in der vorgeschriebenen Zeit. Mein Meister mit der schwarzen Tolle freute sich über meine Rückkehr und steckte mir bei passender Gelegenheit wieder eine Scheibe Schwarzbrot mit Schmalz zu. Er machte das so geschickt, daß seine Kollegen nichts merkten. Er war ganz bestimmt ein anständiger Deutscher, der uns Häftlingen aufrichtiges Mitgefühl entgegenbrachte und uns mit seiner Hilfe gleichsam zu verstehen geben wollte, daß nicht alle Deutschen Nazischergen waren.

Nebenan auf der Nachbartraverse arbeitete ein französischer Häftling, ein attraktiver, ziemlich großer junger Mann. Von einem Kollegen erfuhr ich, daß er Priester war. Er hatte angeblich den Partisanen der Résistance geholfen und war deshalb ins Lager gekommen. Nun fügte es sich so, daß er seine Arbeit beendet und sein Werkzeug weggeräumt haben mußte, damit ich seine Montagebrücke übernehmen konnte. Er war stets heiter, und wenn er sich mit seinen Handgriffen an der Tragfläche etwas verspätete und den viertelstündigen roten Strich überschritt, lächelte er und... zwinkerte mir vielsagend zu. Na klar! Arbeiten mußte man eben, aber nicht zu schnell.

Der nächste Luftangriff in unserem Gebiet fand am Tag statt. Es war ein schwerer Angriff, der ziemlich lange dauerte. Von der Halle in die Baracken getrieben, vernahmen wir das Pfeifen der herabsausenden Bomben und die Einschläge, aber nur zwei fielen in der Nähe der Halle nieder und richteten keinen größeren Schaden an. Nach der Entwarnung qualmten im Westen und im Norden in Brand gesetzte Objekte. Am nächsten Tag erfuhren wir von Paul, der mit Deutschen in Berührung kam, daß die benachbarten Fabriken, in denen ebenfalls Häftlinge aus Buchenwald arbeiteten, schwer beschädigt worden waren. Etwa 20 Häftlinge waren ums Leben gekommen. Eine Bombe hatte auch das Wirtschaftsgebäude der Munitionsfabrik »Hasag« zerstört. Die Verluste waren erheblich, und die Deutschen liefen wütend herum. Die Zerstörung auch nur einer der Zulieferfabriken für Flugzeugteile legte die ganze Produktion lahm.

Bei uns aber wuchs die Hoffnung, daß der Krieg schneller zu Ende gehen und wir endlich befreit würden. Die Russen machten keinen Hehl aus ihrer Zufriedenheit. »Naplewat Germanzom«, sagten sie. Abends hörte man aus den Baracken, in denen sie eine geschlossene Gruppe bildeten, lauten Gesang. Die melodischen Soldaten- und Volkslieder hielten sie bei guter Laune. Ich lag in einer Baracke, in der außer Russen auch Franzosen und einige Tschechen untergebracht waren. Die Polen, darunter J. Potrzebowski, L. Gluza und T. Szwarc, sangen »Obwohl das Gewitter rings um uns grollt…«, den »Roten Gürtel« und schließlich »Gott, der Du Polen…« Es war eine eigenartige Szenerie, als plötzlich wieder die Sirenen aufheulten, in der Nähe unserer Baracken Bomben zu fallen begannen und wir aufrührerische Lieder sangen. Die Einschläge wurden immer schwerer.

Vielleicht half uns der Gesang, die Angst zu überwinden. Irgendwie lauerte bei jedem in einem geheimen Winkel seines Herzens die Furcht, wahrscheinlich zitterte jedem beim Singen die Stimme, denn es konnte doch sein, daß eine Bombe die Baracke traf und wir in die Luft flogen. Doch wir waren zum Äußersten entschlossen, wir sangen trotz alledem – machtlos, von Stacheldraht umgeben, auf freiem Feld, dicht neben einem großen Objekt wie unserer Fabrikhalle, die ein ausgezeichnetes Ziel für die Flieger bot. Wir hatten keine andere Möglichkeit, die Angst zu unterdrücken. Aber wir wurden nicht getroffen. Nach der Entwarnung flackerte roter Feuerschein durch die Fenster. Wir stürzten an die Fenster und entdeckten, daß zur »Hasag« hin rote Flammen zum Himmel aufloderten. Es war ein wunderschöner, wenngleich entsetzlicher Anblick. Von den brennenden Objekten stiegen mehr als 30 m hohe Funkengarben auf. Endlich hatten die Alliierten ihre Luftangriffe verstärkt. Endlich hatten sie begonnen, der faschistischen Bestie tüchtig zuzusetzen. Weil keine Teile angeliefert wurden, mußte die Produktion unserer Fabrik eingestellt werden.

Doch unsere Freude war verfrüht. Die Deutschen hatten hervorragend organisierte Feuerwehrzüge und Einsatzkommandos zur Beseitigung von Zerstörungen. Nach zwei Wochen waren die Arbeitsplätze in der benachbarten Fabrik wieder einsatzbereit, und die Produktion ging weiter.

Anfang März 1944 tauchten gegen Mittag, als wir auf die Pause und die Lagersuppe warteten, uniformierte Gestapo-Beamte in der Fabrik auf. Einer von ihnen ordnete an, das Arbeitstempo zu beschleunigen. Die Montagebrücken begannen sich schneller fortzubewegen. Das war unverständlich, denn so konnten die Tragflächen nicht fertiggestellt werden. Nach einer Weile stellte sich heraus, was diese Anordnung verursacht hatte.

Ich beendete gerade meine Handgriffe an dem Flügel und wechselte zur Traverse des französischen Priesters über, als ich von dorther eine Gruppe nazistischer Würdenträger erblickte, die den Mittelgang der Halle entlangschritt und auf die sich fortbewegenden Traversen zukam. Inmitten seiner Begleiter war unschwer der dicke Reichsmarschall Hermann Göring zu erkennen, gekleidet in einen stahlgrauen ledernen Parademantel mit roten Aufschlägen. Der rothaarige Meister und andere NSDAP-Mitglieder eilten auf die Gruppe zu, streckten ihre Arme zum Hitler-Gruß aus und riefen: »Heil! Sieg heil!« Göring bemerkte das und grüßte seinerseits die auf den Montagebrücken Befindlichen.

Plötzlich brachten mehrere Gestapo-Leute von der Seite her das Gefolge des Marschalls durcheinander, der sich den anderen Traversen zuwandte, wo ausschließlich Russen beschäftigt waren. Ihn mit ihren Körpern schützend, drängten ihn die Leibwächter in eine andere Richtung ab. Ich verstand. Schließlich hätte es ja sein können, daß ihn irgendein Verrückter mit dem Preßlufthammer angefallen hätte! Ha, sie hatten Angst. Es mußte also immer schlechter um sie stehen. In der Mittagspause bekamen wir zusätzlich ein kleines Stückchen Brot. Die Sklaven sollten es zu schätzen wissen, daß einer der »hohen« Führer ihre Arbeitsstelle besucht hatte. Aber konnte das Dritte Reich dadurch gerettet werden? Die Herrscher dieses Reiches begannen, den Boden unter den Füßen zu verlieren.

Die nächsten Tage im Leipziger Außenlager waren einander zum Verwechseln ähnlich – grau und eintönig in ihrer Hoffnungslosigkeit. Tag für Tag morgens der Appell, dann der Ausmarsch zur Fabrikhalle, die Mittagspause, erneut Arbeit bis nachmittags fünf oder sechs, die Rückkehr in die Baracken... Und am nächsten Tag dasselbe. Die Bombenangriffe schienen in unserer Gegend nachgelassen zu haben. Hin und wieder verkündeten die Sirenen irgendwo in der Ferne Fliegeralarm, aber bald darauf kam dann die Entwarnung. Die Deutschen waren noch stark. Auch wenn sie an der Ostfront Niederlagen erlitten, so rächten sie sich mit um so größerer Verbissenheit. Nach wie vor mußten Menschen sterben.

In unserer Halle wurde das Tempo wieder gesteigert. Teile für die

Tragflächen wurden jetzt von anderen Betrieben geliefert, die mit den »Erla«-Werken zusammenarbeiteten. Wir waren wieder gezwungen, angespannt und konzentriert zu arbeiten.

Eines Tages, als ich den oberen Teil meines Blechs bereits festgeschraubt hatte und damit begann, die Löcher im Hauptspant des Flügels zu bohren, spürte ich instinktiv, daß jemand hinter mir stand. Ganz auf das Bohren des nächsten Lochs konzentriert, bemerkte ich nicht, daß es der Rothaarige war. Er schaute mir eine Weile unzufrieden zu und knurrte dann, daß ich den Bohrer abbrechen könne. Völlig unerwartet schlug er mir mit seiner grobschlächtigen Tatze ins Gesicht. Ich war sofort von Blut überströmt. In diesem Augenblick verlor ich die Beherrschung; ich wußte nicht mehr, was ich tat. Ich sprang aus der Hocke auf und schlug hemmungslos mit der Bohrmaschine auf den Rothaarigen ein. Dabei half ich mit dem Ellbogen nach.

Viel Schaden fügte ich ihm nicht zu. Ich war aber der erste Häftling, der sich ihm so urplötzlich und überraschend widersetzte. Die neben mir arbeitenden Kollegen nickten mir anerkennend zu. Zwei Russen riefen mir etwas zu, was ich aber nicht verstand, weil in der Halle ständig ein entsetzlicher Lärm der ratternden Bohrmaschinen und Niethämmer herrschte. Einen Augenblick lang war der Rothaarige sprachlos. Dann ging er auf mich los. Ich wartete nicht ab, bis er erneut auf mich einschlug. Ich floh zum Abstieg von der Montagebrücke, wo gerade unser deutscher Kapo vorbeikam. Das war ein ungefährlicher und im allgemeinen gutmütiger Deutscher. Er trug einen schwarzen Winkel, weil er wegen Arbeitsverweigerung ins Lager gekommen war. Als er mein blutüberströmtes Gesicht und meine blutigen Hände erblickte, fragte er sofort, was geschehen sei.

Ich erklärte ihm, daß mich der Rothaarige so zugerichtet habe. Daraufhin erkärte der Kapo, daß das ein für allemal ein Ende nehmen müsse. Der Rothaarige habe nicht das Recht, die Häftlinge zu schlagen, und noch dazu aus einer anderen Gruppe. Er selber habe dieses Recht, er könne jeden von uns fertigmachen. Wenn er nicht prügele, dann einfach deswegen, weil die Häftlinge zur Arbeit gebraucht würden. Doch der Rothaarige, dieser dumme Esel, könne das nicht begreifen. »Komm mit zum Meister!« beschloß er. Und wir zogen los.

Unterwegs wies er mich an, mir das Gesicht noch mehr mit Blut zu verschmieren. Als wir das vom Chefingenieur der Halle benutzte Kontor erreichten, kam gerade der vor Wut rot angelaufene Rothaarige aus der Tür. Als er mich in Begleitung des Kapos erblickte, stieß er ein unverständliches Geknurre aus und entfernte sich zu den Traversen hin. Der Kapo musterte mich und meinte: »Egal wie es ausgeht: In Zukunft überleg immer erst, bevor du etwas unternimmst! Und jetzt«, klopfte er mir auf die Schulter, »kämpf um deine Haut! Vielleicht kann ich dir ein wenig helfen.« Er klopfte, und als das »Herein« kam, traten wir ein.

Hinter dem Schreibtisch erhob sich ein fülliger kleiner Mann mit schütterem Haar, der uns sofort angriff: »Gut, daß Sie da sind, Kapo! Was soll das heißen, daß ein Häftling einen deutschen Meister überfällt? Das ist schließlich Aufruhr! Ich werde das sofort eurem Kommandanten melden. Wie können Sie so was nur zulassen!« Ich war entsetzt. Angstvoll blickte ich zum Kapo hinüber. Der ließ den Chef indessen ruhig ausreden und entgegnete dann: »Herr Ingenieur, für alles, was die Häftlinge machen, bin ich verantwortlich. Ich bin es, der jeden von ihnen ins Jenseits befördern kann! Und kein ziviler Meister wird sich mir da einmischen. Er hat mir nur zu melden, wenn ein Häftling etwas ausgefressen hat. Dieser Häftling«, er deutete auf mich, »ist bisher unbestraft. Und was hilft das? Dieser rothaarige Depp setzt ihm zu, wie er auch den andern zusetzt, und dadurch stört er nur bei der Arbeit. Das ist nicht in Ordnung!« Der Kapo verstummte, und ich wartete auf das Urteil. Der Ingenieur überlegte eine Weile, dann verabschiedete er dankend den Kapo. Mir befahl er, am Waschbecken das Gesicht zu waschen. »Waschen Sie diese Maskerade bitte ab, das ist nicht mehr nötig!« Der Kapo verließ den Raum.

Der Ingenieur wies mir den vor dem Schreibtisch stehenden Stuhl an. Ich wußte nicht recht, was er wollte. Ich setzte mich, und er verlangte, ihm zu erzählen, wie es gewesen sei. Ich beschrieb ihm den ganzen Zwischenfall, wobei ich betonte, daß der Rothaarige bei der Arbeit nicht nur mich verprügelt habe. Als ich fertig war, fragte mich der Ingenieur: »Woher kennen Sie die deutsche Sprache?« Ich war überrascht. Ich war mir nicht bewußt gewesen, daß das, was ich sagte, einigermaßen verständlich war. Ich war damals 20. Meine Deutschkenntnisse hatte ich auf einem guten Vorkriegsgymnasium erworben. »Ich bin zur Schule gegangen«, antwortete ich. »Ach, was

Sie nicht sagen!« Der Ingenieur zog eine Schachtel Zigaretten hervor und bot mir überraschend davon an. Ich nahm mir eine Zigarette und ließ sie rasch in der Tasche verschwinden.

Der Chefingenieur lachte auf: »Bei mir dürfen Sie rauchen. Hier gibt es weder Kapo noch SS. Obwohl...«, meinte er plötzlich in anderem Ton, »sind Sie sich überhaupt über Ihre Lage klar? Es genügt, daß ich von diesem Apparat aus euren Kommandanten anrufe und ihm sage, was Sie ausgefressen haben! Wegen eines Überfalls auf einen deutschen Arbeiter wird jeder Häftling eines Konzentrationslagers erhängt. Haben Sie das kapiert?!« »Jawohl«, gab ich zurück. Meine Beunruhigung nahm zu. Was hatte dieser Deutsche vor?

»Erlauben Sie doch bitte, die ganze Angelegenheit restlos zu erklären«, versuchte ich, meine Haut zu retten. Hinter der vorgeblichen Gewogenheit des Deutschen vermutete ich Hinterlist und Falschheit. Indessen begann er mich auszufragen: »Was sind Sie von Beruf?« »Ich bin Gymnasiast«, antwortete ich. »Und wo haben Sie das Gymnasium besucht?« lautete die nächste Frage. »In Poznań.« »In Posen?« wunderte er sich. »Und wo sind Sie geboren?« Was wollte er nur mit all diesen Angaben über mich? Was will er von mir? – überlegte ich. »In Poznań«, antwortete ich schließlich. »Ach so, dann sind Sie ja eigentlich Reichsdeutscher!«

»Nein!« widersprach ich ihm nachdrücklich. »Ich bin Pole!« »Quatsch!« meinte der Ingenieur. »Posen, das ist unsere echte deutsche Stadt... Weshalb sind Sie ins Lager gekommen?« »Mein Vater war Offizier des polnischen Heeres, und ich war Pfadfinder. Für die Gestapo hat das gereicht.« Ich wollte ihm nichts Genaueres sagen. Wozu denn? Was wollte er eigentlich von mir?

Der Chefingenieur zog an seiner Zigarette. Nach einer Weile meinte er, gleichsam etwas gelangweilt: »Na, und was soll ich nun mit Ihnen anfangen?« Insgeheim gingen mir die schlimmsten Vermutungen durch den Kopf. Daß ein Häftling in der Fabrik einen Meister angefallen hatte, konnte nicht geheimgehalten werden. Darüber würden sowohl die Häftlinge als auch die Zivilarbeiter reden. An Spitzeln wimmelte es nur so. Wenn der Lagerkommandant davon erfuhr – besser, gar nicht daran denken! Das war kein Spiel mehr. Hier mußte ich meine Haut retten. Es gab keinen Ausweg. Plötzlich begann ich zu reden wie ein Wasserfall.

»Herr Ingenieur, ich hab's schon gesagt, und der Kapo hat das bestätigt: Der Rothaarige ist Ihr Meister, aber er stört die Häftlinge bei der Arbeit. Bitte, verstehen Sie! Die Arbeit der Häftlinge wird sowieso von Ihrem Sonderkommando kontrolliert. Wozu müssen dann diese schwachen Häftlinge, von denen man sowieso nicht weiß, ob alle das Kriegsende erleben werden, geprügelt und mißhandelt werden? Der Rothaarige handelt – vielleicht ungewollt – zum Nachteil Ihres Staates. Die Tatsache, daß er Mitglied der NSDAP ist, hat noch nicht alles zu besagen. Durch Prügel ist noch niemals irgendwo jemand erzogen oder belehrt worden. Durch das Prügeln der Häftlinge büßen Sie Ergebnisse und Nutzen der Arbeit ein. Das aber sollte Sie interessieren.«

Ich weiß nicht, woher ich so viele Worte nahm. Ich war einfach zu allem entschlossen. »Mir ist es ganz egal, was Sie mit mir machen. Ich habe Ihnen gesagt, was ich denke. Und so denken auch die anderen Häftlinge. Wenn wir einigermaßen arbeiten sollen, darf man uns nicht grundlos schlagen.« Ich hatte das alles mit einer gewissen Effekthascherei und Begeisterung herausgesprudelt, denn der Deutsche blickte mich aufmerksam an. Besonders in jenen Augenblicken, wenn ich mir fehlende deutsche Wörter durch andere Begriffe ähnlicher Bedeutung ersetzte. Die Sache war klar. Von diesem hinter dem Schreibtisch sitzenden Zivilisten hing mein Schicksal ab. Wenn er mich dem Kommandanten meldete... Ob einer mehr oder einer weniger, darauf kam es der SS nicht mehr an. Für »freche Hunde« gab es kein Mitleid.

Der Obermeister (Chefingenieur) griff nach der auf dem Tisch liegenden angebrochenen Schachtel Zigaretten, schob sie mir zu und erklärte: »Nehmen Sie das mit und gehen Sie wieder an Ihre Arbeit. Und denken Sie daran, daß sich das, was Sie gemacht haben, nicht wiederholen darf!« »Jawohl«, gab ich aufatmend zurück. Nach einer Weile blickte ich ihn an und sagte: »Ich danke Ihnen!« Er begann zu lächeln und stand auf. Ich verstand – das Gespräch war zu Ende.

Als ich zu meiner Arbeitsgruppe zurückkehrte, traten mehrere Kollegen – Polen und Russen – auf mich zu und schüttelten mir die Hand. »Weißt du schon? Der Rothaarige ist auf eine andere Montagebrücke versetzt worden. Bravo! Was hast du ihnen da bloß erzählt!? Was zum Teufel?« »Der Kapo hat mir geholfen«, erklärte ich ihnen. »Was sagst du! Um die Deutschen steht es immer schlimmer.

Einen der ihren haben sie versetzt, und dich haben sie in Ruhe gelassen. Vielleicht läßt der Rothaarige endlich unsere Gruppe in Ruhe.«
»Wenn sie ihn versetzt haben, dann sicher«, meinte ich, selbst nicht ganz überzeugt davon. Bei den Deutschen wußte man nie, woran man war... Noch immer gingen mir die Worte des Ingenieurs über den Galgen im Kopf herum. Es hatte nicht viel gefehlt, und ich wäre erledigt gewesen. Nur gut, daß ich den »Rothaarigen« nicht zu doll vermöbelt hatte. Ich mußte mich besser beherrschen lernen. Vielleicht hatte ich aber auch richtig gehandelt. Die verschiedensten Gedanken schossen mir durch den Kopf.

Am Abend, nach der Rückkehr in die Baracken, ging ich zu Paul und erzählte ihm die ganze Geschichte. Als ich schloß, war seine Miene ernst geworden. Er riet mir, Boczkowski aufzusuchen. Das tat ich denn auch.

Der Lagerverwalter hörte mir aufmerksam zu und meinte dann: »Egal, wie man's nimmt. Ich weiß nicht, ob es nicht besser wäre, wenn du von hier verschwändest. Ich habe gehört, daß mehrere Kranke nach Buchenwald zurückgeschickt werden sollen. Aber wie zum Hohn bist du ausgerechnet gesund«, schloß er mit einem heiteren Lächeln. Nach einer Weile fügte er hinzu: »Hier hast du ein Stückchen Brot. Zieh ab und erhol dich. Mach dir keine Sorgen. Vorerst arbeite, als ob nichts geschehen sei. Wir werden sehen, was uns die Zukunft bringt.« Ich bedankte mich und kehrte beruhigt auf meine Pritsche in der Baracke zurück. Meine Sorgen und Zweifel vertraute ich auch Jurek Potrzebowski an, doch der lachte nur und meinte: »Aber Tadek, du hast richtig gehandelt. Schade nur, daß du es ihm nicht tüchtiger gegeben hast!« »Ach du, nichts als Flausen im Kopf«, gab ich zurück, doch der stets fröhlich und heiter aufgelegte Jurek versuchte mich zu überzeugen, daß für die Deutschen die Arbeit maßgebend sei, nicht aber die Blödheit irgendeines Meisters mit dem Parteiabzeichen. Vielleicht hatte er recht.

In den nächsten Tagen verging mir allmählich die trübe Stimmung, und das um so eher, als die Deutschen bei mehreren neuen Bombenangriffen wieder Verluste erlitten. Nach ungefähr drei Wochen, Mitte April, wurden abends beim Appell die Nummern von mehreren Dutzend Häftlingen aufgerufen, darunter auch meine. Der Lagerälteste teilte uns mit, daß wir am nächsten Tag in eine andere Fabrik gebracht würden, um dort ähnliche Arbeiten auszuführen.

Ich lief zu Boczkowski, traf ihn aber nicht an. Ich verabschiedete mich von Paul und Leon aus der Tischlerei, drückte Jurek Potrzebowski fest die Hand und trat morgens nach dem Appell gemeinsam mit T. Szwarc und L. Gluza vor den Baracken zu einer gesonderten Marschkolonne an. Die anderen Kollegen marschierten zur Arbeit ab.

Es kamen drei LKWs mit Kastenaufbauten vorgefahren. Uns wurde befohlen, in Gruppen zu 40 Mann hinaufzuklettern und uns auf den Boden zu setzen. In der Hocke und im Schneidersitz, fast einer über dem andern, drückten wir uns zurecht. Drei SS-Leute mit Karabinern setzten sich auf die hintere Klappe des Wagens. Sie eröffneten uns, daß sie jedes Aufstehen als Fluchtversuch betrachten würden. Das hieß, sie würden schießen. Die erneute Verlegung in ein anderes Lager begann also nicht gerade heiter. Die Wagen fuhren an und blieben erst nach mehreren Stunden stehen. Die SS-Posten sprangen hinab, ließen die Klappe herunter und befahlen uns, auszusteigen. Nachdem sie uns noch einmal gezählt hatten, wurden wir in einen Keller getrieben, der von nun ab unsere Unterkunft bilden sollte.

Mülsen

Das Lager, in das wir von Leipzig aus gebracht wurden, war ganz anders als die vorherigen. Es gab keine Baracken, es gab keinen elektrisch geladenen Stacheldraht. Das ganze Lager befand sich in Kellern. Es waren große Räume in einem zweistöckigen Gebäude, das zu einer Rüstungsfabrik gehörte. Der größere Keller war ca. 50 m lang und 10 m breit, der kleinere diente als Waschraum. Parallel zur Innenwand des größeren Kellers standen reihenweise dreistöckige Holzpritschen mit Strohsäcken und Decken. Unter den verblendeten Fenstern der gegenüberliegenden Wand hatte man Bänke und Tische aufgestellt.

Die mit ziemlich dicken Stäben vergitterten Fensteröffnungen befanden sich in dreieinhalb Meter Höhe, und die Fensterbretter lagen nur 10 cm über dem Erdboden. Der ganze Keller war ausgeweißt, und der Betonfußboden glänzte wie ein Spiegel. Zum Waschraum hin hatte man durch Bretterverschläge zwei kleine Räume abgeteilt. Der eine diente als Lagerrevier, in dem der Arzt untergebracht war, in dem anderen amtierte der Lagerälteste, der deutsche Kriminelle Weilbach. Er war ein mittelgroßer, kräftig gebauter Mann mit wildem, finsterem Gesicht, schwarzen Haaren und blutunterlaufenen Augen. Seine rauhe, heisere Stimme erinnerte uns eher an das Knurren eines Tieres. Er war nicht nur der von der SS eingesetzte Lagerälteste, sondern auch unser Kapo, Blockältester, Stubenältester, Schreiber und Dolmetscher. Die letztgenannte Funktion übte er mit unglaublichem Eifer aus. Als Instrument, das ihm die Verständigung erleichtern sollte, betrachtete er seinen mit Draht umwickelten Stock, der ihm bei der Ausübung all seiner Pflichten behilflich war.

Beim Appell, der nie länger als fünf Minuten dauerte, bekam jeder in der ersten Reihe stehende Häftling einen Schlag auf den Kopf oder die Schulter, weil der »Schwarze«, wie wir ihn nannten, mit dem

Stock abzählte. Der Appell war übrigens reine Formsache. Der Häftlingsstand mußte einfach stimmen, denn niemand kam aus dem Lager, genauer gesagt aus dem Keller, heraus.

Zur Arbeit begaben sich die Häftlinge durch einen Betongang; über eine Treppe gelangten sie in die Montagehallen oberhalb der Keller. Bei einem Bombenangriff auf die Fabrik hätten die Häftlinge ihr fertiges Grab sicher gehabt. Bei der Arbeit hatten wir zwar ein Dach über dem Kopf, aber der längere Aufenthalt in den stickigen Räumen, in den mit Duraluminstaub geschwängerten Hallen, ohne frische Luft und ohne Sonne wirkte sich sehr nachteilig auf das Aussehen der Häftlinge aus. Die Haut nahm eine gelbliche Farbe an, und die Augen waren durch das Fehlen von Tageslicht und durch das Bemühen, sich auf das grelle Licht der elektrischen Glühbirnen einzustellen, ständig angeschwollen. Zwei Wochen genügten, und unsere Gesichter hatten sich so verändert, daß wir uns manchmal gegenseitig nicht wiedererkannten.

Ich führte Arbeitsgänge bei der Montage von Tragflächen für die ME-109 aus – ähnlich wie in Leipzig. Obwohl die Arbeit dem Anschein nach nicht besonders schwer war, wurden wir doch zunehmend schwächer. Dazu trug auch die kärgliche Verpflegung bei, denn eine Möglichkeit, zusätzlich etwas zu besorgen, gab es nicht. Die meisten Häftlinge waren Russen, vorwiegend Kriegsgefangene, die man in Konzentrationslager geschickt hatte, oder aber zur Zwangsarbeit nach Deutschland verschleppte Zivilisten. Das Außenkommando zählte etwa 1000 Mann, darunter fast 800 Russen. Der Rest bestand aus Polen, Tschechen und Franzosen.

Unter den Russen freundete ich mich mit dem 18jährigen Kolja aus der Gegend von Odessa an. Wir kannten uns schon aus Leipzig, und das Schicksal hatte uns gemeinsam in das Kommando Mülsen verschlagen. Wir unterhielten uns über alles, was uns beunruhigte oder mit Hoffnung erfüllte. Verwunderlich war für mich, daß Kolja über ziemlich gute Informationen von der Front, vor allem von der Ostfront, verfügte. Er wußte bestens darüber Bescheid, daß die Deutschen nach dem Rückzug aus Stalingrad immer schwerere Schläge hinnehmen mußten. Manchmal fragte er mich, wieviel Kilometer uns wohl von der Weichsel, von Minsk oder Lwow trennen mochten. Es stellte sich heraus, daß Kolja die Neuigkeiten von seinen Kameraden bekam, die bei einem deutschen Meister in einem Anbau der Montagehalle Radio hörten. Die Russen gehörten schon am längsten zu unserem Kommando und kannten die deutschen Meister ziemlich gut. Vor Nationalsozialisten und Parteigenossen der NSDAP mußte man sich vorsehen. Es gab unter den deutschen Arbeitern aber auch Antifaschisten und anständige Leute, für die auch ein Häftling ein Mensch war. Manchmal halfen sie einigen Häftlingen.

Ich bekam mit, daß die Russen eine von ehemaligen Militärs geleitete Widerstandsgruppe aufstellten. Ich sprach Kolja deswegen an, aber der erklärte mir ohne Umschweife: »Sei vernünftig! Und wenn du dir sonstwas denken kannst, tu so, als ob du überhaupt nichts wüßtest! Das ist besser für alle.« Und ich tat so, als wüßte ich von nichts.

Eines Tages »verschwanden« in der Montagehalle mehrere Dutzend Bauteile, die unbedingt für die Montage der Flügel benötigt wurden. Für die Leitung der Fabrik resultierten daraus viele Schwierigkeiten, weil die Zulieferbetriebe ständig bombardiert wurden. Man vermutete Sabotage, aber das war schwer nachzuweisen, denn die Teile, die die Deutschen so in Aufregung versetzten, befanden sich in einem abgeschlossenen Lager. Häftlinge hatten dort keinen Zutritt, und das Lager stand unter der Aufsicht von zwei NSDAP-Mitgliedern. Es bestand der Verdacht, daß die Schlüssel nachgefeilt worden waren. Die Spannung stieg. Das Untersuchungsverfahren blieb stecken, als die Verhöre und das Verprügeln einer ganzen Reihe von Russen zu keinem Ergebnis führten. Der Lagerkommandant mußte sich mit Rücksicht auf die Direktion der Fabrik zu etwas entschließen. Er befahl also, daß alle Russen so lange nichts zu essen bekommen würden, bis sich die Saboteure meldeten.

Der Befehl des Kommandanten beruhte auf der Absicht, die im Lager bestehende Solidarität zu zerstören und Zwietracht zwischen den Russen einerseits und Polen, Tschechen und Franzosen andererseits zu säen. Das Untersuchungsverfahren konzentrierte sich auf die russischen Gefangenen.

Die Russen waren die Urheber der Niederlagen an der Front, und diejenigen im Lager waren sich wahrscheinlich darüber klar, wie wichtig die verschwundenen Bauteile für die Fertigung der Tragflächen waren. Die vernommenen deutschen Meister sagten aus, daß sie in letzter Zeit unbegründete Freude bei den Russen bemerkt hätten; sie hätten Volkslieder und Soldatenlieder gesungen. Dem Lagerkommandanten genügte dieses Indiz. Infolgedessen wurde festgelegt, die russischen Häftlinge mit Hunger zu bestrafen. Die sogenannte Hungerstrafe begann am 29. April und sollte drei Tage andauern. Nach der Arbeit wurden die russischen Häftlinge durch Tische von den anderen getrennt. Der fluchende und die »russischen Banditen« verdammende »Schwarze« verteilte die üblichen Rationen an die Häftlinge anderer Nationalität. Satt war keiner von uns. Das Essen unter den Blicken der Hungernden, das Unvermögen, ihnen etwas abgeben zu können, bedeutete eine entsetzliche Lage – sowohl für die Hungrigen als auch für die Essenden.

Der Lagerälteste überwachte die Ausführung des Befehls des Kommandanten. Mit hängenden Köpfen begaben wir uns zur Nachtruhe auf unsere Pritschen. Mich quälten trübe Gedanken. Ich kannte den Hunger und wußte, wozu er führen konnte.

In der Nacht kam Kolja zu mir. Von meinen Warschauer Gefährten Szwarc und Gluza, die unlängst kleine Lebensmittelpäckchen erhalten hatten, bekam er ein paar Stückchen Brot und Zwiebel. Er sagte uns, daß sie es einen Tag aushalten würden, aber wie würde es weitergehen?

Es war schwer, im Namen aller, und noch dazu aller Hungrigen, zu sprechen. Auf die Frage, was ihre Führung unter den gegebenen Umständen beschlossen habe, erklärte er uns, daß die einzige Chance eigentlich in einer Flucht bestehe. Die Militärs überlegten sich, wie so ein Fluchtversuch durchzuführen sei, denn falls die Entscheidung getroffen werden sollte, würde es mit Sicherheit Opfer geben. »Wir haben nichts zu verlieren«, meinte Kolja. »Wir halten unter diesen Bedingungen höchstens noch zwei Monate durch. Es gibt immer mehr Kranke. Im Kommando darf man nicht krank werden. Die Deutschen brauchen uns nur, solange wir gesund sind. Vielleicht wäre es also besser auszureißen, solange wir noch etwas Kraft haben.« Zum Schluß erwähnte er, daß sie ursprünglich die Absicht gehabt hätten, Waffen zu erbeuten und aus den Geflüchteten eine Partisanenabteilung aufzustellen. Aber der auf eigene Faust von einer Gruppe junger Hitzköpfe unternommene Sabotageakt habe alle Zukunftspläne der Militärs durchkreuzt.

Wir kannten nun die Wahrheit, aber was hatten wir davon. Ein Ausbruchsversuch schien Wahnwitz zu sein. Doch vielleicht war es besser zu flüchten als darauf zu warten, daß sie uns fertigmachten.

Wie aber sollte man das anstellen? Kolja schloß sein Gespräch mit uns mit den Worten: »Falls etwas geschehen sollte, sucht mich!« Dann verschwand er im Dunkel der Nacht. Wir hatten nicht den geringsten Einfluß auf den weiteren Lauf der Dinge. Wir konnten nur darauf warten, daß sich die geladene Situation entspannte.

Am nächsten Morgen gingen alle zur Arbeit. Als wir zurückkehrten, fanden meine Warschauer Gefährten die Brotreste aus ihren Päckchen nicht mehr in den Pritschen vor. Das war höchstwahrscheinlich das Werk des »Schwarzen«, der den Verdacht auf die Russen lenken und uns entzweien wollte. Abends erfolgte wiederum die demonstrative Essenausgabe an Polen, Tschechen und Franzosen, dann wurde nach einem kurzen Appell das Licht gelöscht.

Zwei Tage lang hatten die Russen keine Verpflegung bekommen. Beim Verteilen der Rationen spürte man die Spannung, die unter ihnen herrschte. Die hinterhältige Gemeinheit der Nazis tat ihre Wirkung. Die Tatsache, daß drei sabotageverdächtige Russen mit je 25 Stockhieben bestraft würden, war völlig bedeutungslos angesichts des Hungers von 800 Mann, die um jeden Preis leben wollten. Das Mitgefühl von uns, den Häftlingen anderer Nationalität, hatte wenig zu bedeuten und war wirkungslos unter den Gegebenheiten des durch Betonmauern und Gittern von der Außenwelt abgeschnittenen Kellers.

Am 30. April 1944 schreckte ich gegen Mitternacht aus dem ersten Schlaf auf. Im Keller brannte es. Die Leute schrien in verschiedenen Sprachen durcheinander. Aus den dichten Rauchwolken heraus rief jemand mit laut hallender Stimme auf Russisch: »Kameraden, in den Waschraum!«

Meine Pritschennachbarn waren schon angezogen und riefen mir zu, daß ich mich beeilen solle. Obwohl das Licht brannte, verlor ich sie aus den Augen, weil immer größere Rauchwolken die Sicht versperrten. Ich zog Kluft und Schuhe an, sprang auf die Pritsche unter mir, und dann gab es Schwierigkeiten. Die Gänge zwischen den Pritschen waren durch Menschen versperrt, von denen die einen zur einen Seite und die andern in die entgegengesetzte Richtung drängten. Es gelang mir, über die mittlere Pritsche zum breiten Hauptdurchgang durchzuschlüpfen, der zum Ausgang in Richtung des Fabrikbereiches führte. Der Ausgang war verschlossen. Ich kehrte also um, gemeinsam mit anderen, die in dieselbe Richtung strebten. Zum Waschraum konnte man nicht durchkommen; Feuersäulen und schwarzer, beißender Qualm versperrten den einzigen Durchgang. Ich hatte Angst, mich in dieses Feuer und diesen Rauch hineinzuwagen.

Unter furchtbaren Schreien stießen die Häftlinge, die die Richtung verloren hatten, in die sie gehen wollten, aufeinander. Ringsum Qualm und von überall her die aufflackernden Feuerflammen, die die Strohsäcke und hölzernen Pritschen verzehrten. Die zerschlagenen Fensterscheiben bewirkten, daß sich das Feuer rasch weiter ausbreitete. Zwischen zwei dichten Rauchwolken bemerkte ich mehrere Hälftlinge, die Bänke auf die Tische gestellt hatten und versuchten, die Gitter in den Fenstern mit hölzernen Schemeln zu lockern.

Von außen her fielen Schüsse aus Maschinenpistolen. Es gab keine Zweifel, die SS-Posten schossen. Auf der rechten Seite des Kellers gab es ein eisernes Tor, das nur selten geöffnet wurde. Eine Gruppe von Häftlingen packte einen langen hölzernen Tisch und wollte wie mit einem Rammbock das Hindernis beseitigen, doch ohne Erfolg. Eine neue Salve traf mehrere Kameraden, die sich verzweifelt an den Gittern festkrallten. Es wurde sehr heiß und stickig, man bekam keine Luft mehr zum Atmen. Um frische Luft zu schöpfen, mußte man trotz alledem, trotz der Schüsse, auf den Tisch steigen und sich an das offene Fenster drängen.

Ich konnte mich nicht entscheiden. Ich quetschte mich hilflos in einer Gruppe von Häftlingen herum, in der einer auf den andern stieß. Wir riefen um Hilfe, aber Hilfe gab es nicht. Ich stolperte über einen am Boden liegenden Körper, über einen zweiten, einen dritten...

Der Rauch war mit dem Gestank brennender Leiber geschwängert. Ich konnte überhaupt nichts mehr sehen, ich rang nach Luft. Blindlings im Qualm umhertastend, stieß ich auf einen Tisch, auf den man eine große Bank gestellt hatte. Darauf standen mehrere Häftlinge und versuchten, mit einer anderen, hoch über den Köpfen erhobenen Bank das Fenstergitter herauszubrechen. Andere bemühten sich, von unten her den Tisch zu erreichen. Einer stieß den andern beiseite. Es gelang mir, auf die Bank zu steigen und mich denjenigen anzuschließen, die mit der Bank das Gitter bearbeiteten. Zusammen mit den andern bot ich die letzten Kräfte auf, um das Gitter zu lockern, aber das glückte nicht. Nach einem weiteren Schlag mit der Bank fielen mehrere Häftlinge hinunter...

Vier von uns auf dem Tisch blieben übrig. Die Schüsse von außen hörten auf, der Rauch war zu dicht. Obwohl uns das Gitter von draußen trennte, bekamen wir trotz der uns einhüllenden Rauchwolken etwas Luft. Das Gitter befand sich dicht über unseren Köpfen. Noch einmal versuchten wir, es mit der hoch erhobenen Bank einzurammen, doch leider... Aus unserer Position heraus war die Schlagkraft zu gering, um die einbetonierten Eisenstäbe herauszubrechen. Als wir die Bank absetzten, rissen andere sie uns von unten her aus den Händen, und ich merkte, wie der Tisch unter meinen Füßen ins Wanken geriet.

Beinahe hätte ich das Gleichgewicht verloren, denn der Tisch wechselte erneut seinen Stand. Ich ließ die Bank los und griff instinktiv mit einer Hand nach dem Gitter. Ich hing daran, aber nicht allein. Ein Häftling hatte sich an meinem Fuß festgeklammert. Unter gewaltiger Anstrengung zog ich mich soweit hoch, daß ich auch mit der anderen Hand das Gitter packen konnte. Plötzlich erreichte mich eine neue Welle glühend heißer Luft, von Rauch und Flammen. Ich schrie vor Schmerz. Nach einiger Zeit ließ die Hitze nach. Auch der Griff an meinem Fuß wurde lockerer, hörte dann ganz auf. Der Häftling muß am Rauch erstickt sein – sagte ich mir. Hinter meinem Rücken war weiterhin das Knistern der brennenden Pritschen und Strohsäcke zu hören. Ich vernahm immer weniger Schreie und Rufe. Mich krampfhaft festhaltend, hing ich an dem Gitter.

Die Hitze nahm ununterbrochen zu, eine glühend heiße Welle umhüllte meinen Kopf und die rechte Seite des Rückens. Ich riß die rechte Hand vom Gitter los und versuchte, den Hinterkopf zu schützen. Ich winselte vor Schmerz, denn die Hand war sofort verbrannt. Rasch griff ich wieder nach dem Gitter, denn auch von links her drang das Feuer auf mich ein. Meine Kehle war von Rauch erfüllt, ich schmeckte Blut. Wiederum nahte die Hitze und verbiß sich in meinen Rücken. Ich spürte, wie mir die Flammen den Körper verbrannten. Ich schrie nur mit den Augen, denn ich konnte keinen Laut hervorbringen. Der Schmerz war so groß, daß ich nicht einmal die Kraft hatte zu weinen. Ich jammerte und hielt mich krampfhaft an dem Gitter fest. Als die glühende Hitze etwas nachließ, wurde ich in heißem Qualm geräuchert. Von Zeit zu Zeit verfiel ich in lähmende Erstarrung. Trotz der Qualen arbeitete mein Geist fieberhaft. Es muß irgendwo einen Ausweg geben, ich muß mich vom Gitter losreißen!

Ich konnte die verkrampften Fäuste aber nicht lösen. Ich war wie gelähmt. Ich bemerkte aber, daß die Nacht allmählich in eine graue Morgendämmerung überging. Der Rauch war nicht mehr ganz so dicht, hüllte mich aber immer noch ein. Immer, wenn ein Hauch frischer Luft hereinwehte, atmete ich durch. Irgendwann bemerkte ich draußen hinter dem Gitter Leute. Mit den letzten Resten des überbeanspruchten Bewußtseins registrierte ich: Ich muß mich vom Gitter losreißen und den Ausgang suchen! Es dauerte längere Zeit, bis sich der innere Krampf in mir löste. Ich fiel hinunter und landete auf etwas Weichem, etwas Klebrigem. Es waren die Leichen erstickter Häftlinge.

Blindlings, mit ausgestreckten Händen, tastete ich mich auf das eiserne Tor zu, das geöffnet sein konnte. Meine Füße stolperten über die Körper von Getöteten. Ich fiel hin und stand wieder auf, berührte dabei die Überreste lebloser Menschen. Wie durch einen Schleier erblickte ich schließlich das offene Geviert des Tores. Nur ein paar Meter trennten mich noch vom Ausweg aus dieser entsetzlichen Falle, nur noch wenige Schritte. Und plötzlich stieß ich in den dünner werdenden Rauchschwaden mit jemandem zusammen. Bevor ich mir überhaupt bewußt wurde, daß es ein SS-Mann mit einem Karabiner war, bekam ich schon einen furchtbaren Hieb auf den Kopf und sackte zusammen. Vor meinen Augen tanzten gelbe und grüne Kreise, dann wurden sie rot. Ich konnte gerade noch denken »Also doch der Tod!« – und verlor das Bewußtsein.

Der Häftling, der mich an den Füßen über die Erde schleifte, war erschöpft und blieb einen Augenblick stehen. Ich kam durch den Schmerz zu mir, denn mein Kopf schlug an die Pflastersteine, und vom verbrannten Rücken wurden die letzten Hautreste abgescheuert. Der Schmerz war so schneidend, daß ich schreien wollte, aber ich konnte keinen Ton hervorbringen. Meine verbrannten Hände waren durch das krampfhafte Festkrallen am Gitter wie abgestorben. Nur mit den Augen konnte ich ein Lebenszeichen von mir geben.

Der neben mir stehende Häftling beugte sich zu mir nieder und fragte: »Mann, du lebst noch?!« Ich bewegte die Augen. Der Häftling rief einen zweiten herbei, und sie trugen mich, an Händen und Füßen haltend, fort. Es gab sehr viele Verwundete und Opfer mit Verbrennungen. Die Deutschen wiesen an, uns auf einen LKW zu werfen, und brachten uns in den Lagerkrankenbau von Flossenbürg.

Flossenbürg

Die Ladefläche des Lastwagens, der vor der Krankenbaracke im Konzentrationslager Flossenbürg stehenblieb, war mit Blut, Urin und Exkrementen beschmiert. Die SS-Leute hatten die Häftlinge mit den Verbrennungen fünf Stunden lang ununterbrochen gefahren. Ein Teil der Opfer war unterwegs gestorben.

Obwohl auch meine Beine zum Teil verbrannt waren, vermochte ich sie soweit zu gebrauchen, daß ich darauf stehen konnte. Mit Hilfe eines polnischen Pflegers kroch ich vom Wagen herunter, und er stützte mich bis zum Bad des Krankenbaus. Hände und Rücken schmerzten entsetzlich. »Von woher bist du dahin geraten?«, fragte mich der Pole. »Von Auschwitz«, stammelte ich. »Aus Auschwitz? Du bist in Auschwitz gewesen? Na, sag das doch gleich! Janusz«, wandte er sich an einen anderen Häftling. »Bring ihn gleich nach dem Baden zum Verbinden!« Dann ging er wieder zum Wagen, um andere zu holen. Der kleine Baderaum füllte sich allmählich mit Häftlingen aus Mülsen. Jeder von ihnen trug an irgendwelchen Stellen des Körpers Verletzungen und Verbrennungen. Dieser am Kopf, jener an der Hand, ein anderer wiederum an den Füßen. Viele hatten Verbrennungen am Bauch oder – wie ich – auf dem Rücken. Von den offenen Wunden und den dreckigen Leibern ging ein entsetzlicher Gestank aus. Das lauwarme, später etwas heißere Wasser aus den Duschen spülte den Schmutz fort und milderte Schmerzen und Leiden, die Wunden aber blieben.

»He, du aus Auschwitz, komm mal her!« In der Tür des Baderaums erschien der Pfleger Janusz. Nur mühsam schleppte ich mich zum Behandlungszimmer. Dort befanden sich zwei SS-Leute und mehrere Häftlingspfleger, die die frisch Gewaschenen und leichter Verwundeten versorgten. »Mann, du bist aber durchgebraten! Verflucht noch mal!« meinte Janusz. »Ich weiß nicht, Tadek, ob du das überstehst.« Derjenige, der mich vom Lastwagen hergeschleppt hatte, unterbrach ihn: »Hör auf zu quatschen. Gib lieber etwas von dem Pulver. Es reicht sowieso nicht für alle.« Mit dem Gesicht von ihnen abgewandt, konnte ich nicht sehen, was sie mit meinem Rükken machten. Es tat nur furchtbar weh, so daß ich laut aufstöhnte.

»Na, na, brüll nur nicht los! So eine hundsfötische Wunde, verflucht noch mal«, meinte der zweite, und ich wurde ohnmächtig. Als ich wieder zu mir kam, lag ich auf dem Bauch, und die polnischen Pfleger verbanden ringsherum meinen Körper. Dann wandten sie sich dem Kopf zu, der vom Gewehrkolben zertrümmert war, und schließlich widmeten sie sich meinen Händen. Der linke Handrükken war fast ganz verbrannt. Unter der verkohlten Haut und den Muskeln waren an einigen Stellen die Knochen zu sehen. Als die beiden fertig waren, war ich zur Hälfte in Bandagen gefesselt. Nur Augen und Mund blickten hervor. Das rechte Bein hatten sie mit einer Flüssigkeit eingerieben.

In den Krankensaal brachte mich derjenige, der mich vom Wagen getragen hatte. Er hieß Tadeusz, genauso wie ich. Erst als ich auf der Pritsche lag, merkte ich, daß ich furchtbar hungrig war. Es war gegen Abend. Die Zugänge bekamen, wie überall, am Tag ihrer Ankunft nichts zu essen. Tadeusz hatte sich das wahrscheinlich gedacht, denn er zog eine halbe Scheibe Brot mit Margarine aus der Tasche und gab sie mir. Ich dankte ihm mit einem Kopfnicken. In den Saal wurden immer mehr andere Unglücksraben aus Mülsen gebracht.

Die erste Nacht war entsetzlich. Die meisten wimmerten vor Schmerz, einige riefen um Hilfe, andere baten um Wasser, aber bis zum Morgen ließ sich niemand blicken. Ich wimmerte ebenfalls. Ich konnte nur auf der linken Seite liegen. Ich hatte Fieber und konnte nur mühsam einschlafen.

Am nächsten Tag erschien der SS-Arzt Schmitz im Saal. Er trat an jede Pritsche und gab den ihn begleitenden Pflegern Anweisungen. Die nächsten Tage waren fürchterlich. Der SS-Arzt traf – bei Fällen mit seiner Ansicht nach hoffnungslosen Verbrennungen – Entscheidungen über die Amputation eines Fußes oder einer Hand. Unter den Kranken herrschte Angst und Schrecken. Alle wußten, daß ein Versehrter im Lager nicht mehr lange zu leben hatte.

Unterdessen operierte und amputierte der SS-Scherge munter drauflos, gleichgültig, ob es notwendig war oder nicht. Er übte sein

Handwerk an lebenden Häftlingen. Oft kam er vom Schnaps angeregt in den Saal. Allein dank Tadeusz überlebte ich die ersten Tage im Krankenbau von Flossenbürg. Viele andere Verwundete und Verbrennungsverletzte starben.

Mein Rücken und meine linke Hand waren weiterhin gefährdet. Ich hatte Angst, man werde mir die Hand amputieren. Sie wollte nicht heilen, aber Tadeusz sagte, der Rücken sähe schlimmer aus. Eines Abends tauchte er unerwartet bei mir auf und sagte, ich sollte ihn begleiten. Er ging mit mir in die im Krankenbau gelegenen Räume des SS-Arztes, dem dort ein Bad zur Verfügung stand. Tadek ließ lauwarmes Wasser in die Wanne laufen, schüttete Kaliumpermanganat hinein, wickelte meine Verbände ab und hieß mich hineinsteigen. Das violettfarbene Wasser sollte mir Erleichterung verschaffen und die Wunden desinfizieren.

Mein Betreuer schloß mich im Bad ein und sagte: »Du bleibst jetzt zwei, drei Stunden da drin liegen, und entweder kriegen wir dich hin, oder aber der Teufel soll dich holen!« Das letzte brummte er leise vor sich hin, während er verschwand. Ich lag in einem Konzentrationslager in der Wanne! Das schien vollkommen unglaublich zu sein und war doch wahr. Tadeusz hätte mich bestimmt nicht in die Wanne gepackt, wenn das nicht unbedingt nötig gewesen wäre. Es war riskant, aber mir war alles egal. Ich verließ mich restlos auf die Anweisungen des Auschwitz-Kameraden. Ich wußte, daß er mich retten wollte. Wahrscheinlich war der besoffene Schmitz in seine SS-Kantine gegangen, und Tadeusz nutzte das aus.

Ich lag über drei Stunden in der Wanne, als ich hinter der Tür Schritte hörte. Ich vernahm mehrere Sätze auf Deutsch. Vor Angst schlug mir das Herz bis zum Halse. Aber nach einer Weile wurde es wieder ruhig. Etwas später hörte ich ein leises Pochen an der Tür, der Schlüssel drehte sich im Schloß, und Tadeusz erschien. »Na und? Fühlst du dich besser?«, fragte er. »O ja, ganz bestimmt!« gab ich zurück.

Tadeusz betrachtete eingehend meinen Rücken und meine Hand. Er half mir, mich abzutrocknen und die Lagerwäsche überzustreifen. Er scheuerte die Wanne und führte mich ins Behandlungszimmer. Es war Nacht, und ganz allein begann er, mit einer Pinzette die kleinen Sandkörner aus den Wunden auf meinem Rücken herauszupulen. Sie waren unter die Hautreste gerieben worden, als man meinen

Abb. 11 KZ Flossenbürg. Blick auf das Lager.

Körper über die Erde geschleift hatte. Sie verursachten Entzündungen und Infektionen. Es tat sehr weh, und ich stöhnte. Aber ich mußte die Zähne zusammenbeißen, ich mußte es aushalten. Es war sehr viel von diesem höllischen Zeug, denn am Ende war er erschöpft und meinte: »Für heute reicht's! Ein andermal versuchen wir's noch mal. Jetzt geh erstmal schlafen!« Er bestreute mich mit irgendeinem Pulver, verband mich und brachte mich in den Krankensaal.

Drei Tage später trat ich gemeinsam mit allen Kranken zur Visite an, die Schmitz und sein Assistent vornahmen. Das Schlimmste war das Abnehmen und Abreißen der Verbände. Der SS-Arzt warf kaum einen Blick auf meinen Rücken und die Hand und befahl mir abzutreten. Tadeusz, der in der Nähe stand, lächelte nur. Offensichtlich wird es besser, dachte ich mir. Dann aber kehrten die Zweifel wieder. Sollte mein Zustand vielleicht so hoffnungslos sein, daß es sinnlos war, etwas zu unternehmen? Vielleicht waren die Verbrennungen auf dem Rücken einfach nicht zu heilen, und Tadeusz versuchte nur, mir nicht die Hoffnung zu nehmen.

Erst abends, als er mich in den Verbandsraum rief, gab mir sein heiteres Gesicht etwas Optimismus zurück. Er begann erneut, mit der Pinzette die Fremdkörper aus den Wunden auf meinem Rücken zu entfernen, als plötzlich sein Kollege Janusz, der als Oberpfleger fungierte, den Raum betrat. Er betrachtete eine Weile meine Verletzungen und urteilte dann: »Ich kann dich beim besten Willen nicht verstehen. Das ist doch Wundbrand. Ihm hilfst du sowieso nicht weiter. Schade um die Zeit. Im Lager ist noch nie jemand vom Brand geheilt worden.« Tadeusz blickte erst mich, dann Janusz an und meinte: »Ich weiß nicht, ob das Wundbrand ist oder nicht. Übersteht er es, gut! Wenn nicht, dann nicht. Aber dem Burschen muß geholfen werden. Ich muß das Teufelszeug da rausklauben.« Janusz nickte mit einem zweifelhaften Lächeln, winkte mit der Hand ab und ging. Nach dem, was ich gehört hatte, wurde ich von Angst gepackt. So viele Schmerzen, so viele Leiden – und alles umsonst? Nein, das darf nicht sein! schrie etwas in mir. Ich muß Tadeusz helfen! Soll er darin rumkratzen. Soll er mir den halben Rücken herunterreißen, wenn ich es nur überstehe!

Am nächsten Tag brachte mich Tadeusz am späten Abend wieder zu der Wanne und ließ mich einige Stunden darin baden. Wiederum machte er sich an das »Herauspulen« auf dem Rücken, und dann lag ich lange Tage im Krankensaal. Das Fieber, das sich fast die ganze Zeit hindurch zwischen 37,5 °C und 38 °C hielt, ging auf weniger als 37 °C zurück. Die Krise schien überstanden zu sein. Tadeusz brachte mir zusätzliche Suppe. Nach zwei, drei Wochen war die Wundbrandgefahr gebannt. Man nahm mir den Kopfverband ab, und die Delle im Schädel wurde mit einem haltbaren Pflaster versehen. Ich war nicht das einzige Mülsen-Opfer, dem Tadeusz Kośmider und Janusz Janicki halfen. Einige, mit leichteren Verbrennungen, konnten den Krankenbau verlassen.

Unter den Patienten mit Verbrennungen lag im selben Saal ein Junge aus Lublin. Er war noch jünger als ich, nämlich 15 Jahre alt. Hände, Füße und Kopf waren bei ihm in Ordnung, aber sein ganzer Unterleib war vorne verbrannt. Die Hautreste hielten knapp die inneren Organe. Offensichtlich hatte er Rauch geschluckt, war ohnmächtig geworden, und die glühenden Flammen hatten eben seinen Unterleib angegriffen. Aber nach fast zwei Wochen begann ein dünnes Gewebe allmählich den Bauch zu überziehen. Der SS-Arzt, der sich für den seltenen Fall interessierte, daß sich das verbrannte Gewebe wieder regenerierte, beschloß zu experimentieren. Er ordnete an, über dem Bauch des Jungen eine Art Zelt aufzustellen, um eine Infektion zu verhindern.

Der Junge wurde mit Diät versorgt, konnte aber nur sehr geringe Mengen zu sich nehmen. Er trank viel. Die Tätigkeit der inneren Organe konnte den Heilungsprozeß gefährden. Auf Anweisung des SS-Arztes brachten ihm die Pfleger Wasser, um den zunehmenden Durst des Kranken zu stillen. Nur Tadeusz warnte den Jungen, er solle nicht zuviel trinken, ganz besonders, da er trotz der riesigen Wunde zu gesunden schien. Der Junge beachtete das aber nicht. Eines Nachts weckte mich ein lauter Aufschrei von der Pritsche des Lubliner Jungen, dann war es still. Ich quälte mich von meiner Pritsche und ging zu seinem Zelt. Er war tot. Später stellte sich heraus, daß er in der Nacht zuviel getrunken hatte. Dadurch war das noch schwache Gewebe geplatzt, er hatte eine innere Blutung bekommen und war gestorben. Andere hatten mehr Glück. Anfang Juni wurden mehrere Patienten der Mülsen-Gruppe aus dem Lagerkrankenbau entlassen.

Eines Tages brachte Tadeusz die Neuigkeit mit, daß die Alliierten in der Normandie gelandet seien und der Krieg in eine neue Phase eingetreten sei. Das war erfreulich, obwohl unsere Gefangenschaft weiterging. Ich lag bereits den zweiten Monat im Krankenbau. Die rechte Hand heilte ziemlich rasch, aber auf der linken wollte sich die Haut nicht regenerieren. Die Wunde auf dem Rücken verschorfte allmählich. Die quälenden Schmerzen ließen nach. Tadeusz brachte mir – meist abends – ein Stückchen Brot, eine Schüssel Suppe, zweimal auch eine Zwiebel. Durch die zusätzliche Verpflegung kam ich wieder zu Kräften, so daß ich nach zwei Monaten der Wundpflege anfangen konnte, kleine Aufgaben beim Inordnunghalten des Krankensaals zu übernehmen. Ich begann, anderen zu helfen. Wie groß war meine Verwunderung, als ich auf einer der fernsten Pritschen in der anderen Ecke des Saals Kolja entdeckte. So viele Wochen hatten wir im selben Raum gelegen und nichts voneinander gewußt. Das war kaum verwunderlich. Der Kopfverband hatte mein Gesicht verhüllt, und ihm hatte man ein Bein bis zum Knie hin amputiert. Er konnte sich nicht von der Pritsche rühren, und ich hatte mich kaum fortbewegen können.

Er freute sich, als er mich zu sehen bekam. In seinen Augen glitzerten Tränen. Ich war auch über seine Verstümmelung betroffen. »Weshalb? Weshalb müssen wir so leiden?« fragte er. Ich erfuhr von ihm, daß ein gutes Dutzend ausgehungerter Gefangener den verzweifelten Beschluß gefaßt hatte, die Fabrik in Brand zu setzen und einen Ausbruchsversuch zu wagen. Er erzählte mir, wie er aus dem brennenden Keller herausgekommen war, wie ihn eine MG-Salve am Bein erwischt und unterhalb des Knies den Knochen zerschmettert hatte und wie er die Besinnung verloren hatte. Die SS-Leute des Kommandos in Mülsen hatten alle russischen Kriegsgefangenen, die sie außerhalb des Fabrikbereichs antrafen, auf der Stelle erschossen. Es waren auch Polen, Tschechen und Franzosen umgekommen. So lautete das ungeschriebene »Gesetz« im Lager. Bei Kämpfen oder einer Massenflucht haftete jeder einzelne für alle und alle für jeden.

Am nächsten Tag, als Tadeusz mir eine Schüssel Suppe brachte, teilte ich sie mit Kolja. Ich ging noch mehrfach zu ihm, bis der SS-Arzt eines Tages alle Versehrten ins Lager entließ, darunter auch Kolja. Es war ein makaberer Zug – fast 20 sich gegenseitig stützende Unglückliche ohne Hände oder Füße.

Zum Abschied überließ ich Kolja die Hälfte meiner Scheibe Brot. Wir brachten keinen Ton heraus. Von Tadeusz erfuhr ich, daß man sie einer Gruppe von Behinderten aus den Quarantäneblocks zugeordnet und in unbekannter Richtung abtransportiert hatte.

Im Juli, dem dritten Monat meines Aufenthalts im Krankenbau, klaubte Tadeusz beim Verbinden meines Rückens mit der Pinzette noch zwei kleine Sandkörner aus den heilenden Wunden heraus. Eine Reihe glücklicher Umstände und die aufopferungsvolle Fürsorge des Auschwitz-Kameraden hatten mir das Leben gerettet. Tadeusz Kośmider (Lagernummer 624 vom ersten Auschwitz-Transport) erfreute sich als überaus nützlicher Pfleger eines gewissen Vertrauens der SS-Ärzte Fischer und Schmitz und konnte daher das Risiko eingehen, andere zu retten.

Schließlich kam der Tag, an dem ich den Krankenbau verlassen mußte. Ich wurde in den Quarantäneblock 23 verlegt, in dem der deutsche Kriminelle Hume Blockältester war. Sein Gehilfe war ein Deutscher mit Vornamen Kurt, ein invalider Rückfälliger, dem das linke Bein fehlte. Ihn, den Deutschen, hatte man nicht in unbekannte Richtung abtransportiert. Er war ein hübscher junger Mann, schön wie ein Filmschauspieler und raffiniert, was seine Methoden anbetraf, andere Menschen umzubringen. Mit seinen Krücken, auf denen er sich fortbewegte, schlug er auf die Häftlinge ein, und manchmal ermordete er sie aus dem geringsten Anlaß heraus, einfach zu seinem Vergnügen.

Terror und Sadismus gegenüber den Häftlingen, wie sie in diesem Block herrschten, erinnerten an die schlimmsten Zeiten des Jahres 1941 in Auschwitz. Der hölzerne Block war eigentlich eine Pferdestallbaracke, in der man dreistöckige Pritschen für die Häftlinge aufgestellt hatte. Im Block waren etwa 400 Häftlinge verschiedener Nationalität untergebracht. Ein kleiner Teil davon arbeitete in den Steinbrüchen. Eine gewisse Zahl war zum Transport in ein anderes Lager oder in Außenkommandos vorgesehen. Eine gesonderte – aber die zahlreichste – Gruppe bildeten sogenannte Schonungsfälle, aus dem Krankenbau Entlassene, nörglerische Faulenzer und Entkräftete. Der Blockälteste hatte seine Freude daran, im Laufe des Tages Appelle anzusetzen, bei denen er seine Kräfte an den Häftlingen auslassen konnte. Dabei half ihm der einbeinige Kurt.

In dem Block, in dem viele Schwache untergebracht waren, war es gar nicht so einfach, einen Appell durchzuführen. Die durch Krankheiten, Hunger und schwere körperliche Arbeit entkräfteten Häftlinge konnten sich nur mühsam bewegen. Sie in einer geordneten Kolonne antreten zu lassen, fiel schwer. Daher half der Blockälteste mit einem dicken Knüppel nach, mit dem er blindlings drauflosdrosch. Viele der unglückseligen Opfer spürten die Schläge wahrscheinlich gar nicht mehr, weil sie völlig apathisch geworden, gleichsam abwesend waren. Ihnen war es bereits ganz egal, was mit ihnen geschehen würde. Sie waren verdreckt, stanken und regten sich nur dann, wenn die Kessel mit der Lagerkost gebracht wurden. In Flossenbürg brachte man die Leute nicht in Massen um. Die Häftlinge starben systematisch, Tag für Tag, für sich allein, im Stillen. Die Leichen für das Krematorium wurden nicht nur vom Krankenbau geliefert, sondern auch vom Kommando im Steinbruch. Vervollständigt wurde die Zahl der Todesfälle durch die Quarantäne- und Schonungsblocks. Jeden Morgen trug der Ordnungsdienst des Blocks die Leichen von fünf bis zehn in der Nacht Verstorbenen hinaus.

Ich hatte noch nicht sonderlich viel Kraft, aber nach einer Woche wurde ich zum Saubermachen und Fegen der Lagerstraßen eingeteilt. Zu Mittag und zum Abendappell kehrte ich in den Block zurück. Der Block 23 gehörte zu den schlimmsten des Lagers, und vom ersten Tag an, da ich dort gelandet war, überlegte ich, wie ich von dort fortkommen könnte. Im Nachbarblock 22 war es auch nicht besser. Ich sah selbst, wie der dortige Blockälteste, ein Österreicher, gemeinsam mit seinen Gehilfen Kranke und Entkräftete mit kaltem Wasser begoß und dabei zynisch brüllte: »Ich werde euch Flegeln Ordnung und Sauberkeit beibringen!« Die Szenen, die sich dort abspielten, waren grauenerregend.

Gar nicht weit weg, gleich hinter dem Stacheldrahtzaun, lag das Krematorium. Wenn viele Leichen verbrannt wurden, legte sich der Qualm aus dem Schornstein des Krematoriums schwer auf die Quarantänebaracke und drang in alle Ecken. Der süßliche, ekelerregende Gestank bewirkte, daß die Häftlinge vor Übelkeit zu würgen begannen. Hume, dieser hinterhältige Sadist, stets sauber und elegant, immer in frisch geplätteten Hemden und Hosen, stieß auf dem Balken in der Latrine sitzende Schwächlinge mit dem Knüppel so an, daß sie in die Klogrube fielen. Wenn sie dann von dort herauskrochen, prügelte er sie zur Strafe, weil sie dreckig waren und stanken.

Eines Tages, als der SS-Blockführer den Appell abnahm, machte er den Blockältesten auf den im Block herrschenden Gestank aufmerksam. Am nächsten Tag führte Hume zwei mit Kot beschmierte, schwache Häftlinge (er hatte ihnen selbst befohlen, sich damit einzuschmieren) zu Lagerführer Fritzsch. Er eröffnete ihm, daß sich die beiden gegenseitig des Beschmierens mit Exkrementen beschuldigten. Er aber, der es mit solchen Dreckskerlen zu tun habe, bekomme Rapporte vom Blockführer wegen mangelnder Sauberkeit im Block. Der alte Bandit Fritzsch, ehemals Lagerführer im KZ Auschwitz, zog seinen Revolver und erschoß die beiden »Muselmänner«. Hume aber bekam zwei Hiebe in die Fresse, weil er sich mit solchen Kinkerlitzchen an den Lagerführer gewandt hatte. Von diesem Tage an stieg die Zahl der Toten im Block 23. Hume wütete unter den Schwächlingen, die er gnadenlos in der Latrine ertränkte.

Ein dramatischer Augenblick war für viele entkräftete Häftlinge jener Tag im Monat, an dem sie von der Familie zu Hause ein kleines Lebensmittelpäckchen bekamen. Oft schlangen die schwachen, ausgehungerten Häftlinge gierig und hastig die Lebensmittel von zu Hause hinunter, und nach einigen Stunden waren sie dann schwer krank. Der nicht mehr an Zucker und Fett gewöhnte Organismus reagierte mit Durchfall, und das endete nicht selten mit dem Tod. Meist waren es Häftlinge, die sich noch nicht länger als ein halbes Jahr im Lager befanden. Sie waren sich der Gefahr nicht bewußt. Hinweise und Warnungen älterer Häftlinge mit mehr Lagererfahrung nahmen sie ungläubig, ironisch lächelnd auf. Der anschaulichste Schauplatz derartiger Szenen war eben die Latrine. Ich beobachtete zwei französische Häftlinge, wie sie auf dem Balken saßen, Konfitüre und Honig aus kleinen Gläsern schleckten, während ihnen das Blut aus dem After lief. Der Durchfall, die gefährlichste Krankheit für die Häftlinge, höhlte ihren Körper erschreckend schnell aus.

Am nächsten Tag entdeckte ich einen dieser Franzosen unter den Toten neben dem Block. Sein Gesicht trug das glückliche Lächeln eines satten Menschen.

Ich bekam kein Päckchen. Alle paar Tage besuchte ich also meinen Betreuer im Krankenbau, der immer etwas für mich bereithielt. Als er mir eines Tages ein Stück Brot zusteckte, blickte er sich geheimnisvoll um und flüsterte mir zu: »Auf Hitler ist ein Attentat verübt worden. Die Deutschen sind wütend. Angeblich haben sie mehrere wichtige Generäle in den Bunker gebracht.« »Verdammt noch mal!« fluchte ich. »Und was ist? Hat es den Hitler erwischt?« hakte ich nach. »Nein, das Attentat ist mißlungen. Schmitz säuft ununterbrochen. Aha, weißt du schon, daß die Russen in Lublin einmarschiert sind?« »Woher sollte ich das wissen«, gab ich zurück. »Ich hab nicht solche Kontakte wir du.« »Na gut, dann weißt du es jetzt. Aber sei vorsichtig! Sprich mit niemandem darüber!« warnte er mich. »Bestimmt kommen jetzt Transporte aus Majdanek, sie haben das Lager dort nämlich aufgelöst«, setzte er noch hinzu.

Tadeusz verfügte tatsächlich über ausgezeichnete Informationen. Als ich in meinen Block zurückkam, stand vor dem Waschraum eine dicht gedrängte Menge neuer Häftlinge. Es war ein Transport aus Lublin. Die Deutschen müssen sich also ständig zurückziehen, ihnen wird tüchtig das Fell gegerbt – dachte ich. Im Osten wie im Westen werden sie immer mehr bedrängt. Wie es wohl kommen wird? Vielleicht erleben wir die Befreiung.

Am nächsten Tag sah ich in der Nähe des Haupttores eine Gruppe von etwa 30 Häftlingen, während ich die Lagerstraßen um die Schreibstube herum säuberte. Mit Knüppeln wurden sie von SS-Leuten und irgendeinem Kapo vom Tor her ins Lager und dann in den Bunker getrieben. Ich konnte gerade noch erkennen, daß alle einen runden weißen Aufnäher auf dem Rücken der Häftlingskluft hatten. Darauf war der rote Buchstabe »M« zu sehen. Dieser Kennzeichnung war ich bisher in keinem Lager begegnet. Janusz Janicki, der Kollege von Tadeusz aus dem Krankenbau, kam gerade aus der Schreibstube heraus. Ich fragte ihn, was dieser Buchstabe auf dem Rücken zu bedeuten habe. Der Pfleger blickte sich vorsichtig um, ob kein SS-Mann in der Nähe sei, und erklärte mir dann: »Die du da gesehen hast, das sind Russen aus deinem Kommando in Mülsen. Man hat sie in den Wäldern der Sudeten erwischt und in die Strafkompanie eingewiesen. Der Buchstabe ›M‹ bedeutet Meuterei, deshalb tragen sie diesen Aufnäher.«

Anschließend betrachtete er mich näher und meinte: »Du hast Glück gehabt, daß du nicht draufgegangen bist. Ich habe nicht geglaubt, daß du es überstehst! Und was die da betrifft«, er zwinkerte zum Bunker hinüber, »so haben sie noch ein paar Tage Arbeit im Steinbruch vor sich. Dann werden sie fertiggemacht.« Im Tor tauchte irgendein SS-Mann auf. Janusz entfernte sich von mir, nahm eilfertig die Mütze vor dem näherkommenden SS-Mann ab und wandte sich dem Krankenbau zu. Eifrig begann ich mit dem Reisigbesen herumzufuchteln.

Nach cin paar Wochen Arbeit bei den Straßenreinigern wurde beim Morgenappell meine Nummer verlesen. Ich erfuhr, daß ich für einen Transport nach Leitmeritz (Litoměřice) oder Hersbruck vorgesehen war. Beide Vernichtungsstätten bedeuteten eine Bedrohung für mich. Ich beschloß, mich nach dem Abendappell an Tadeusz zu wenden, damit er mir helfe. Mein Betreuer bekräftigte meine Ansicht, daß der Abtransport in eines dieser Lager gefährlich sei. Wenn ich schon fort müsse, dann besser an einen Ort, wo wenigstens die Aussicht bestand, zu überleben. Aber wie sollte man das anstellen? Wohin auch immer die Häftlinge abfuhren, überall waren die Lebensbedingungen schlecht. Und hinzu kamen die Bombenangriffe, denn die Rüstungsbetriebe, in denen wir vorwiegend eingesetzt wurden, bildeten das Hauptziel der alliierten Luftangriffe.

Tadeusz überlegte lange und sagte dann, ich solle in zwei Tagen wiederkommen. Er werde unterdessen sehen, was sich mit Hilfe bekannter Deutscher in der Lagerkanzlei machen lasse.

Als ich in den Quarantäneblock zurückkam, herrschte dort ein unbeschreibliches Durcheinander. Vom Duschraum des Lagers her hatte man über 500 Häftlinge aus Majdanek in unseren Block eingewiesen, vorwiegend Polen, Russen und Juden. Sie hatten eine langwierige Hölle hinter sich. Sie waren zur Quarantäne in Birkenau gewesen und von dort nach Flossenbürg geschickt worden. Es war klar, daß diejenigen, die bisher alleine geschlafen hatten, weil sie zur Arbeit eingesetzt waren, ihre Pritsche unter den neuen Gegebenheiten mit ein oder gar zwei Leidensgefährten würden teilen müssen. Der Block war restlos überfüllt. Vor der Latrine stand eine lange Schlange. Die Nächte waren entsetzlich.

Auf meine Pritsche wurde ein Landwirt in mittleren Jahren aus der Umgebung von Zamość eingewiesen. Er erzählte mir von den faschistischen Aktionen des Raums Zamość, vom Wirken polnischer und russischer Partisanen, vom Ausbruch des Warschauer Aufstands und von den verbissenen Kämpfen rings um die Hauptstadt Polens. Erst von ihm erfuhr ich vom vollen Ausmaß der Ausrottung der Juden, die man mit ihren ganzen Familien in die verschiedensten Lager gebracht hatte, wo sie den Tod fanden. Ich hatte geglaubt, daß das, was ich in Auschwitz und anderen Lagern gesehen hatte, entsetzlich und furchtbar sei. Aber das, was ich von meinem Pritschennachbarn erfuhr, übertraf alle Vorstellungen, die ich mir von den Naziverbrechen gemacht hatte. Ich konnte nicht einschlafen. So vieles geschah, so viele Menschen kamen um. Und ich fragte mich, wo denn das Leben sei, wenn es überall soviel Tod gab. Geplagt von der qualvollen Vorstellung der brennenden Leiber der Erschossenen und von der Ungewißheit des eigenen Schicksals, schlief ich am Ende ein – inmitten des Stöhnens und der Geräusche in der überfüllten Baracke.

Am nächsten Tag wachte ich mit rechtsseitigen Bauchschmerzen auf. Als ich den »Lagerkaffee« getrunken hatte, wurde mir etwas besser, aber ich spürte weiterhin irgendwelche Beschwerden, die ich nicht näher bestimmen konnte. Im Laufe des Tages, bei der Arbeit, machte sich der Schmerz wieder bemerkbar. Am Abend ging ich zum Krankenrevier. Tadeusz wartete schon auf mich und eröffnete mir sogleich: »Es steht schlecht. Die Häftlingsnummern auf der Transportliste befinden sich seit einer Woche in den Händen des Arbeitseinsatzführers. Es scheint, du mußt los.« Ich berichtete Tadeusz von meinen Bauchschmerzen. Er überlegte kurz und schlug vor:

»Komm, leg dich auf den Tisch. Ich untersuch dich, verdammt noch mal!« Ich legte mich hin, wie er befahl.

Er begann leicht meinen Unterleib abzutasten. Als er zweimal Schmerzen auf der rechten Seite feststellte, meinte er: »Es sieht nach einer Blinddarmreizung aus. Das ist nicht gefährlich, aber in deiner Lage wäre das vielleicht ein Ausweg! Ich rede mit Schmitz, er soll dich auch untersuchen. Was meinst du dazu?« Allmählich begriff ich. Noch eine weitere Operation mehr – verflucht noch mal! »Aber Tadek, wird das nicht sehr wehtun?« fragte ich ängstlich. Tadeusz lachte nur: »Mann, das macht man doch nicht bei vollem Bewußtsein! Nicht so, wie ich dir den Rücken saubergemacht habe. Wir geben dir eine Narkose, du wirst nichts spüren. Du liegst ein paar Tage, der Transport geht ab, und dann sehen wir weiter. Na, was ist?« »Gut, einverstanden!« sagte ich. Wahrscheinlich hätte ich mich vierteilen lassen, um nur nicht einen solchen Betreuer und Freund zu verlieren wie Tadek.

Er beschloß, mich sofort im Krankensaal unterzubringen und eine akute Blinddarmentzündung vorzutäuschen. Er erledigte alle Aufnahmeformalitäten bei Revierschreiber Goltz und Kapo Mathoy. Die Nacht verbrachte ich im Krankenbau. Mein Gott, schon wieder! Das wievielte Mal eigentlich im Laufe der mehr als drei Jahre? Am Vormittag des nächsten Tages, etwa gegen zehn, lag ich im Operationssaal. SS-Arzt Schmitz stank nach Schnaps. »Na Tadeusz, wo hast du denn deinen Schulkameraden gefunden?« Offensichtlich hatte Tadek ihm irgend etwas über mich erzählt. Gemeinsam mit Janusz und dem tschechichen Arzt Lulaj sollte er bei der Operation assistieren und die Instrumente vorbereiten. Tadeusz gab zurück: »Schon in Auschwitz, Herr Sturmbannführer.« »Ach so«, brummte der Chirurg. Indessen legte Janusz mir ein Stück Zellstoff mit Äther aufs Gesicht und sagte, ich solle zählen. Ich hörte noch die Stimme des SS-Arztes: »Na Tadeusz, du hast die Diagnose gestellt, und ich glaube dir. Aber wenn wir was anderes finden, dann kriegst du deinen Kameraden nicht mehr ...« Dann war ich weg. In meinem Kopf wurde es erst gelb, dann rot. Es pochte. Irgend etwas klopfte – und ich kam zu mir auf der Pritsche im Krankensaal. Franek Gawryluk, der als Laborant fungierte, saß an meiner Pritsche. Als er sah, daß ich die Augen öffnete, fragte er: »Na, wie fühlst du dich? Ist alles in Ordnung? »Ich nickte. »Na, dann ist es gut, du hast nämlich fast drei

Stunden geschlafen. Ich dachte schon, dich habe der Schlag getroffen.« Langsam kam ich zu mir. Ich registrierte, daß mir eigentlich nichts weh tat. Als Tadeusz kam, gab er mir jedoch eine »kalte Dusche«. »Gut, daß das rausgekommen ist. Es sah nicht schön aus. Wenn die Narkose nachläßt, wird es etwas weh tun, so in zwei, drei Stunden. Aber mach dir nichts draus.« Nach einiger Zeit verspürte ich auf der rechten Seite einen ausgedehnten Schmerz, der sich bei jedem tieferen Atemzug verstärkte. Ich versuchte also, langsam und flach zu atmen.

Am wichtigsten ist, daß ich mich vor dem Transport gedrückt habe – sagte ich mir. Ich mußte es einige Zeit im Krankenbau aushalten. Und schließlich würden vielleicht auch dieser verfluchte Krieg und die Haft ein Ende nehmen. Doch wann? Wann endlich? Warum mußte man als Mensch so leiden? Und ewig Angst vor irgend etwas haben? Ich mußte an den unglücklichen Kolja aus Mülsen denken, der mich ganz ähnlich gefragt hatte: »Warum muß der Mensch so leiden?« Die Augen wurden mir feucht. Er brauchte keine Angst mehr zu haben, er mußte nicht mehr leiden ... Und du Idiot – schalt ich mich im stillen selbst aus. Freu dich lieber, daß du noch etwas leiden kannst. Es gibt kein Leben ohne Leiden.

Durch die Blinddarmoperation entging ich dem Transport nach Leitmeritz. Nach mehrtägiger Genesung wurde ich mit Unterstützung von Tadeusz weiterhin als Kranker geführt. Häftlingsarzt Lulaj verpflichtete mich, schwereren Fällen durch kleine Handreichungen zu helfen. Es waren meist Häftlinge mit Magenoperationen. Schmitz versuchte sich nur allzu gern an Magenoperationen, oft ohne hinreichende Allgemeinuntersuchung und ohne entsprechende Diagnose. Doch er war für die getroffenen Entscheidungen verantwortlich. Unter den Gegebenheiten des Lagers gehörte jeder chirurgische Eingriff zu den schweren Operationen, vor allem eine Magenoperation!

Schmitz schnipselte zwei- oder dreimal in der Woche an mehreren Häftlingen herum. Viele von ihnen starben nach so einer »gelungenen« Operation.

Im Oktober trafen immer mehr Häftlingstransporte aus Warschau in Flossenbürg ein. Dabei handelte es sich vorwiegend um Aufständische, aber auch um Vertreter der Zivilbevölkerung, die zwangsweise aus der zerstörten Hauptstadt ausgesiedelt wurden. Damals erfuhr ich ebenso wie die anderen von der Niederschlagung des Aufstands, von den zahllosen Morden, die die Deutschen an der Zivilbevölkerung begangen hatten, und von den höllischen Qualen, die die Einwohner auf ihrer ziellosen Wanderung nach dem Verlassen der zerstörten Stadt durchgemacht hatten. Ich verfiel in tiefe Niedergeschlagenheit. Den Deutschen gelang einfach alles, uns Polen aber leider nichts. Sie hatten uns erneut bezwungen. Wiederum waren in den mehr als 60 Aufstandstagen die besten, dem Vaterland ergebensten Polen ums Leben gekommen. Warum? Warum mußte das so sein?

Von mehreren Warschauern, die in den Krankenbau eingeliefert wurden, hörte ich, daß der Waffenmangel und die zu geringe Unterstützung durch die Alliierten die Aufstandschancen zunichte gemacht hätten. Erfreulich war, daß sowohl die Russen als auch die Amerikaner an den Fronten Siege errangen. Doch weiterhin war ungewiß, wann sie uns in den Lagern die Freiheit bringen würden.

Unter den Warschauer Gefährten begegnete ich einem Ingenieur, der sich ausschließlich darum sorgte, was mit seiner Frau und seinem Sohn geschehen sei. Er lag auf der Nachbarpritsche und erklärte mir lang und breit, daß die Deutschen seine Familie wahrscheinlich abtransportiert hätten, er wisse nur nicht, wohin. Er selber habe einer Abteilung angehört, die er zum Zeitpunkt der Kapitulation der Aufständischen verlassen habe. Und als verdächtiger Zivilist sei er ins Lager eingewiesen worden. Er klagte über Bauchschmerzen. Bei der Visite hörte Schmitz ihn an und entschied: »Magenoperation!«

Vergeblich rieten Janicki und Kośmider ihm davon ab, sich der Operation zu unterziehen. Umsonst erklärten sie ihm, daß die Voraussetzungen für die Krankenpflege nach der Operation im Lager nicht gegeben seien. Er versteifte sich darauf, daß er vor dem Aufstand sowieso ins Krankenhaus hätte gehen und sich einer Operation hätte unterziehen sollen. Gegenwärtig hingegen quälten ihn die Schmerzen so sehr, daß er es nicht länger aushalten könne. Schmitz operierte ihn, und nach sieben Tagen war unser Ingenieur tot. Tadeusz, der dem SS-Arzt assistiert hatte, sagte mir später, daß die Operation nicht um jeden Preis notwendig gewesen sei. Dieser Tod berührte uns alle, denn wir hatten den Ingenieur sehr gern gehabt.

Es gelang, zwei andere Patienten zu überzeugen, sich nicht operieren zu lassen. Janusz veranlaßte ganz raffiniert, daß sie aus dem

Krankenbau entlassen wurden. Es war besser, sich mit Geschwüren abzuquälen, als sich von Schmitz unters Messer nehmen zu lassen, erklärten die polnischen Pfleger den kranken Häftlingen, die sich mit Magenschmerzen im Revier meldeten.

Ich sah sehr viel Schmerzen und Leiden. Furchtbar zu leiden hatten diejenigen, die urologische Eingriffe hinter sich hatten und durch einen Katheter ihr Wasser lassen mußten. Oft brachte ich ihnen das Becken und hielt es fest. In ihren Augen erblickte ich Erleichterung, zugleich aber auch Dankbarkeit, daß ihnen jemand half und sie die Pritsche nicht beschmutzen mußten. Ich hielt die Betten und den ganzen Raum in Ordnung, in dem die Patienten unmittelbar nach der Operation untergebracht wurden. Ich war wieder Hilfspfleger im Revier, ähnlich wie 1942 in Auschwitz. Freuen konnte ich mich über eines – daß ich anderen, meinen Kameraden, helfen durfte und nicht für die Nazis arbeiten mußte. Ein paar Monate früher hatten andere mir ebenso geholfen. Ich zahlte jetzt also nur eine Dankesschuld ab.

Der Transport, mit dem ich hätte verlegt werden sollen, war längst abgegangen, und im November entließ man mich aus dem Krankenbau ins Lager. Ich wurde in den Block 17, den Schonungsblock, eingewiesen. Blockschreiber war dort ein älterer Mann mit gutmütigem Gesicht. Er hieß Jurkowski, stammte aus Ostrów Wielkopolski und saß seit 1939 im Lager. Als er erfuhr, daß ich aus Poznań stammte und daß ich obendrein nur mit Mühe meine Verbrennungen aus Mülsen überlebt hatte, teilte er mich dem Saalpfleger, der für Ordnung und Sauberkeit in den Häftlingsräumen verantwortlich war, als Gehilfen zu. Die Baracke hatte zwei Flügel, und in jedem lagen zwei Räume. Der kleinere Raum war mit Tischen und Hockern ausgestattet. Dort nahmen die Schonungshäftlinge (sie wurden zu leichteren Arbeiten herangezogen) nach der Arbeit ihre Mahlzeiten ein. Im zweiten Raum waren dreistöckige Pritschen aufgestellt, auf denen die Häftlinge schliefen. Zu meinen Pflichten gehörte das Saubermachen der beiden Räume, das Herbeischaffen der Suppenkessel aus der Lagerküche und die Ausführung von Anweisungen des Schreibers, der mir das Ausklopfen der Decken, das Reinigen der sanitären Anlagen und dergleichen übertrug.

In einem kleinen Schränkchen des Saalpflegers bewahrte ich die Bürsten und Lappen auf, die ich zum Aufwischen des Fußbodens im

Block gebrauchte. Block 17 war ein Rekonvaleszentenblock, doch ähnlich wie das Revier war er stark überbelegt. Die Häftlinge lagen zu zweit und zeitweise sogar zu dritt auf den Pritschen. Viele wurden mit den verschiedensten akuten Erkrankungen eingeliefert, von Lungentuberkulose bis hin zum Typhus. Meist einmal im Monat ordnete SS-Arzt Schmitz eine Durchsicht der Kranken an. Das geschah – ohne Rücksicht auf Jahreszeit und Wetter – im Duschraum. Einige gesündere Häftlinge, zu denen damals auch ich zählte, halfen anderen, die sich kaum auf den Beinen halten konnten. Der SS-Scherge ordnete dann an, daß sich die Kranken unter den Duschen aufstellen sollten, und ließ abwechselnd kaltes und dann wieder heißes Wasser auf sie niederprasseln. Vollkommen entkräftete Häftlinge – oft hatten sie Fieber – fielen dann nicht selten auf dem Boden des Duschraumes nieder und starben vor Erschöpfung. Und eben darum ging es Schmitz.

Eines Tages, er war berauscht, vertraute er den ihm assistierenden Pflegern an, daß die monatliche Zahl der Toten, seitdem er den Krankenbau in Flossenbürg übernommen habe, bei mehr als 2000 liege. Bei den Durchsichten befahl er, schwache, erschöpfte Häftlinge zur Arbeit einzuweisen. Er meinte, je schneller sie ihre letzten Kräfte verbräuchten, desto schneller würden sie von ihren Leiden befreit und die Deutschen von der Verpflichtung, sie umsonst durchzufüttern. Schmitz war ein entsetzlicher Sadist, kein Arzt. Er war gemeingefährlich. Er ließ nur einen kleinen Teil der Häftlinge in der Schonung zurück. Seine Entscheidungen hingen meist davon ab, wie er gelaunt war. Die als Ärzte tätigen Häftlinge – der Tscheche Lulaj, der Deutsche Dr. Sommer, der Franzose Legeais und die Polen Garstka und Kłak – waren ratlos angesichts der Allgewalt, der medizinischen Ignoranz und der boshaften Gemeinheit von Schmitz, der bei jeder Gelegenheit seine Macht betonte und absoluten Gehorsam verlangte.

Dank Tadeusz konnte ich die Verbindung zum Krankenbau längere Zeit aufrechterhalten und lernte die dort herrschenden Verhältnisse genauer kennen. Auf Anweisung von Schreiber Jurkowski holte ich Rekonvaleszente aus dem Krankenbau heraus. Bei verschiedenen Gelegenheiten lernte ich auch mehrere polnische Pfleger kennen, die bemüht waren, den Häftlingen zu helfen und sie vor den Verrücktheiten des allgegenwärtigen Schmitz zu retten. Władysław Birecki, Franciszek Gawryluk, Kazimierz Rękawek, Stefan Klimczak, Kazimierz Komorniczek und Janusz Janicki bildeten eine Gruppe junger Medizinstudenten, die unter den grauenhaften Gegebenheiten des Lagers Flossenbürg eine Haltung bewahrten, die der politischer Häftlinge würdig war.

Sie hätten den kranken Häftlingen jedoch nicht helfen können, wenn sie nicht beim SS-Sanitätsdienstgrad Unterscharführer Dehmel und beim Revierschreiber Karl Goltz Verständnis und manchmal auch konkrete Unterstützung gefunden hätten. Wohlwollend war auch der deutsche Häftling Paul Gruner eingestellt. Aber das waren Ausnahmen.

Leider gab es unter dem Personal des Krankenbaus auch Leute, die weder irgendwelche Skrupel noch Anständigkeit besaßen. Der Pfleger Ksawery, ein ehemaliger Polizist aus Brest, stellte so manches Mal seinen Sadismus gegenüber den Kranken unter Beweis. Und deshalb war er bei Schmitz geschätzt.

Ein gewisser Blaszka – er trug den Spitznamen »Gnom« – handelte mit Gold, das er von den Kranken ergaunerte. Für kleine Handreichungen, oft nur für eine Schüssel Suppe, verkauften sie ihm ihre goldenen Zahnprothesen oder einzelne Goldzähne. Die Niederträchtigkeit dieses Pflegers war unglaublich abstoßend, er besaß die charakteristische Verschlagenheit einer leichenfledderischen Hyäne.

Seine Opfer suchte er sich unter jenen Häftlingen aus, deren Tage wegen ihres schlechten Gesundheitszustandes bereits gezählt waren. Unter den Köpfen der Verstorbenen zog er das nicht mehr verzehrte Brot unter der Matratze hervor. Er kreiste wie ein Schakal um die Sterbenden. Von Birecki erfuhr ich, daß weder die Kapos Rückert und Matoy noch der Apotheker Reupsch irgendwelche medizinischen Qualifikationen besaßen. Trotzdem nahmen sie mit Zustimmung von Schmitz an Häftlingen Operationen vor, die in den meisten Fällen den Tod der Patienten zur Folge hatten.

Es kam auch vor, daß der besoffene Schmitz eine Operation nicht zu Ende führen konnte und der ihm assistierende Funktionshäftling die Kranken zunähen mußte.

Ein anderer SS-Mann, er stammte aus Rumänien, war für zahlreiche Diebstähle im SS-Revier verantwortlich. Die gestohlenen Sachen bewahrte er im Häftlingskrankenbau auf. Dabei half ihm der Pfleger Blaszka, dessen Anwesenheit im Revier überaus gefährlich war. Er galt als Spitzel, und alle hüteten sich vor ihm wie vor der Pest. Man brauchte sich also nicht zu wundern, daß einige Kranke zu dem Schluß gelangten, die Betreuung im Revier sei reine Fiktion und es gebe keine Rettung für sie.

Eines Tages, als eine weitere Gruppe aus dem Krankenbau eingeliefert worden war, entdeckte ich einen Häftling, der sich erhängt hatte. Es war ein Kranker, der am Abend zuvor unumwunden erklärt hatte, daß das Leben unter diesen Bedingungen keinen Sinn habe. Wenige Tage später folgte ein anderer Häftling seinem Beispiel. Er erhängte sich kurz vor dem Appell. Ich aber stellte mir die Frage, ob ich – wenn mir niemand geholfen hätte – ebenfalls zu einer solchen Verzweiflungstat fähig gewesen wäre.

Die Antwort war eindeutig – ich wollte leben, ich wollte überleben. Ich glaubte an die Aussicht, daß ich es überstehen würde.

Indessen waren meine Brandwunden fast ganz verheilt. Nur wenn ich meinen Kopf abtastete, spürte ich die tiefe Delle in der Schädeldecke. Die war mir nach dem Kolbenhieb des SS-Söldners geblieben. Manchmal überlegte ich, warum er auf mich eingeschlagen hatte. Ob er den Verwundeten von sich aus hatte töten wollen, oder ob man es ihm befohlen hatte.

Beim Ordnunghalten im Block war ich bemüht, anderen nützlich zu sein. Diese Arbeit gewährleistete zusätzliche Verpflegung, und das war keineswegs bedeutungslos, wenn man wieder zu Kräften kommen wollte. Obwohl ich mich im Prinzip gesund fühlte, hatte ich von Zeit zu Zeit Schwindelanfälle und Kopfschmerzen. Es war gut, daß ich dem Transport entgangen war.

Im Schonungsblock hatten – mit Wissen von Schmitz – sogenannte Prominente Zuflucht gefunden, Häftlinge deutscher Abstammung, die nur vorübergehend ins Lager eingewiesen worden waren. Unter vier solchen Halunken erkannte ich den Lagerspitzel Malorny aus Auschwitz, der im Dienst der Politischen Abteilung gestanden hatte. Ich nahm mich vor ihm in acht so gut es ging, obwohl er versuchte, mich als »Auschwitzer« für sich einzunehmen. Schließlich wurde er, zusammen mit Kapo Mathoy und anderen, als Reichsdeutscher aus dem Lager entlassen und der SS-Einsatzgruppe Dirlewanger zugeteilt.

Ende 1943 begannen Transporte mit ungarischen Juden und Frauentransporte in Flossenbürg einzutreffen. Das Lager war überfüllt.

Es wurde gewissermaßen zu einem Durchgangslager für Häftlinge aus den Ostgebieten, die durch die näherrückende Front bedroht waren. Die Deutschen brauchten diese Häftlinge ausschließlich als Arbeitskräfte für Rüstungsbetriebe und kriegswichtige Unternehmen sowie zum Einsatz bei der Beseitigung von Bombenschäden nach Luftangriffen. Im Lager herrschte ein unablässiges Kommen und Gehen und ein immer größeres Chaos. Die Kommandantur erließ ständig neue Befehle zur Ankunft weiterer Häftlingsgruppen und ihrer Verlegung in andere Lager, Fabriken und Außenkommandos. Es gab immer mehr Neuzugänge, und nach und nach machte sich ein Mangel an Transportmitteln bemerkbar.

Die Quarantäneblocks waren überfüllt, Typhus griff um sich. Es gab immer mehr Leichen, und das Krematorium war nicht mehr imstande, sie alle zu verbrennen. Man begann die Leichen in Gruben unweit vom Krematorium zu verbrennen. Schmitz versorgte die Kranken, die sich mit Fieber, hauptsächlich mit Typhus, im Revier meldeten, auf seine Weise. Er verordnete von Zeit zu Zeit Phenolspritzen ins Herz oder ein »Gesundbaden« im Duschraum. Man durfte nicht krank werden. Für die Deutschen zählte nur ein Gesunder. Schwache und Kranke wurden ausgemerzt.

Ende des Jahres eröffnete mir Jurkowski, daß die Blocks 16 und 17 mit Frauen belegt würden. Extra eingeteilte Arbeitsgruppen begannen, Stacheldrahtzäune zu errichten. Für mich bedeutete das eine weitere Veränderung. Ich wurde in den Block 10 verlegt, der ein gewöhnlicher Block für arbeitende Häftlinge war. Dort war eine Gruppe von Polen untergebracht, unter denen ich mehrere gute Kameraden kennenlernte. E. Podgórzec, G. Koloch, Z. Rypalski und S. Florkowski interessierten sich für die Hölle, die ich in Mülsen durchgemacht hatte. Ich berichtete ihnen von meinen Erlebnissen in Mülsen und Auschwitz. Koloch und Rypalski waren ebenfalls in Auschwitz gewesen. Wir freundeten uns ziemlich schnell an. Florkowski, der zuvor Schreiber im Block 20 gewesen war, setzte sich beim Blockältesten Kurt dafür ein, daß dieser mich zur Arbeit im Lager einwies, nicht aber im Steinbruch oder in den Flugzeugwerken.

Das war ein günstiger Umstand für mich. Ich erlebte, daß mir andere Häftlinge um so mehr halfen, je länger ich im Lager saß. Und so geriet ich erneut in die Gruppe der Lagerstraßenfeger, die unter anderem von einem Angehörigen des Lagerschutzes, einem gewissen

Max, beaufsichtigt wurde, der ebenfalls im Block 10 untergebracht war. Sowohl der Blockälteste Kurt als auch Lagerschutzmann Max gehörten, obwohl sie kriminelle Häftlinge waren, keineswegs zu den übelsten. Ich habe nie gesehen, daß einer von ihnen einen Häftling gepeinigt oder erschlagen hätte. Eine ganz andere Situation trat ein, als sich einige Funktionshäftlinge Ende 1944, Anfang 1945 darüber klar wurden, daß ihre Macht früher oder später zu Ende gehen mußte und daß die schwachen, geprügelten, sich kaum noch rührenden Häftlinge zu ihren Anklägern werden konnten. Im Verhalten, sowohl der Funktionshäftlinge des Lagers als auch einiger weniger SS-Leute, konnte man einen gewissen Sinneswandel wahrnehmen.

Im Lager Flossenbürg herrschten jedoch weiterhin Terror und Gewalt. Besonders betraf das Häftlinge, die bei der Arbeit Sabotage verübt hatten oder Fluchtversuche unternahmen. Zu Weihnachten 1944, am Heiligabend, erhängten SS-Leute an einem, in der Nähe des Tannenbaums errichteten, Galgen mehrere Häftlinge. Ein paar Wochen später wurde auf dem Appellplatz erneut ein Galgen aufgestellt. Alle Blocks bekamen die Anweisung, sich bei der öffentlichen Hinrichtung, die vor allem der Abschreckung dienen sollte, rings herum aufzustellen. Damals stand ich in der Kolonne der Häftlinge des Blocks 10, unweit der Stätte, zu der die Verurteilten geführt wurden.

Lagerkommandant Kogel und andere SS-Leute waren bei der Hinrichtung zugegen. Einer der SS-Leute begann das Urteil zu verlesen, während zwei andere den Häftling auf das Podest zerrten und ihm die Schlinge um den Hals legten. Sie hatten irgendwelche Schwierigkeiten mit dem Strick, an dem der Delinquent hängen sollte. Der bekam das wahrscheinlich mit und fing plötzlich an, laut und deutlich zu rufen:

»Rebjata, es macht nichts, daß ich sterbe. Die Freiheit kommt bald! Haltet euch tapfer! Die Rote Armee bezwingt das Hitler-Gezücht. Verübt Sabotage! So wie ich! Rächt den Tod derer, die in den KZs umgekommen sind! Es lebe die Freiheit, es lebe ...«

In diesem Augenblick erstarb die Stimme des Verurteilten, sie wurde gleichsam erstickt. Den SS-Leuten war es am Ende gelungen, am richtigen Strick zu ziehen und den Häftling zu erhängen. Alle waren tief beeindruckt. Der Kommandant war wütend. Unter den kahlgeschorenen Köpfen, die Mützen waren abgenommen, kam ein gedämpftes, gleichsam unheilverkündendes Murmeln auf. Ein zweiter Häftling wurde steif, mit weit aufgerissenen Augen auf das Schafott geführt. Es war zu sehen, daß er vor Angst wie gelähmt war. Die SS-Leute »erledigten« ihn rasch und ohne Umschweife. Dann ertönte das Kommando »Abtreten!«

Mit hängenden Köpfen wandten sich die Häftlinge ihrem Block zu. Ich aber war immer noch dort am Galgen. Ich hörte immer noch die Stimme desjenigen, der bis zum Schluß gekämpft hatte. Selbst mit seinen Worten hatte er den anderen Zuversicht verliehen, obwohl er wußte, daß er sterben würde. Für mich war er ein Held. Er hatte sich bis zum Schluß widersetzt, bis zum Schluß hatte er die Schergen herausgefordert.

Noch ein Tod mehr – überlegte ich. Noch ein Mensch mehr hat sterben müssen, weil er anders gedacht und gefühlt hat. Er hat einem andern Volk angehört, das ausgerottet werden sollte. Müssen eigentlich diejenigen, die irgendwelche Macht haben, stets ihre Gegner verfolgen, nur weil sie anders denken und einem anderen Volk angehören? Wird es immer Gefängnisse, Galgen und Erschießungen geben? Werden Faschisten und Verbrecher stets die Oberhand behalten? Werden die Stärkeren sich stets Schwächere untertan machen und sie ausrotten?

Das Saubermachen der Lagerstraßen gehörte nicht zu den anstrengenden Beschäftigungen, aber ein Straßenfeger mußte während der Arbeit höllisch aufpassen, um den Funktionshäftlingen, den Kapos und Blockältesten, vor allem aber den SS-Leuten nicht unangenehm aufzufallen. Ich befand mich das vierte Jahr im Lager, und das Straßenfegen betrachtete ich als günstige Gelegenheit, um Kräfte zu sparen und intensiverer, schwererer Arbeit zu entgehen. Beim Fegen konnte ich weder zusätzliche Verpflegung »organisieren«, noch mein Schicksal verbessern. Aber diese Arbeit hatte einen wesentlichen Vorzug, ich konnte mich im allgemeinen ziemlich ungehindert in fast dem ganzen Lager bewegen. Oft konnte ich dorthin gelangen, wo anderen Häftlingen der Zutritt verwehrt war.

Flossenbürg war nicht Auschwitz, wo die aus Westeuropa oder aus dem sogenannten Generalgouvernement Deportierten Lebensmittel mit ins Lager brachten, die – ihnen bei der Einlieferung abgenommen – eine Aufbesserung der bescheidenen Zuteilungen für andere darstellen konnten. Die in Flossenbürg eingelieferten Häftlinge hatten kaum Lebensmittel bei sich, denn der Transport von einer anderen Haftstätte ins Lager dauerte drei bis fünf Tage und manchmal noch länger. Die in Flossenbürg in den Duschraum geführten Neuzugänge waren meist hungrig, heruntergekommen, erschöpft und entkräftet durch die unzumutbaren sanitären Bedingungen während des Transports. Vor allem aber waren sie durstig, sie brauchten Wasser.

Als Straßenfeger wurde ich mehrere Male vom Lagerschutz gerufen, um die Umgebung des Duschraums oder der Küche in Ordnung zu bringen. Anfangs war ich mir gar nicht bewußt, daß dies eine Gelegenheit war, irgend etwas zu ergattern. Die überall im Lager herumlaufenden SS-Leute erweckten Angst und Schrecken in mir. Ich achtete darauf, nur ja nicht zu vergessen, die Mütze vor ihnen abzunehmen und möglichst nicht durch Nachlässigkeit beim Fegen aufzufallen. Außerdem wurde ich nicht täglich im Lagerabschnitt des Duschraums oder der Küche eingesetzt. Bei der Einlieferung eines Transportes mit ungarischen Juden befand ich mich gerade in der Nähe der Fenster des Duschraums, hinter denen ich Dutzende von Köpfen und mehrere mir entgegengereckte Hände erblickte. Ich wußte nicht recht, worum es ging.

Die Fenster des Bades befanden sich im Kellergeschoß des Gebäudes. Als ich mich einem der Fenster näherte, flehte mich irgendein Mann in entsetzlichem Deutsch an, ihm ein Stückchen Brot und einen Schluck Wasser zu geben. Ich verstand, daß er seit sechs Tagen nichts gegessen hatte und am Ende seiner Kräfte sei. Er wiederholte ununterbrochen: »Ich kann nicht mehr leiden, ich kann nicht mehr ...« Ich blickte mich vorsichtig um, ob in der Nähe keine Gefahr drohe. So tuend, als fege ich etwas beiseite, beugte ich mich kurz dem Fenster zu: »Geduldet euch etwas. Vielleicht kann ich etwas besorgen.« Der Fremde antwortete mir, doch verstand ich ihn nicht.

Ich wandte mich von den Fenstern des Bades ab und ging zum nahegelegenen Revier. Franek Gawryluk, dem ich zufällig begegnete, rief Tadeusz heraus. Der fragte mich, wie ich nach dem Verlassen des Schonungsblocks zurechtkomme. Ich berichtete ihm, daß ich Straßen fege und mich einigermaßen durchschlage, jetzt aber brauche ich dringend ein Stückchen Brot für einen Hungernden. Darauf mußte ich nicht lange warten. Auf Tadeusz konnte man sich verlassen. Er brachte eine halbe Scheibe. Ich dankte ihm und lief zum

Duschraum zurück. Unterwegs füllte ich meinen Eimer zum Saubermachen mit frischem Wasser. In der Nähe war niemand zu sehen. Ohne lange zu fackeln, gab ich dem Wartenden rasch das Brot. Den Eimer stellte ich dicht bei dem Gitter ab, der das Fenster vom Erdboden trennte. Mit der Hand konnte er das Wasser daraus schöpfen.

Der Ausgehungerte riß mit der Rechten das Brot an sich und warf mir mit der linken einen kleinen zusammengewickelten Lappen zu. Andere Häftlinge fielen über ihn her und versuchten, ihm das Stückchen Brot zu entreißen. Es kam zu einem aufgeregten Durcheinander. Dem Fremden gelang es jedoch, sich zu verteidigen. Ein Häppchen Brot brach er für andere ab. Die nächsten hatten inzwischen mitbekommen, daß ich Wasser gebracht hatte, und im Nu war der Eimer leer. Mir taten diese Menschen leid, aber ich konnte nichts weiter für sie tun. Ich ergriff Eimer und Besen und hob den zusammengewickelten Lappen auf.

Wie groß war mein Erstaunen, als ich nach dem Auswickeln eine zusammengefaltete grünliche Banknote mit der Ziffer 5 darin erblickte. Es waren fünf Dollar. Ich steckte den Geldschein rasch in meinen Socken und eilte zum Block. Es war kurz vor dem Appell, im Lager wurde es lebhafter. Nachts, auf der Pritsche, versteckte ich den Geldschein unter dem Kragenfutter meiner Häftlingsbluse. Vielleicht würde ich ihn eines Tages brauchen können, sagte ich mir.

Ein andermal kam ich in einen Lagerabschnitt, in dem ich beim Fegen Staszek Bzowski traf, denselben, dem ich in Auschwitz, als ich in der Küche beschäftigt gewesen war, Brot aus dem Fenster gereicht hatte. Ich freute mich sehr. Da hatte ich also einen weiteren »Auschwitzer« getroffen und noch dazu aus Częstochowa! Ein Mitglied der Geheimorganisation, der auch ich angehört hatte. Ich erzählte ihm kurz, wie es mir ergangen war, und hoffte im stillen, daß er mir helfen werde, in ein besseres Kommando zu kommen, und daß er mir vielleicht auch etwas zu essen besorgen werde. Aber Staszek hatte sich verändert. Er hatte etwas an sich, was ich nicht begriff. Er hatte es keineswegs eilig, mir irgendwie zu helfen.

Nach ein paar Tagen erfuhr ich, daß er in einem der Blocks als Schreiber eingesetzt sei und Päckchen von zu Hause bekomme. Vielleicht kam ihm die Bekanntschaft mit mir ungelegen. Ich war halt nur ein Straßenfeger, er hingegen – daran war nichts zu deuteln – ein Blockschreiber, und das war im Lager eine wichtige Funktion. Wir bekamen uns nicht wieder zu sehen, und ich mußte mir irgendwie selber helfen. Dabei hatte ich ziemlich viel Glück.

Im Block 10 gab es einen Häftling, der ebenfalls in Auschwitz gewesen war und schon über ein Jahr in Flossenbürg saß. Er war mit einem Straftransport eingeliefert worden, dem er direkt aus dem berüchtigten Auschwitzer Block 11 heraus zugeteilt worden war. Zbyszek Rypalski (Häftlings-Nr. 96117) stammte aus Krakau. Wir freundeten uns ziemlich schnell an. Als er meine Geschichte bereits kennengelernt hatte, erzählte er mir eines Abends die seine. Gemeinsam mit Pazdor (Edward Pazdor, Nr. 100419) und dem Kapo »Marmelade« (Franz Kejmar, Nr. 26158) vom Dachdeckerkommando war er im Oktober 1943 aus Birkenau geflohen. Der Österreicher Franz hatte sich nach zwei Tagen von ihnen getrennt, und sie hatten versucht, sich nachts zum heimatlichen Krakau hin durchzuschlagen. Ihre Lebensmittelvorräte waren rasch zusammengeschmolzen.

Sie bewegten sich sehr vorsichtig vorwärts und schlugen immer wieder Haken. Am Abend des siebten Fluchttages erreichten sie Krzeszowice. Der Magen knurrte ihnen vor Hunger. Es war Herbst. Auf den Feldern gab es nichts Eßbares mehr. Aus dem Effektenlager »Kanada« in Birkenau hatten sie mehrere Dollarscheine mitgenommen. Der Hunger war stärker als die Vernunft. Als sie in die Nähe der Gastwirtschaft kamen, hatte sein Kamerad Pazdor beschlossen, das Risiko einzugehen und etwas zum Essen zu kaufen. Deutsches oder polnisches Geld hatten sie nicht. Sie trugen Zivilkleidung, die sie aus dem Magazin in Birkenau entwendet hatten. Ungehindert betraten sie das Wirtshaus, und Pazdor verwickelte den Besitzer in ein Gespräch. Er zeigte ihm einen 50-Dollar-Schein. Der Wirt nahm sie gründlich in Augenschein, brachte Bier und ein Stück Wurst, wollte aber erst sehen, ob das Geld auch echt sei. Er ließ seine Tochter am Schanktisch zurück und ging den »Nachbarn fragen«. Nach gut zehn Minuten war er zurück ... mit einer deutschen Streife!

Zum Ausreißen war es zu spät. Sie bekamen tüchtig ein paar in die Fresse und wurden unter Mordverdacht eingesperrt. Es stellte sich heraus, daß zwei Tage zuvor zwei Banditen in einer nahegelegenen Siedlung den Müller und seine Familie ermordet und alle Wertsachen geraubt hatten. Der Wirt hatte dieses Vorkommnis mit dem 50-Dollar-Schein in Verbindung gebracht und die unglücklichen Auschwitz-Flüchtlinge der deutschen Polizei gemeldet.

Sechs Wochen dauerte das Untersuchungsverfahren, und schließlich brachte man sie nach Krakau. Da sie Angst hatten, ihre Flucht aus Auschwitz zuzugeben, bekannten sich beide zu dem gar nicht von ihnen begangenen Mord. Am Ende gelangte die Angelegenheit aber – wegen der bei ihnen gefundenen Dollars – bis zur Gestapo. Und dort hatte man dann keinerlei Zweifel mehr, mit wem man es wirklich zu tun hatte. Sie wurden, nachdem man sie zwei Tage lang entsetzlich verprügelt hatte, in den Bunker im Auschwitzer Block 11 gebracht. Ihnen drohte die Todesstrafe, aber sie hatten Glück im Unglück. Höß, der Begründer und langjährige Kommandant des Lagers, verließ Auschwitz, und zu seinem Nachfolger wurde SS-Obersturmbannführer Liebehenschel ernannt. Als dieser seinen neuen Posten übernommen hatte, »begnadigte« er ungefähr 300 Häftlinge der Strafkompanie und aus dem Bunker des Blocks 11, die er dann nach Flossenbürg in die Steinbrüche schickte.

Nicht alle hatten die mörderische Arbeit im Steinbruch ausgehalten, aber diejenigen, die nach drei Monaten noch am Leben waren, hatten versucht, in andere Kommandos zu kommen. Einigen war das gelungen, und Zbyszek hatte man wegen seines kräftigen Körperbaus in der Küche eingesetzt. Ich erzählte ihm, daß auch ich einst dieses Glück gehabt und fast zehn Monate in der Häftlingsküche von Auschwitz gearbeitet hatte. Auf diese Weise brachten uns die gemeinsamen Erlebnisse und Erfahrungen noch näher. Von einem gewissen Zeitpunkt an besorgte Zbyszek etwas Verpflegung aus der Küche und teilte sie mit mir. Um eine gute Pritsche und eine gute Decke zu bekommen, gab er dem Blockältesten irgend etwas aus der Küche ab.

Das beeinflußte meine Situation im Block. Ich war ein Kumpel des Kochs. Die Stubenältesten jagten mich nicht mit dem Stock oder dem Knüppel zum Appell, und als Zbyszek ihnen sagte, daß ich seit vier Jahren im Lager war, begannen sie, mich etwas besser zu behandeln. Ich konnte das nicht verstehen, aber am Ende begriff ich dann doch, daß die Menschen meist mit denen rechnen, die etwas bedeuten oder stärker sind. Und die Freunde der Starken oder derjenigen, die im Lager etwas bedeuteten, durften hoffen, daß sie überleben würden.

Man erreicht jedoch nie etwas umsonst, nicht ohne Abhängigkeit von dem, der einen beschützt. So war es mit Tadeusz im Revier gewesen, und so war es jetzt mit Zbyszek im Block 10. Im Krankenrevier hatte ich die Dankbarkeit für meine Betreuung dadurch bezeigt, daß ich den anderen geholfen hatte. Im Block 10 verhielt es sich etwas anders. Wenn es Zbyszek gelungen war, irgend etwas in der Küche zu organisieren, wandte er sich an mich, damit ich die »heiße Ware« sicherstellte. Für einen Straßenfeger unter der Aufsicht des Lagerschutzes war das weder schwer noch kompliziert. Und auf diese Weise geriet ich in das Netz der sich gegenseitig unterstützenden Häftlinge.

Am wichtigsten war, daß man den SS-Leuten nicht auffiel. Sie waren unser Feind Nummer eins. Zwischen den Reisigbesen und Eimern in der Abstellkammer, zu der ich Zutritt hatte, verwahrte ich also von Fall zu Fall mal ein ganzes oder ein halbes Brot, mal einen Würfel Margarine oder ein Stück Pferdewurst. Diese besorgten Lebensmittel bewachte der ebenfalls im Block 10 untergebrachte Lagerschutzmann Max. Das war ein fünfzigjähriger, sympathischer Deutscher, der schon zehn Jahre im Lager war. Er war den Polen gewogen. Im Gegensatz zu den anderen Kriminellen – meist sadistische Banditen und gewöhnliche Verbrecher, die ihre Mithäftlinge ermordeten – gehörte Max gewissermaßen zu den Aristokraten der »Grünen« (der kriminellen Häftlinge, die einen grünen Winkel trugen). 1934 hatte er angeblich mehrere gelungene Banküberfälle verübt, bis er schließlich von einer Frau verraten worden war, die sich als Gestapo-Spitzel entpuppte. Er hätte nie die langen Jahre im Lager überlebt, wenn er nicht die Fähigkeit besessen hätte, in allen Lebenslagen mit den andern Häftlingen zurechtzukommen. Als Deutscher und Funktionshäftling hatte er es sowieso leichter.

Zbyszek war gewitzt genug, nur dann etwas im Lebensmittellager oder in der Küche zu »organisieren«, wenn die Gelegenheit günstig war. Daher konnte er seinen Posten als Koch ziemlich lange halten. Um etwas beiseite schaffen, herausschmuggeln oder weitergeben zu können, war aber ein Ort erforderlich, wo man das Besorgte aufbewahren und vor den SS-Leuten verbergen konnte. Mich hatte er zum Aufbewahrer auserkoren. Im Block gab Zbyszek häufig Florkowski und Podgórzec etwas Brot oder Wurst ab. Podgórzec war wegen seiner Sprachkenntnisse so etwas wie ein Blockdolmetscher. Der aus Schlesien stammende Ingenieur war trotz der dramatischen Zwischenfälle, von denen es nur so wimmelte, stets heiter und lächelnd.

Alle hatten ihn wegen seines gepflegten Verhaltens und seiner Kameradschaftlichkeit gern. Das war im Lager nicht jedem gegeben. Podgórzec und Florkowski waren zweifellos Ausnahmefälle.

Florkowski war in der Schreibstube des Lagers beschäftigt, und bei Handballspielen fungierte er als Schiedsrichter. Zwei- oder dreimal im Monat gab der Lagerkommandant Sonntag nachmittags bei schönem Wetter die Erlaubnis, daß auf dem Appellplatz zwischen dem Bad und der Küche Handballspiele zwischen zwei Mannschaften ausgetragen werden durften. Daran beteiligten sich gesunde, in besseren Kommandos beschäftigte Häftlinge. Als Zuschauer tauchten neben den Häftlingen auch einige SS-Leute auf. Meist spielten siebenköpfige Mannschaften mit Polen und Deutschen gegeneinander. Ich kann mich aber auch an eine Begegnung zwischen Russen und Deutschen erinnern. Eines der Spiele gewannen die Polen haushoch 7:1 gegen die Deutschen. Zur siegreichen Mannschaft gehörte auch Zbyszek, der Schütze von drei Toren. Daher rührte seine Popularität bei den polnischen Häftlingen, aber auch unter den Zuschauern aus den anderen Ländern.

Es mag zwar ganz unglaublich klingen – sportliche Begegnungen in einem Konzentrationslager. Aber so war es! Auf demselben Platz, auf dem öffentliche Hinrichtungen vorgenommen wurden, kämpften andere Häftlinge um den sportlichen Sieg ihrer »Nationalauswahl«. Sie kämpften natürlich auch ums Überleben, denn die siegreiche Mannschaft bekam – mit Genehmigung des Kommandanten – einen zusätzlichen Kessel Lagersuppe aus der Küche. Der Hunger war die Triebkraft für viele Einfälle und Handlungen der Häftlinge, die ihr Lagerschicksal verbessern wollten. Die sportlichen Begegnungen wurden Ende 1944, Anfang 1945 möglich, weil sich die Einstellung zu den Häftlingen geändert hatte. Sie war nicht mehr so streng wie in den Jahren 1940–1942. Die SS-Leute wurden »umgänglicher« gegenüber den Häftlingen, die sie brauchten.

Weiterhin starben die Häftlinge infolge von Hunger, Krankheit und schwerer Arbeit, das Krematorium qualmte Tag für Tag. Es wurde aber weniger geprügelt und mißhandelt. Die Blockältesten und Kapos, die den Häftlingen tüchtig zugesetzt und das Leben so manchen Mithäftlings auf dem Gewissen hatten, veränderten sich insofern, als sie jetzt eher »aus Gewohnheit« prügelten, ohne sich an den Qualen zu weiden und ohne ihre sadistischen Gelüste an den

Opfern auszulassen. Sie hielten einfach »Ordnung« mit Stock und Knüppel. Und diese Schlaginstrumente benutzten sie immer seltener, weil ihre Selbstsicherheit und Hochmütigkeit immer geringer wurden.

Die fortwährenden Niederlagen der Nazis an den Fronten ließen ihren Zusammenbruch und den ihrer Helfershelfer immer näher rücken, jener Leute, die in den Lagern Terror und Gewalt ausübten. Die Funktionshäftlinge wurden sich langsam darüber klar, daß sie die wohlverdiente Strafe treffen könnte. Einige von ihnen besorgten sich immer öfter auf den verschiedensten Wegen und auf die unterschiedlichste Weise Alkohol, um darin ihre Sorgen zu ertränken. Meist erledigten sie das durch Beziehungen zu zivilen Meistern aus der Fabrik »2004«. Doch den beunruhigten »grünen« Banditen reichten die kleinen Mengen Alkohol nicht, die sie sich mit Hilfe der Meister besorgten. Am Silvesterabend veranstaltete eine Gruppe »Grüner« im Block 9 eine Schnapsfete, zu der einer von ihnen ein paar Liter Methylalkohol mitbrachte.

Die Folgen waren katastrophal. In den nächsten Tagen starben mehrere Teilnehmer an dem Gelage, andere erblindeten. An ihren Vergiftungen starben damals Oberkapo Willy aus dem Werk »2004«, der Blockälteste des Blocks 22, ein Österreicher, und der wegen seines Sadismus berüchtigte Blockälteste Hume vom Block 23. Der Gehilfe Humes, der einbeinige Kurt, erblindete und starb einige Wochen später. Auch der Blockälteste Dietrich vom Block 20 starb. Sie alle traf die Strafe für die begangenen Verbrechen und für das qualvolle Peinigen der Häftlinge. Manchmal fällt das Schicksal ein überraschendes, aber gerechtes Urteil. Den Deutschen, der den Methylalkohol »geliefert« hatte, trieben andere, gesunde deutsche Funktionshäftlinge nach der Arbeit in den elektrisch geladenen Lagerzaun.

Das Drama im Block 9 nahmen die Häftlinge anderer Nationalität voller Genugtuung auf, sie betrachteten es als Schicksalsfügung und dankten Gott, daß er die Banditen bestraft hatte. Tatsächlich starben damals mehrere Verbrecher, die außergewöhnlich viel Dreck am Stecken hatten. In die Gelage und in den Alkoholschmuggel ins Lager waren mehrere andere Funktionshäftlinge einschließlich des Lagerältesten verwickelt. Infolge der Vorfälle im Block 9 ordnete der Lagerkommandant mehrere personelle Veränderungen auf führenden Posten der Häftlingsverwaltung an, die jedoch keine größeren Auswirkungen auf das Leben und das weitere Dahinvegetieren der Häftlinge in Flossenbürg hatten.

In den ersten Monaten des Jahres 1945 überflogen immer öfter alliierte Flugzeuge das Lager. Von Zeit zu Zeit wurde Fliegeralarm gegeben, was uns Häftlingen aber nur Zuversicht einflößte und die Hoffnung erweckte, daß die Gefangenschaft und der Krieg schließlich doch enden würden.

Ich fegte weiterhin die Lagerstraßen. Im Winter gab es mehr zu tun, weil der Schnee geräumt werden mußte. Auch die Zahl der Feger wurde vergrößert, und dadurch konnte man die Arbeit auf den ganzen Tag verteilen. Eines Abends sagte mir Zbyszek nach der Rückkehr von der Arbeit, daß ich am nächsten Tag morgens ab sechs Uhr vor den Küchenfenstern aufpassen solle. Er hatte vor, dort im Lebensmittellager organisierte Verpflegung hinauszuwerfen. »Morgens ist es am besten. Dann paßt der Küchenchef nicht so auf«, teilte er mir mit. Ich erklärte mich einverstanden, und das um so eher, als Lagerschutzmann Max auf die Lagerstraßen in der Nähe aufpassen sollte. Am nächsten Tag stand ich früher auf, um so schnell wie möglich an Ort und Stelle zu sein. Ich bewaffnete mich mit einem Schneeschieber und tat so, als schiebe ich den Schnee beiseite. Die ganze Zeit achtete ich auf die Küchenfenster, aus denen die Ladung herausgeworfen werden sollte. Ich berechnete schon, wieviel Zeit ich brauchen würde, um den Sack von hier aus zu dem Versteck zu bringen, in dem ich die ergatterte Verpflegung sicherstellen sollte.

Hinter der Ecke des Küchengebäudes tauchte aus dem Nebel heraus Max auf. Er fragte, ob alles in Ordnung sei, und als ich ihm sagte, daß Zbyszek noch nichts herausgeworfen habe, wies er mich an, weiter zu warten. Er verschwand im milchigen Nebel, der bei dem bergigen Klima von Flossenbürg morgens meist ziemlich dicht war. Es war frostkalt, und ich verspürte ein Kneifen in den Ohren. Nach einiger Zeit wurden mir die Füße kalt, und ich begann von einem Bein auf das andere zu treten, um mich aufzuwärmen. Immer wieder blickte ich hinauf, ob aus den Fenstern nichts herausgeworfen würde. Ich wußte, daß das vom fünften oder sechsten Fenster aus geschehen sollte. Es war schon ziemlich viel Zeit verstrichen, und nichts regte sich. Von den Blocks her vernahm ich das Stimmengewirr der sich zum Appell einfindenden Häftlinge.

Ich wurde langsam ungeduldig. Ich durfte nicht zu spät zum Appell kommen. Falls Zbyszek das Schiebergut nicht innerhalb der nächsten Minuten herauswarf, mußte ich aufhören zu warten. Ich war durchgefroren bis auf die Knochen. Ich wartete schon fast eine Stunde. Ich wandte mich noch einmal um und musterte aufmerksam die Küchenfenster – aber alles blieb still. Nichts deutete darauf hin, daß sich eines der Fenster kurz öffnen würde. Der Nebel löste sich nicht auf. Irgend etwas mußte Zbyszek gehindert haben, wenn er nichts herauswarf – sagte ich mir. Unterdessen nahm das Stimmengewirr vor den Blocks von Minute zu Minute zu. Es gab keinen Zweifel, der Appell mußte jeden Augenblick anfangen, und ich hielt immer noch hier Wache. Ich wollte Zbyszek nicht enttäuschen, ich durfte ihn nicht im Stich lassen. Ich blickte mich um und marschierte noch einmal hin und zurück unter den Fenstern vorbei – doch leider kündigte nichts einen Wurf aus der Küche an. Ich beschloß, zu meinem Block zurückzukehren. Hatte Zbyszek nicht ans Fenster kommen können? Hatte ihn etwas anderes gehindert? Es half nichts, ich konnte nicht länger warten.

Ich lief auf den Durchgang zu, in dem Max verschwunden war. Zum Glück entdeckte ich ihn in dem Nebel. »Na, was ist?« fragte er. »Gleich fängt der Appell an. Ist der Rapportführer schon ins Lager gekommen?« – »Na eben, und da rührt sich nichts«, klärte ich ihn auf. »Ich muß zum Block, sonst ist der Teufel los«, fügte ich hinzu. Max entgegnete rasch: »Also gut. Geh zum Appell! Ich werde die Zeit über aufpassen, bis du nach dem Appell zurück bist.«

Ich lief bergan zum Block 10, was die Beine hergaben. Der Blockälteste hatte gerade angefangen, die Häftlinge zu zählen. Ich lief zum Ende des Gliedes und stellte mich in der Kolonne auf. Der Blockälteste überprüfte – wie jeden Tag – die Zahl der »Abmarschbereiten« zur Arbeit, der im Block Beschäftigten und der sogenannten Abkommandierten. Zu letzteren gehörten eben Lagerschutzmann Max, der an diesem Tag Dienst hatte, sowie Zbyszek und andere, die seit drei oder vier Uhr morgens in kleinen Gruppen beschäftigt waren. Damals war es üblich, daß der Blockälteste nach dem Morgenappell zum unteren Block ging (die Blocks von Flossenbürg waren terrassenförmig an einem kleinen Hang angeordnet) und dort dem Rapportführer die Stärkemeldung übermittelte. Nur die Abendappelle fanden im Beisein der als Blockführer eingesetzten SS-Leute statt. Sie hatten Angst vor Typhus und beschränkten ihre Kontakte mit den Häftlingen auf das Mindestmögliche.

Ich stand in Reih und Glied, aber in Gedanken war ich woanders, dort unter den Küchenfenstern. Hatte Zbyszek etwas herausgeworfen? Würde ich es schaffen, es zu übernehmen und sicherzustellen? Hatte Max es im Schnee verstecken können? Ich durfte die angetretene Kolonne nicht verlassen, bevor nicht der Blockälteste zurück war und der Befehl zum Formieren der Arbeitskommandos gegeben wurde. Mein früheres Verschwinden mußte bei den anderen Deutschen aus unserem Block Mißtrauen erwecken. Max hatte das Recht, sich ungehindert im Lager bewegen zu können, und würde sich im Falle eines Falles bestimmt zu helfen wissen. Ich sprach mir selber Mut zu, während ich mich bewegte und vor Kälte mit den Füßen stampfte. Ich brauchte mir keine Sorgen zu machen – versuchte ich mich selbst zu überzeugen. Indessen zog sich der Appell in die Länge. Schließlich kam der Blockälteste zurück und gab den Befehl zum Ausrücken zur Arbeit.

Gruppen von Häftlingen begannen hinunterzugehen und sich den Arbeitskommandos anzuschließen. Ich dagegen eilte, kaum hatte ich den Befehl vernommen, zurück zu meinem Platz vor der Küche. Der Blockälteste Kurt hielt mich zurück, bevor ich die Treppe erreicht hatte. »Du bleibst im Block!« Er blickte sich um, ob uns niemand belauschte, und setzte hinzu: »Ich weiß wahrscheinlich, was passiert ist. Man hat Max mit einem herausgeworfenen Sack erwischt. Sie haben ihn in den Bunker gesperrt. Zbyszek wird verhört.« Ich erstarrte vor Überraschung und konnte keinen Ton hervorbringen. »Was geschah dann?« würgte ich am Ende heraus, und Kurt klärte mich weiter auf: »Der neue Stellvertreter des Lagerführers ist heute morgen an der Küche vorbeigekommen und hat Max mit einem gefundenen Bündel zur Schreibstube gebracht. Max hat nichts zugegeben. Er behauptet, daß er von nichts gewußt hat und den Vorfall selber gemeldet hätte, wenn er das Bündel eher entdeckt hätte als der SS-Mann.«

Ich fing an zu begreifen. Es war also doch passiert. Das war schlimm. Ob mich wohl Zbyszek oder Max hineinreißen würden, überlegte ich. Ich dankte dem Blockältesten und ging zur Arbeit.

Mechanisch kam ich meinen Pflichten nach, gespannt und in der Furcht, daß man mich jeden Augenblick rufen werde. Bis zum

Abend geschah aber nichts. Nach dem Appell erfuhr ich vom Blockältesten, der Bekannte unter den Deutschen in der Schreibstube hatte, daß Zbyszek nichts verraten hatte, weder über mich, noch über Max. Er bekam 50 Stockschläge auf das nackte Gesäß, wurde für 14 Tage in den Bunker gesperrt und in die Strafkompanie eingewiesen.

Die Polen im Block 10 waren traurig. Zbyszek hatte zu den überaus hilfsbereiten und kameradschaftlichen Häftlingen gehört. Obwohl er selbst in einem guten Kommando eingesetzt war und genug zu essen hatte, hatte er nie die anderen vergessen und ihnen geholfen. Darüber hinaus hatte er sich nie wie ein »Prominenter« aufgeführt. Er hatte es verstanden, ein guter Kumpel zu sein, und deshalb fehlte er uns allen im Block. Die Tatsache, daß Zbyszek im Strafbunker saß und hochkantig aus der Küche geflogen war, machte jede weitere Aussicht zunichte, die elende Verpflegung etwas aufzubessern. Die Unterstützung von ihm war eine Zeitlang die einzige zusätzliche Nahrungsquelle für mich gewesen. Doch das war zu verschmerzen, wenn er nur den Bunker überlebte und wieder herauskam – sagte ich mir. Er befand sich in einer viel schlimmeren Lage als ich. Irgendwie ergriff mich Trübsal.

Zu allem Übel bekam ich hinter dem Ohr ein schmerzhaftes Eitergeschwür unter der Haut, das mir immer mehr zu schaffen machte. Ich zögerte, in den Krankenbau zu gehen, aber am Ende entschloß ich mich doch dazu. Ich suchte nach Tadek und entdeckte ihn. Als er mich erblickte, klopfte er mir freundschaftlich auf die Schulter und meinte: »Na? Ich habe gehört, daß du einigermaßen zurechtkommst. Das Fegerkommando ist wahrscheinlich nicht das schlechteste, was?« Ich lächelte mit säuerlicher Miene und erzählte ihm dann vom Reinfall in der Küche, von Max und daß ungewiß sei, wie das alles für mich ausgehen werde. Tadek dachte wie immer kurz nach und stellte fest: »Vorläufig tut sich nichts, und so hast du keinen Grund schwarzzusehen. Und was deinen Abszeß anbetrifft, so siehst du nun, daß deine Verletzungen nicht ganz folgenlos für den Körper geblieben sind. Gut, daß er selber damit fertig wird, daß er das ausscheidet. Weißt du, man müßte das Geschwür schneiden und reinigen. Was meinst du dazu?« »Ich weiß nicht recht ...«, gab ich zurück. »Frag doch einen der Ärzte, soll der entscheiden«, stimmte er mir zu, und am nächsten Tag sahen sich der tschechische Arzt

Lulaj und Dr. Sommer meine Geschwulst hinter dem Ohr an. Ihr Rat lautete: »Besser, saubermachen. Es ist immerhin der Kopf.«

Dem Blockältesten meldete ich, daß mich eine Operation im Revier erwarte, und am nächsten Tag schabten Häftlingsärzte unter Narkose die Geschwulst aus. Dann brachten sie mich im Raum für Frischoperierte unter. Immer wieder kehrte ich – wie ein Bumerang – in den Häftlingskrankenbau zurück. Obwohl es dort verhältnismäßig ruhig zuging, fühlte ich mich niemals sicher. Es starben zu viele Menschen, ringsum gab es zu viel menschliches Leid. Obgleich ich schon das vierte Jahr im Lager dahinvegetierte, peinigten mich nachts grauenerregende schwere Alpträume und das Stöhnen der Kranken. Nach einigen Tagen wurde ich wieder in den Block 17 verlegt, aus dem man die Frauen inzwischen entfernt hatte. Man hatte sie in mehrere der Verwaltung von Flossenbürg unterstehende Arbeitskommandos in Rüstungsbetrieben und in der Wehrmacht eingewiesen.

Uns erreichte die Kunde, daß Krakau befreit worden war, daß man das Konzentrationslager Auschwitz aufgelöst hatte, und daß die Einwohner Polens bereits frei waren. Wir aber steckten derweil nach wie vor bis über beide Ohren in der harten Wirklichkeit des Lagers. Die Alliierten hatten die Luftangriffe auf Fabriken und Verkehrsknotenpunkte verstärkt. Dadurch waren die Deutschen gezwungen, immer wieder neue Arbeitsgruppen zusammenzustellen, die verständlicherweise aus den billigsten Arbeitssklaven, das heißt aus Häftlingen der Konzentrationslager, bestanden.

Im März 1945 wurden bei einem Morgenappell im Block 17 weit über zehn Häftlingsnummern verlesen, darunter auch die meine, 8801. Ein SS-Mann und zwei Häftlinge vom Arbeitseinsatz überprüften unsere Nummern, die Personalien und den Beruf. Von Schreiber Jurkowski erfuhr ich, daß ich für einen Transport nach Regensburg vorgesehen war. Über Bekannte unter den Häftlingen versuchte ich zu erfahren, um was für ein Lager es sich handle und welche Aufgaben das Kommando hatte. Ich erfuhr lediglich, daß es eine ganz neue Arbeitsgruppe sei, sonst nichts. In trübe Gedanken versunken, ging ich zu meinen Kameraden im Block 10.

Die Fahrt in ein unbekanntes Lager, in dem man wieder ganz von vorn anfangen mußte, stimmte mich nicht gerade optimistisch. Ich hatte schon genug von all den Veränderungen. Ich wußte, was sie für einen Häftling zu bedeuten hatten. Ich war nicht zur Arbeit eingeteilt und brauchte mich daher nicht zu wundern, daß man im Arbeitseinsatz auch meine Nummer herausgesucht hatte. Eine Reklamation war eigentlich aussichtslos. Ich wurde in keinem Kommando gebraucht. Ich sollte also wieder zum Zugang werden, neue Beziehungen aufbauen, mich um zusätzliche Verpflegung bemühen und dergleichen mehr. Nach meinen Erlebnissen in Mülsen war ich im neuen Lager auf das Schlimmste gefaßt. Was half es schon, daß die Nazis den Krieg verloren, wenn ich weiterhin dazu verurteilt war, als Häftling für sie zu arbeiten. Es stimmt, ich hatte Angst, auf Transport zu gehen.

Unverhofft stieß ich vor dem Block auf Zbyszek. Man hatte ihn aus dem Bunker und der Strafkompanie entlassen. Ich umarmte ihn herzlich und dankte ihm, daß er dichtgehalten, daß er mich mit keinem Sterbenswörtchen verraten hatte. Zbyszek winkte ab und meinte: »Der Hintern war ja nicht aus Porzellan. Wichtig ist, daß wir leben. Max haben sie auch rausgelassen, weil er es verstanden hat zu schweigen.« »Nun sag aber mal, warum sie sich ausgerechnet dich vorgenommen haben«, fragte ich. »Siehst du, ich konnte den Sack nicht weit wegwerfen. Er ist vor dem Fenster runtergefallen, hinter dem ich arbeitete. Du warst nicht da, und so haben sie ihn bemerkt. Na, und dann ging der Zirkus los.« »Verflucht noch mal, ich mußte zum Appell. Verstehst du?« versuchte ich zu erklären. »Schwamm drüber, Tadek. Ich gehe auf Transport nach Regensburg. Was hilft's, wir müssen uns verabschieden.«

»Was sagst du da? Du fährst nach Regensburg? Ich soll auch dorthin«, gab ich verdutzt und zugleich beruhigt zurück. Ich weiß nicht, ob es nun ein Zufall war, aber die Tatsache, daß ich den Transport gemeinsam mit einem anderen »Auschwitzer« antreten sollte, gab mir eindeutig Auftrieb. Ich gewann die Zuversicht, daß es mit Zbyszek zusammen sicherer sein werde. Und da erinnerte ich mich an den in meiner Kragennaht versteckten Geldschein. Ich sagte es Zbyszek. Der überlegte einen Augenblick und schlug dann vor: »Wenn wir zusammen in ein Lager fahren sollen, das sie erst neu einrichten, dann brauchen sie dort bestimmt Köche! Zur Arbeit in der Küche eingewiesen zu werden, das wäre doch sicher eine Chance für uns, nicht wahr?« Zbyszek war älter als ich und wußte, was er sagte. Eifrig stimmte ich ihm zu. Ich sah keinen anderen Ausweg, und ich vertraute ihm.

»Weißt du was«, fuhr Zbyszek fort, »wenn du mir die fünf Dollar gibst, dann gelingt es mir vielleicht, die Sache in der Schreibstube zu erledigen. Ich habe dort einen Deutschen, für den ich, als ich noch in der Küche war, etwas erledigt habe. Vielleicht läßt sich was machen.« Ohne zu zögern, zog ich den versteckten Schein heraus und gab ihn Zbyszek. Niemand befand sich in der Nähe, so daß es für unser Gespräch keine Zeugen gab. »Aber denk daran, daß ich in Auschwitz auch Koch gewesen bin«, erinnerte ich ihn mit einem gewissen Stolz. »Ist gemacht! Du kannst beruhigt sein!« Wir verabschiedeten uns, und zwei Tage später bestand kein Zweifel mehr. Wir würden in ein neu eingerichtetes Kommando kommen, das den zerbombten Regensburger Bahnhof und die umliegenden Wohnhäuser aufräumen sollte und daher »Aufräumungskommando« hieß. Ich ging zu meinen Gefährten im Revier. Ich verabschiedete mich von ihnen und von den Pflegern, denen ich zweifellos meine Rettung zu verdanken hatte. Ich umarmte Tadek, Janusz und Franek und wünschte ihnen baldige Freiheit.

Am nächsten Tag befand ich mich in einer Kolonne von 500 Häftlingen. Ich suchte nach Zbyszek. Kaum hatte der mich entdeckt, flüsterte er: »Alles erledigt!« und zwinkerte mir lausbübisch zu. Auf Befehl des Kapos, eines Deutschen mit schwarzem Armwinkel, setzte sich die Kolonne durch das Tor hindurch in Marsch, aufmerksam gezählt von mehreren SS-Leuten. Irgendwie wurden mir die Augen feucht. Schwerverletzt hatte man mich in dieses Lager gebracht, um mich zu verbrennen. Aber das Schicksal hatte es anders gefügt. Ich verließ das Lager, das als eines der schlimmsten berüchtigt war. Trotzdem war ich hier hilfsbereiten Menschen begegnet, Leuten, die mir halfen und mir das Leben zurückgaben. Ich hatte wiederum die Aussicht, zu überleben. Ich hatte fast ein Jahr in diesem Lager ertragen, in dem viele meiner Kameraden sowie andere Häftlinge den Tod gefunden hatten.

Der rhythmische Schritt der sich von Flossenbürg entfernenden Kolonne brachte mich der nächsten Prüfung – unter den Bedingungen eines neuen Lagers – näher. Auf dem Bahnhof Floss wurden wir in Güterwagen verladen.

Regensburg

Am Vormittag des nächsten Tages erreichten wir Regensburg. Kaum stand der Zug, begrüßte uns ein Sirenenkonzert, das Fliegeralarm ankündigte. Jetzt geht es los – sagte ich mir.

Wir mußten uns auf den Boden der Waggons legen, während die SS-Posten in nahegelegenen Gebäuden Zuflucht suchten. Nur zwei von ihnen blieben mit Maschinengewehren – am Anfang und am Ende des Zuges – zurück und paßten auf, daß keiner der Häftlinge seinen Waggon verließ. Der Alarm dauerte eine Stunde. Dann bekamen wir den Befehl, auszusteigen und uns zu einer Marschkolonne aufzustellen. Man führte uns durch kleine Nebenstraßen der Stadt. In der Ferne erblickte ich die schlanken gotischen Türme des Doms. Unterwegs sah ich, daß viele Wohnhäuser durch Bomben beschädigt waren. Statt in stacheldrahtumzäunten Baracken wurden wir im riesigen Tanz- und Speisesaal eines großen Gebäudes untergebracht – gleich jenseits der Donau-Brücke. Der Saal war in einen »Wohnblock« für Häftlinge verwandelt worden. An den Wänden hatte man einige Strohsäcke ausgelegt, mehrere hundert Decken herbeigeschafft und die Fenster mit Brettern vernagelt. An den Eingängen standen SS-Posten. Hier sollten wir uns nach der Arbeit »erholen«, und unsere Arbeit sollte darin bestehen, daß wir die zerstörten Viertel der Stadt einschließlich des Bahnhofs aufräumten.

Am nächsten Tag, vor dem Ausmarsch der Häftlinge zur Arbeit, rief der Kapo die Nummern von Zbyszek und mir auf. Wir wurden von einem alten, über sechzigjährigen SS-Unterscharführer abgeholt, der uns in die Küche brachte. Sie lag in einer Hofecke des Nachbarhauses. Zwei Feldküchen bildeten unsere neue Arbeitsstätte. Zum Glück war es bereits die zweite Märzhälfte, und es gab immer mehr milde Tage. Aber auch so kochten wir die Suppe oder den »Tee« oft in strömendem Regen oder bei Schneefall, und die verfrorenen

Hände wärmten wir am Herdfeuer. Die Feldküchen waren eben keine blank geputzten Dampfkessel in einer überdachten Küche. Alle Arbeiten führten wir dicht bei den Kesseln aus. Es gab keinen Helfer. Ausschließlich zu zweit mußten wir Kartoffeln und Rüben schälen, das Gemüse waschen und die Kessel scheuern.

Tag um Tag verging. Von morgens bis abends waren wir ununterbrochen beschäftigt, damit die Mahlzeiten für unsere 500 Mithäftlinge rechtzeitig fertig wurden. Unsere Arbeit verrichteten wir unter der Aufsicht von zwei SS-Leuten. Einer stammte aus der Umgebung von Poznań. Er verstand Polnisch, und wir mußten uns vor ihm in acht nehmen. Der andere war ein Österreicher, ein Wiener. Er verwaltete das Lager für den Küchenbedarf und das Brotlager. Dieses Lager war in einem Anbau des Gebäudes, gleich nebenan auf dem Hof, untergebracht. Die Verpflegung war kärglich, sie reichte nicht aus für die schwer arbeitenden Häftlinge. Für die SS-Leute kochte unser Chef, der Unterscharführer, extra in einem der Kessel. Er und der Wiener schälten die Kartoffeln und kochten die Mahlzeiten für die Wachmannschaft. Daher beeilten wir uns, um nach dem ersten Kochen einen Kessel für die Aufseher freizumachen.

Der Wiener betrank sich gerne. Seine Unaufmerksamkeit nutzten wir aus, wenn wir im Lager Lebensmittel in Empfang nahmen. Wir organisierten dann Brot oder etwas Zucker – nicht so sehr für uns als vielmehr für einige gute Bekannte unter den Kameraden, die beim Enttrümmern eingesetzt waren.

Unsere beiden Posten hatten vom Dienst bei der SS die Schnauze voll. Das war nur allzu leicht an ihrem Verhalten zu erkennen. Uns gegenüber waren sie tolerant und verständnisvoll. Die Arbeit mußte sowieso gemacht werden. Die Häftlinge mußten essen, um arbeiten zu können. Unsere Küchenposten hatten jedoch Angst, uns mehr Vertrauen zu beweisen, weil der Kommandant unseres Aufräumungskommandos und der Vorgesetzte der SS-Wachmannschaft einer der blutrünstigsten Verbrecher des KZ Auschwitz war: SS-Oberscharführer Ludwig Plagge, den man in Auschwitz auch das »Pfeifchen« genannt hatte. Er hatte viele Menschenleben auf dem Gewissen. Er war unter anderem an der Vergasung mehrerer Tausend Sinti und Roma und der Juden aus Theresienstadt beteiligt gewesen. Über seine Mitwirkung bei vielen »Sonderaktionen« in Birkenau wußte Zbyszek Bescheid, der dort gearbeitet hatte. Selbst in Regensburg hatten wir nun einen Auschwitzer SS-Mann als Kommandanten. Und unsere Mithäftlinge aus dem eigentlichen Aufräumungskommando berichteten uns abends nach der Arbeit, daß Plagge nach wie vor sehr aktiv war und überall auftauchte. In den Ruinen der zerstörten Häuser schnüffelte er nach Schnaps, und deshalb nahm er auch ziemlich oft Durchsuchungen vor.

Die Häftlinge des Aufräumungskommandos waren nicht nur durch Plagge, sondern auch durch die unablässigen Luftangriffe und Bombeneinschläge bedroht. Tag für Tag vernahmen wir von fern oder nah das Niederheulen und die Explosionen von Bomben. Leider kamen bei den Luftangriffen auch Mithäftlinge ums Leben. Immer häufiger wurden Tote in die Unterkunft gebracht. Zu den Aufgaben der einzelnen Gruppen des Kommandos gehörte auch die Beseitigung von Blindgängern. Eines Tages wurde beim Herausziehen einer Bombe der Zünder ausgelöst, und es kam zur Explosion. Damals starben etwa zwanzig Häftlinge. Es blieb kaum eine Spur von ihnen übrig.

Auf einem der Strohsäcke erkannte ich unter den Häftlingen einen Schulkameraden von meinem Gymnasium. Er hieß Felek, der Nachname ist mir entfallen. In der Freizeit entspann sich ein freundschaftliches Verhältnis zwischen uns, und ich beschloß, ihm hin und wieder etwas von dem im Lager organisierten Brot abzugeben. Felek war jung, genau wie ich. Seine Eltern hatte er schon im September 1939 verloren. Ich wußte, daß er sich über unsere Begegnung freute und daß er es verstand, auch anderen etwas abzugeben.

Es vergingen etwa zwei Wochen, als eines Tages um die Mittagszeit Kommandant Plagge persönlich in der Küche auftauchte. Mit dem Finger winkte er mich zu sich. Ich nahm vorschriftsmäßig die Mütze ab und erstattete Meldung. Er stand genau vor mir und blickte mir gradewegs in die Augen. »Mit welchem Recht verteilst du Brot aus dem Lager?« fragte er mich. Ich erstarrte zur Salzsäule. Ich war vollkommen perplex. Und als er seine Frage wiederholte, antwortete ich, daß ich nicht begreife. Daraufhin jagte er mir ein ums andere Mal die Faust ins Gesicht, so daß ich zu Boden fiel. Als ich mich erhob und wieder Haltung annahm, befahl er: »Du kommst mit in den Saal, da wirst du schon begreifen!« Der Saal lag auf der anderen Seite der Straße im ersten Stock. Ich folgte dem SS-Mann auf den Fersen.

Unterwegs überlegte ich die ganze Zeit, worum es sich handeln möge. Was wußte er? Woran dachte er? Und durch wen? Es kam vor, daß ich meine Brotzuteilung nicht nur Felek gab, aber darum ging es offenbar nicht. Sollte es doch Felek gewesen sein? Das kam mir unglaublich vor. Er hatte mir hoch und heilig versichert, daß man nicht einmal über seine Leiche erfahren würde, woher er Brot bekomme.

Plagge und ich erreichten den ersten Stock und betraten den Saal. Zwei kranke Häftlinge fegten den Fußboden. Der SS-Mann brüllte sie an, sie sollten verschwinden. Als sie sich in den Waschraum verzogen hatten, wandte er sich an mich: »Du elendes Küchenschwein, du nimmst dir zuviel raus! Beug dich darüber!« wies er auf einen Schemel. In einer Ecke riß er eine dicke Holzleiste los und packte sie mit der Linken. Er war Linkshänder.

Da gab es keine Diskussion. Als ich mich über den Hocker beugte, holte Plagge aus und schlug zu. »Zähl mit, zähl laut mit!« befahl er nach altem Auschwitz-Brauch. O du verfluchter Hurensohn, dachte ich im stillen. Nach dem Schlag zog ich das Gesäß gleichsam in mich hinein. Ich wollte die angespannten Muskeln lockern, aber schon fielen die nächsten Hiebe. »Zwei, drei, vier...«, zählte ich laut. Der Schmerz griff auf das ganze Gesäß über. Er begann sich in die Wirbelsäule zu verbeißen, irgendwo oben auf dem Rücken, im ganzen Körper. Die Mütze, die ich in der Hand gehalten hatte, stopfte ich in den Mund, und wenn der nächste Schlag fiel, biß ich mit den Zähnen hinein, um nicht zu schreien. Gleich darauf nahm ich die Mütze kurz aus dem Mund, um die nächste Zahl hervorzuwürgen: »Acht, neun, zehn...« Ich schien den Schmerz nicht mehr zu spüren. In mir kam Taubheit auf und machte sich im ganzen Körper breit.

Die nächsten Schläge fielen in regelmäßigen Abständen. Meine Mütze war speichelnaß. »Einundzwanzig, zweiundzwanzig...«, krächzte ich. Weitere drei Hiebe. Dann zersprang irgend etwas in meinem Kopf, und völlig gefühllos fiel ich der Länge nach auf den Fußboden. Erst nach einer Weile vernahm ich wieder die Stimme Plagges. »Aufstehen!« brüllte er.

Ich heulte nicht. Vor Schmerz biß ich die Zähne zusammen. Ich erstickte einen Aufschrei in mir und biß mir auf die Lippen. Innerlich war ich weiterhin aufsässig. Ich würde ihm meine Erniedrigung nicht zeigen. Ich brachte irgendein Röcheln heraus. Ich war ganz und gar mit Speichel befleckt, versuchte aber, Haltung anzunehmen. Am Ende gelang mir das auch, nur hatte ich das Gefühl, als fehle mir das Gesäß. So hatte mich dieser Lump verprügelt.

Plagge aber fragte mit einem höhnischen Lächeln: »Na, weißt du, wofür du das bekommen hast? Nicht, weil du geklaut hast, sondern weil du dich hast erwischen lassen! Du sitzt nun schon so lange im Lager, da solltest du wissen, daß einem so etwas nicht passieren darf.« Ich wußte weiterhin nicht, wovon er sprach, antwortete aber: »Jawohl, Herr Oberscharführer!« »Na, und jetzt an die Arbeit!« meinte Plagge, während er die Leiste fortwarf, mit der er mich bearbeitet hatte. Ich straffte mich, soweit ich imstande war dazu, und wiederholte: »Jawohl!« Dann schleppte ich mich hinter ihm her zur Küche. An Sitzen war gar nicht zu denken. Ich machte mir zwar einen Umschlag mit warmem Wasser, aber das half gar nichts. Bis zum Ende des Tages mußte ich alle Handhabungen im Stehen verrichten. Zbyszek nahm eine Beschau vor und teilte mir mit, der ganze Hintern sei im Grunde schwarz.

Am Abend, als das Arbeitskommando heimkehrte, erfuhren wir, was geschehen war. Plagge hatte vormittags überraschend die Kleidung der Häftlinge durchsucht. Und natürlich hatte er bei Felek einen halben Laib Lagerbrot entdeckt, den ich ihm am Vortag gegeben hatte. Das Brot war nicht in die zugeteilten Portionen geschnitten. Ein Häftling konnte aber nur eine dicke Scheibe, das heißt ein Viertel, besitzen. Plagge hatte sich näher dafür interessiert. Er hatte Felek mit einem einzigen Schlag zu Fall gebracht, ihm seinen Knüppel an den Hals gepreßt und verlangt, er solle ihm erklären, woher er das Brot habe. Und schon war der Reinfall perfekt. Felek hatte es nicht ausgehalten. Blutüberströmt hatte er herausgestoßen: »Von Tadek aus der Küche.« Auf diese Weise hatte ich mir meine Auszeichnung verdient und war von Plagge – nomen est omen – mit 25 Hieben geplagt worden. Andererseits war ich selber schuld, weil ich Felek, der noch nicht so lange im Lager saß wie ich, unzerschnittenes Brot gegeben hatte.

Auf dem Gesäß entstanden Wunden, die erst nach fast zwei Wochen zu heilen begannen. Die blutunterlaufenen Partien verfärbten sich gelb. Ich machte mir Umschläge aus den ausgekochten Brennesseln, aus denen wir den »Tee« zubereiteten, denn etwas anderes hatte ich nicht. Einen Arzt gab es in diesem Kommando nicht. Schließlich riet mir Zbyszek, Kartoffelschalen aufzulegen. Beim dritten Mal kam es endlich zu einer Besserung. Allmählich konnte ich wieder sitzen. Die ganze Zeit über hatte ich arbeiten müssen, weil Plagge niemand anders an meine Stelle in die Küche einwies.

Ich hatte mich bereits daran gewöhnt, den Schmerz zu überwinden. Ich hatte es gelernt, mich selbst zu bezwingen, denn ich wollte leben. Ich mußte es schaffen, den Schmerz zu ertragen. Ich hatte lernen müssen, nicht daran zu denken. Der Kampf ums Leben, ums Überleben, war noch immer nicht zu Ende.

Indessen wurde unserem Außenlager die nächste Häftlingsgruppe zugeteilt. In dem Saal, in dem wir untergebracht waren, wurde es eng und stickig. Die Stärke des Kommandos stieg auf etwa 1000 Mann. Unsere Pflichten in der Küche wurden größer. Tag für Tag hatten wir von morgens um fünf bis zum späten Abend an den beiden Feldküchen zu tun. Da es an Behältern für die Suppe fehlte, bekam ein Teil der Häftlinge seine Portion mittags, die anderen hingegen erst abends nach der Arbeit. Jeden Tag fielen Zbyszek und ich nach der vielstündigen Arbeit stocksteif auf unsere Strohsäcke. Wir schliefen sofort ein, so erschöpft waren wir. Man hatte keine Zeit, sich Gedanken zu machen, zu überlegen, sich nach der Freiheit zu sehnen, die vielen Landsleuten im befreiten Polen damals bereits zuteil geworden war. Wir schufteten weiter an den Feldküchen und bargen im Herzen die Hoffnung, daß auch wir vielleicht die Befreiung erleben würden.

Von Felek und den beiden aus Łódź stammenden Leidensgefährten Freyer und Latarus, die mit dem neuen Transport eingetroffen waren, erfuhren wir, daß ihre Gruppe zusammengetrieben wurde, um die durch Bomben zerstörte Eisenbahnstrecke zu reparieren. Die Luftangriffe gingen aber Tag für Tag weiter, und oft wurde ein gerade erst ausgebesserter Gleisabschnitt erneut durch Bomben beschädigt. Die Deutschen waren ratlos, langsam begann ein heilloses Durcheinander bei ihnen einzureißen. Die durch die schwere Arbeit erschöpften Häftlinge bewegten sich bei den Gleisarbeiten nur langsam und schleppend, sie suchten nach jeder Gelegenheit, um wenigstens die nächste Stunde, den nächsten Tag zu überleben. Die Unaufmerksamkeit der Kapos und SS-Posten nutzten sie, um in den Trümmern der zerstörten Häuser oder Waggons nach etwas Eßbarem zu suchen.

Alle Häftlinge dachten viel mehr ans Essen als an die Arbeit. Die SS-Leute und Kapos waren machtlos, denn alle Augenblicke wurde Alarm oder Entwarnung gegeben. Nicht selten gab es nach der Entwarnung, wenn die Leute an ihrer Arbeitsstelle angelangt waren, schon den nächsten Alarm. Die faschistischen Truppen wurden von den Alliierten im Westen und der Roten Armee im Osten immer heftiger bedrängt. Uns wehrlosen Häftlingen konnte jeder neue Tag den Tod bringen, entweder von der Hand eines besoffenen SS-Mannes oder durch die Bombe eines Verbündeten, der von seinem Flugzeug aus unsere gestreifte Kluft schließlich nicht erkennen konnte. Wir waren uns dessen durchaus bewußt und lebten daher in ständiger Anspannung und Furcht. Jeder Tag steigerte unsere Ängste.

Kommandant Plagge lief fast täglich besoffen herum. Immer öfter tauchte er unter den arbeitenden Häftlingen auf und suchte nach Schnaps. In den Trümmern der zerbombten Häuser konnte man auf alle möglichen Dinge stoßen. Plagge wußte das nur allzu gut. Erneut befahl er, daß die Häftlinge alle in den Ruinen aufgefundenen Wertsachen, Lebensmittel, Kleidungsstücke und Alkoholbestände melden und den SS-Leuten übergeben sollten. Für das Verstecken oder Aufbewahren unerlaubter Gegenstände drohte er strenge Strafen an. Es war immer gefährlicher, im Aufräumungskommando zu arbeiten. Regensburg wurde wegen einer ganzen Reihe von Fabriken in der Umgebung und als Verkehrsknotenpunkt unablässig bombardiert. Die tagtäglich fortgesetzten Luftangriffe unterbrachen die eingeleiteten Aufräumungsarbeiten. Selbst unsere Küche, die sich zwar zwischen Wohnhäusern, aber nahe der Donaubrücke befand, war kein sicherer Ort. Keine hundert Meter von uns entfernt stehende Mietshäuser wurden durch Bombeneinschläge schwer beschädigt. In den Luftschutzkellern kamen Dutzende von Menschen ums Leben.

Bei einem der Angriffe mußten wir die Arbeit in der Küche unterbrechen. Ich stand hinter dem Pfeiler eines Gebäudes und beobachtete am Himmel dreißig, vielleicht auch mehr Bomber mit weißen Sternen an den Tragflächen. Amerikaner – dachte ich. Sie zogen majestätisch am Himmel dahin, unbedroht von deutschen Jägern. Von Zeit zu Zeit flogen einige niedriger und warfen Bomben. Ich sah, wie sich uns in der Sonne schwarze Punkte näherten. Es schien, als kämen sie gradewegs auf uns zu. Ich konnte die Form der Bomben unterscheiden, so nahe schienen sie zu Boden zu fallen. Entsetzt schloß ich die Augen, und nach einer Weile vernahm ich schreckliche Detonationen. Innerlich spürte ich Erleichterung, daß sie irgendwo weiter weg eingeschlagen waren, daß sie mich nicht getroffen hatten. Aber schon fielen die nächsten Bomben. Ich konnte nur die Augen zumachen und mich ängstigen. Als urplötzlich die Luftabwehrgeschütze zu rattern begannen, erblickte ich überraschend von der Seite her vier Jäger mit schwarzen Balkenkreuzen am Rumpf, die sich mit hoher Geschwindigkeit in den Himmel bohrten und mit ihren Bordkanonen die anfliegenden Bomber unter Feuer nahmen.

Aber die Messerschmitts waren zu spät gestartet. Die Bomben hörten anscheinend auf zu fallen, während wir aus der Luft eine wilde Schießerei vernahmen. Soweit ich sehen konnte, schossen die Jäger keinen einzigen Bomber ab. Als die letzte Bomberkette Regensburg überflogen hatte, tauchten unversehens zwei Flugzeugstaffeln auf, deren Silhouetten ich noch nicht kannte. Flink und wendig griffen sie die deutschen Jäger an. Bald geriet eine Me-109 in der Luft in Brand, verlor das Flugvermögen und trudelte zu Boden. Auf den Tragflächen der angreifenden Flugzeuge machte ich einen roten Stern aus. Das sind bestimmt Russen, sagte ich mir. Zum ersten Mal erblickte ich damals sowjetische Flugzeuge im Einsatz.

Eine Zeitlang hörte man noch das unheilverkündende Brummen der Flugzeugmotoren in der Luft, der Alarm ging weiter. Die Bomber drehten leicht nach Westen ab und zogen gleichsam eine Schleife. Nach kurzer Zeit vernahmen wir erneut Einschläge. Sie bombardieren Regensburg also weiter, dachte ich mir. Diesmal wohl die Umgebung des Güterbahnhofs. Und in dem Augenblick hörte ich plötzlich das Rattern eines Motorrades. Das war während des Fliegeralarms ziemlich ungewöhnlich. Indessen bog Oberscharführer Plagge mit hoher Geschwindigkeit auf den Hof ein, auf dem unsere Feldküchen standen. Als er vom Fahrzeug stieg, zeigte sich, daß er vollkommen besoffen war. Das war für mich kein ungewohnter Anblick. Die SS-Leute tranken in letzter Zeit immer mehr.

Plagge torkelte auf uns zu und röhrte: »Zbyszek, Tadek! Stellt sofort zwei saubere Kessel auf den Rollwagen, und her zu mir!« Wir begriffen, daß es ihm ernst war. Rasch begannen wir, den unverständlichen Befehl auszuführen. Als wir die Kessel auf dem Wagen untergebracht hatten, meldete Zbyszek, daß wir fertig seien. Plagge holte seine Pistole aus dem Futteral und befahl uns mit der Geste eines Betrunkenen, den Wagen vor uns her zu schieben. Unsere Verwunderung war mit Entsetzen vermischt. Der Luftangriff ging weiter, während wir – als sei gar nichts los – mitten auf die Straße hinauszogen. Hinter uns ging der besoffene Plagge mit der Pistole in der Hand. Er brabbelte nur: »Los, schneller, ihr verfluchten Hunde!«

Wir fuhren mit dem Wagen auf die Donaubrücke. Vom Güterbahnhof her waren erneut Einschläge zu vernehmen. Gleich hinter der Brücke befahl uns Plagge, in eben jene Richtung zu fahren. Die Straßen waren wie leergefegt, nicht der geringste Verkehr. Es gab nur uns und den Wagen mit den Kesseln, und hinter uns der besoffene SS-Mann. Aus der Luft über dem Stadtgebiet erreichte uns das Getöse explodierender Granaten. Was hatte er vor? – fragte ich mich.

Die Lage wurde mit jedem weiteren Meter immer gefährlicher. Es gab keinen Zweifel mehr – wir fuhren dorthin, wo der Bombenangriff noch im Gange war. Erneut erfüllte das Dröhnen von Flugzeugmotoren die Luft, und wir hörten das Pfeifen der niedergehenden Bomben. In mir gab es nur noch Angst und Furcht. Zbyszek, der mit mir zusammen den Wagen schob, schwieg. Unterdessen bedeutete uns Plagge von Zeit zu Zeit mit der Pistole, in welche Gasse wir einbiegen sollten. Er schien etwas nüchterner zu werden, und plötzlich befahl er uns zu laufen. Das war bitterer Ernst. Irgend etwas hatte er vor. Aber was?!

Ziemlich schnell erreichten wir – die leeren Straßen durcheilend – die Gegend des Güterbahnhofs. Die Flugzeuge unternahmen gerade einen neuen Angriff. Dicht fielen die nächsten Bomben. Sie entfachten eine Hölle. Weit über zehn Güterwagen wurden von mächtigen Explosionen in die Luft gejagt, in Stücke zerfetzt, und die Überreste hagelten auf die Erde nieder. Die nächste Bombe traf irgendeinen Treibstofftank. Schwarzer Qualm breitete sich über einen beträchtlichen Teil der Rangier- und Verladegleise des Güterbahnhofs aus. Wenn Wind aufkam, waren wir vollkommen in beißenden Rauch gehüllt.

Plötzlich befahl uns Plagge, anzuhalten und den Wagen neben einem langen, einstöckigen Gebäude stehenzulassen. Es war irgendein Lager. Plagge wies an, die Kessel auf den Rücken zu nehmen, und ging auf die Reihen der soeben erst bombardierten Güterwagen zu. Auf einigen Nebengleisen stand noch ein Teil der Waggons. Den Wagen auf der verhältnismäßig ebenen Fahrbahn der Straßen dahinzuschieben, war kein Problem gewesen, aber sich mit dem schweren Kessel auf dem Rücken zwischen den teilweise umgestürzten Waggons fortzubewegen und alle Augenblicke Bombentrichtern auszuweichen, das machte einem bald schwer zu schaffen. Um einige Hindernisse umgehen zu können, mußte man den Kessel unter nicht zerstörten Waggons hinter sich herschleifen.

Schließlich erreichten wir einen weniger zerstörten Teil des Bahngeländes. Auf einem der unbeschädigten Gleise stand eine lange Reihe gedeckter Güterwagen. Plagge hatte zwar weiterhin die Pistole in der Hand, schien jetzt aber fast nüchtern zu sein. An der Seitenwand eines Waggons entdeckte er zwei kleine, mit Kreide aufgemalte Kreise. Er steckte seine Waffe ins Halfter und rieb sich die Hände. »So, das wäre geschafft«, meinte er. Dann blickte er sich aufmerksam nach allen Seiten um und hieß uns vorauszugehen. Er zählte sieben Wagen ab und machte beim nächsten halt. Dort waren ebenfalls zwei Kreidekreise angezeichnet. Ich war erregt. Worum mochte es hier gehen?

Nach wie vor konnten wir keinen Sinn in diesem wahnwitzigen Ausflug während des Luftangriffs entdecken. Plagge blickte sich noch einmal nach rechts und links um und befahl uns dann, die Waggontür zu öffnen. Als wir sie zur Seite geschoben hatten, drang uns ein seltsamer Geruch entgegen. »Schnell! Rein mit euch!« befahl der SS-Mann. Wir krochen mühsam hinauf und zogen die Kessel hinter uns her. Die Tür mußten wir sofort wieder zuschieben. In dem geräumigen Wagen war es etwas dämmerig, aber von den kleinen Fenstern her fiel ein ziemlich breiter Lichtschein ein. Bald konnten wir erkennen, daß in dem Wagen etwa 15 große Fässer standen. Jedes mochte an die 100 Liter enthalten. Eines der Fässer stand offen. Eben von dorther erreichte uns der seltsame Geruch. Plagge ließ uns keine Zeit zu irgendwelchen Überlegungen. »Ihr elenden, verfluchten Hunde«, sagte er, »euer Kommandant befiehlt euch, eure polnischen Schnauzen in dieses Faß zu stecken! Aber dalli!«

Wir guckten uns blöde an. Daraufhin packte er uns beide im Genick und stieß unsere Köpfe nacheinander mit starker Hand in die dunkelbraune Flüssigkeit. Ich verschluckte mich, denn sie drang mir in die Nase. Doch gleich darauf begann ich die Flüssigkeit zu schlürfen, um nicht zu ersticken. Es war Kognak. Mir wurde warm, geradezu heiß. Das Getränk stieg einem zu Kopfe mit seinem seltsamen, starken Aroma. Nach ein paar Schlucken zog Plagge unsere Köpfe aus dem Faß. Er lachte dröhnend über den Spaß, den er sich mit uns erlaubt hatte. Er beugte sich selbst über das Faß und begann gierig zu trinken. Zbyszek und ich blickten uns gegenseitig an. Wir hatten vollkommen verdatterte Mienen. Irgendwo aus der Ferne, von draußen her, vernahmen wir erneut das Krepieren einschlagender Bomben. Offensichtlich hatten sich die Bomber etwas von Regensburg entfernt.

Plötzlich wurde mir so wohl zumute. Alles war mir vollkommen gleichgültig, und der Bombenangriff verlor seine Bedeutung. Selbst das – nach wie vor nur an einem seidenen Faden hängende – Leben war mir plötzlich nicht mehr so wichtig. Ich hatte nie Kognak getrunken. Ich war zu jung gewesen, um Alkohol zu trinken. Es war eine unglaubliche, eine ungewöhnliche Situation, die mit einem Konzentrationslager – so mochte es scheinen – nichts gemein hatte. Und dennoch! Als Plagge aufhörte zu trinken, gab er sofort den nächsten Befehl: »Macht die Kessel voll, aber schnell!« Aus einer Ecke des Waggons warf er uns ein ziemlich langes Stück Gummischlauch zu.

Der genossene Kognak regte das Denkvermögen und unsere Wachsamkeit an. Plagge wußte, warum er hierhergekommen war. Er hatte seinen Plan in allen Einzelheiten vorbereitet und überlegt. Dem Anschein nach klauten Häftlinge während eines Luftangriffes Schnaps aus einem Güterwagen – und er hatte sie ganz einfach dabei erwischt. Der Rückweg bedeutete das Abführen der Missetäter ins Lager, um sie zu bestrafen. Bei Bombenangriffen wurden Geschäfte, Lager und Wohnhäuser von Sondereinheiten des Luftschutzdienstes bewacht. Jedweder Diebstahl während eines Luftangriffs wurde streng bestraft, meist mit dem Tode. Daher hatte sich Plagge so vorsichtig umgesehen. Aber wie das für einen Häftling ausgehen konnte, daran sollte man lieber nicht denken.

Es dauerte etwas, bis wir die Kessel gefüllt hatten. Nachdem wir sie dicht verschlossen hatten, machten wir die Schiebetür wieder auf und sprangen auf die Erde. Vom Boden des Waggons aus neigte ich den Kessel soweit vor, daß ich den Griff packen konnte, und lud mir den Behälter auf den Rücken. Das klappte. Zbyszek tat dasselbe. Schon der leere Kessel war nicht gerade leicht gewesen, aber der volle ließ mich fast in die Knie gehen. Plagge schob die Waggontür zu, zog wieder die Pistole und blickte sich vorsichtig nach allen Seiten um. Es war niemand zu sehen. Der Angriff war noch immer im Gange, und die Posten hatten sich bestimmt in die Unterstände verzogen.

Wir machten uns auf den Rückweg. Irgendwie überstand ich die ersten Meter. Ich spürte die Last, versuchte aber nicht daran zu denken. Ich konzentrierte mich darauf, mit beiden Händen den Griff des Kessels festzuhalten und nicht das Gleichgewicht zu verlieren. Jede unvorsichtige Bewegung mit dem Kessel konnte üble Folgen nach sich ziehen. Der Kessel würde einfach zu Boden fallen, und obwohl er dicht verschlossen war, konnte er durch den Aufprall aufgehen. Die wertvolle Beute des SS-Mannes würde rasch im Boden versikkern. Was mit mir geschehen würde, daran wollte ich lieber gar nicht denken. Ich war kein Athlet. Ich war nicht so kräftig wie Zbyszek, und obwohl ich durch den Umgang mit den Kesseln und anderen Lasten einigermaßen geübt war, fiel es mir immer schwerer, den unhandlichen Behälter zu schleppen.

Indessen erreichten wir die Reihen der zerbombten Güterwagen. Das Trümmerfeld war schwer zu überwinden. Plagge erlaubte uns, mit den Kesseln an einen Waggon gelehnt, einen Augenblick zu verschnaufen, aber das reichte nicht, um neue Kräfte zu sammeln. Wiederum mußten wir uns durch eine Reihe von Waggons hindurchschlängeln. Vor Anstrengung war ich von oben bis unten naß. Auch der genossene Alkohol tat das seine. Ich schleifte den unglückseligen Kessel vorsichtig unter den zerstörten Waggons hindurch und paßte auf, daß er nicht aufging. Als ich es schließlich geschafft hatte, landete ich geradewegs auf einer in einer kleinen Vertiefung liegenden Fliegerbombe, die nicht explodiert war. Mir brach der Angstschweiß aus. Es genügte, den Blindgänger zu erschüttern, und alle Probleme würden sich von selbst erledigen.

Ich verfing mich in einem Haufen verbogener Eisenstäbe und zersplitterten Holzes. Ich konnte mich weder drehen noch wenden und blieb stehen. Plagge, der mich zurückbleiben sah, rief mir mit gedämpfter Stimme zu: »Schneller, zum Teufel noch mal! Der Angriff kann gleich zu Ende sein!« So ein Hundesohn – dachte ich im stillen. Da hatte er uns in diese verrückte Sache hineingeritten und jetzt trieb er uns auch noch an, dieser Schweinehund. Zum Glück bemerkte Zbyszek, der sich neben einem anderen Gleis fortbewegte, meine Not. »Halt dich mehr rechts, da kommst du leichter durch«, riet er mir.

Endlich gelang es mir, mich aus dem Tohuwabohu um den Blindgänger zu befreien und der Bombe zu entfliehen. Ich war schweißüberströmt. Ich versuchte, mir den Kessel wieder auf die Schultern zu laden. Er warf mich so in die Knie, daß ich beinahe hingefallen wäre. Verflucht noch mal – ich hatte ihn nicht auf etwas Festes gestützt! Am Ende lehnte ich ihn an irgendwelches Eisenzeug, und nun gelang es. Plagge hatte meine Schwierigkeiten mitbekommen und brüllte sofort: »Wenn du auch nur einen Tropfen verschüttest, du blöder Sack, dann bleibst du für immer in diesen Trümmern zurück!«

Es schien mir, als hörte ich, wie er den Revolver entsicherte. Ich packte den Griff des Kessels fester und stützte mich mit der anderen Hand ab, um nicht das Gleichgewicht zu verlieren. Mein Herz klopfte wild. Nur mühsam schleppte ich die verfluchte Last weiter. Ich war am Ende meiner Kräfte. Jeder Schritt bereitete mir auf zweierlei Art Qual und Pein. Ich atmete schwer, meine Blicke tasteten nach dem ebensten Gelände, auf dem ich leichter vorwärts kommen konnte. Schließlich – ich war vollkommen erschöpft – rief ich Zbyszek verzweifelt zu: »Ich kann nicht mehr! Hilf mir!« Zbyszek setzte seinen Kessel neben meinem ab, und als Plagge stehenblieb und erstaunt fragte, was es gebe, bat er ihn, er möge uns erlauben, die Kessel gemeinsam weiterzuschleppen. Bis zum Lager, neben dem wir unseren Rollwagen abgestellt hatten, war es nicht mehr weit. Der SS-Mann knurrte nur: »Aber los, schneller!« Wir packten mit beiden Händen die Griffe der Kessel und gingen weiter. Ich mußte versuchen, Gleichschritt zu halten, um nicht mit den Füßen an den Kessel zu stoßen.

Die Unebenheiten des Geländes erschwerten das Fortkommen. Alle Augenblicke stolperte ich über einen Stein, ein Stück Eisen oder die zersplitterten Bohlen zerbombter Waggons. Ich konnte nicht Schritt halten und war schuld, daß Zbyszek und ich stolperten. Beinahe wäre uns einer der Kessel umgekippt. Im letzten Augenblick konnte ich das Gleichgewicht wahren und mich bemühen, wieder mit Zbyszek Schritt zu halten. Aber Plagge war wachsam wie immer. Er hatte meine Ungeschicklichkeit und Schwäche bemerkt und schlug mir mit dem Kolben des Revolvers auf den Hinterkopf. Dabei zischte er: »Du verfluchter Hund, du bist zu nichts zu gebrauchen, höchstens für den Kamin. Schneller, zum Teufel noch mal!« Ich klammerte mich noch fester an die Griffe der Kessel.

Schließlich erblickten wir keine 50 Meter weit vor uns den Wagen, und ausgerechnet in dem Augenblick vernahmen wir irgendwo von der Seite her das blitzschnell anschwellende Heulen von Flugzeugmotoren. Fast genau über uns flogen zwei amerikanische Bomber hinweg, die im Tiefflug Bomben warfen. Um uns herum begann es zu kochen. Ein unglaublicher Lärm erfüllte die Luft. Plagge konnte gerade noch »Hinlegen!« rufen. Wir ließen die Kessel fahren und warfen uns nebeneinander zu Boden. Bombeneinschläge fegten über unsere Köpfe hinweg. Aus der Luft hagelten Erdbrocken, Steine und Sand auf uns nieder. So schnell und überraschend, wie die Bomber aufgetaucht waren, verschwanden sie auch wieder in Richtung Westen. Kaum hatte ich die Aufregung überwunden, spürte ich einen leichten Schmerz am Hinterkopf. Am Kragen der Häftlingsjacke begann etwas Feuchtes herunterzusickern. Als ich mit der Hand dort hinfaßte, hatte ich Blut an den Fingern. Zum Glück war es nur eine leichte Streifverletzung durch einen scharfkantigen Gegenstand oder Stein. Zum Überlegen blieb keine Zeit. Plagge hieß uns sofort aufstehen. Wir griffen wieder nach den Kesseln und brachten sie am Ende zum Rollwagen.

Nach dem entsetzlichen Schleppen der Kessel auf dem Rücken bedeutete das Schieben des Wagens eine weitaus geringere Anstrengung, obwohl wir ihn auf bestimmten Straßenabschnitten bergauf schieben mußten. Als wir in die Nähe der Brücke kamen, wurde Entwarnung gegeben. Aus den Luftschutzkellern, aus Wohnhäusern und anderen Gebäuden kamen die Menschen heraus, unter ihnen auch die Streifen des Luftschutzdienstes. Uns beachtete jedoch keiner. Zwei Häftlinge in gestreiftem Drillich und dahinter ein SS-Mann mit gezogener Pistole – das erklärte alles. Plagge befahl uns, den Rollwagen auf den Hof eines in der Nähe unserer Feldküche gelegenen Wohnhauses zu schieben. Die Kessel mit dem Kognak trugen wir in eine kleine Wohnung im Erdgeschoß. Sie war das Quartier des Lagerkommandanten.

Als wir den Befehl ausgeführt hatten, brachte uns Plagge zurück zu unserer Lagerküche. Er versuchte nicht, seine Befriedigung zu verbergen. Als er uns seinen Gefolgsleuten von der Küche übergab, sagte er ihnen so laut, daß wir es hören konnten: »Na ja, in drei Tagen können wir das Lager evakuieren. Wir warten nur noch auf den Marschbefehl. Bereitet euch schon vor.« Dann wandte er sich ab und verließ mit wankenden Schritten den Küchenhof. Es stand also sehr schlecht um sie. Endlich!

Wir haben die letzte Etappe der qualvollen Pein vor uns – sagte ich mir. Aber wird sie uns in die Freiheit führen?

Die nächsten Tage hindurch feierte Plagge den Geburtstag seines Führers. Die beiden SS-Posten der Küche wurden zu einem Gelage eingeladen, das Plagge in seinem Quartier für mehrere SS-Leute veranstaltete. Die SS-Leute soffen, und die Fliegeralarme und Luftangriffe gingen Tag für Tag weiter. Es fiel immer schwerer, die Küche mit dem Nötigsten zu versorgen. Seit mehreren Tagen kochten wir Mehlsuppe, der wir die noch im Lager befindlichen Graupen- oder Erbsenreste beifügten. Bisher war aus diesen Beständen nur für die SS-Leute gekocht worden. »Unser« alter Küchenchef befahl dem Österreicher, so viel wie möglich in die Kessel zu schütten. »Das wird sich schließlich niemand aufbürden, wenn sie uns befehlen, das Lager zu evakuieren«, meinte er. Einige Tage lang war die Lagersuppe dicker und nahrhafter; dann waren die Vorräte im Magazin auf ein Mindestmaß zusammengeschmolzen.

In der Nacht vom 25. zum 26. April gab der Lagerkommandant gegen eins Alarm und ordnete den Abtransport der Häftlinge an. Auf der Straße vor dem Haus, in dem wir fast sechs Wochen lang gewohnt hatten, traten in Fünferreihen alle Häftlinge an. Jeder bekam ein blechernes Kochgeschirr und drei Löffel Zucker, außerdem erhielt man ein halbes Brot. Es wurden auch Decken verteilt, die sich die Häftlinge überwarfen. Nachdem die ganze Kolonne gezählt war, erfolgte der Abmarsch über die Donaubrücke. Die Feldküchen waren mit Lebensmitteln beladen, hauptsächlich mit Kartoffeln, Mehl und Zucker. Einen Teil der Vorräte hatte man auf einen Wagen geladen, der von Häftlingen gezogen wurde. Ein Kapo beaufsichtigte sie. Mehrere andere Häftlinge schoben den Rollwagen, auf dem wir die beiden »Getränkekessel« für Plagge herbeigeschafft hatten. Er war mit einigen Säcken Kartoffeln, Rüben und Zucker beladen. Der ganze »Vorrat« reichte beim Stand von 1000 Mann für drei, höchstens vier Mahlzeiten.

Jede Feldküche wurde von sechs Häftlingen gezogen. Die eine lenkten Zbyszek und ein weiterer Häftling, die andere ich und Henek (Henryk) Freyer aus Łódź. Die SS-Posten umkreisten die ganze

Kolonne und ließen nicht den geringsten Halt zu. Der Marsch war von Anfang an ein Eilmarsch. Irgendwo in der Ferne hörte man von Zeit zu Zeit den Donner von Bombeneinschlägen. Die SS-Leute hatten vor irgend etwas Angst und trieben uns daher bei jeder Gelegenheit zur Eile an. Die schwächeren Häftlinge begannen nach zwei Stunden Marsch zurückzubleiben, und die Kolonne zog sich in die Länge. Es kam zu entsetzlichen Szenen.

Der Unterscharführer, dem die Wachmannschaft unterstand, ein außergewöhnlich brutaler Sadist, fing an, auf jeden »Trödler« zu schießen, der zurückblieb. Andere SS-Leute folgten seinem Beispiel. Vom Ende der auf etwa anderthalb Kilometer auseinandergezogenen Kolonne her war immer wieder das kurze Knallen von Maschinenpistolen oder Karabinern zu vernehmen.

Wir zogen in Angst und Spannung dahin. Die beiden Feldküchen und der Wagen mit den Lebensmitteln befanden sich an der Spitze der Kolonne. Die als Zugtiere eingesetzten Häftlinge versuchten, den raschen Marsch der SS-Leute mitzuhalten. Das war natürlich Irrsinn, aber auch ich unterlag dieser Psychose. Zbyszek bekam rasch mit, was los war, eilte zu der Feldküche, die ich gemeinsam mit den andern zog, und sagte: »Tadek, wir verzögern das Tempo! Die am Ende schaffen es nicht. Dort gibt es mehrere Kranke.« »Aber selbstverständlich, Zbyszek! Alles klar. Wird schon gemacht.« Und ich übernahm wieder selbst die Deichsel der Feldküche.

Allmählich verlangsamte die Kolonne das Tempo. Das ging etwa eine Stunde gut, dann tauchte vorne plötzlich Oberscharführer Plagge auf und drohte sogleich: »Irgendwie kommt es mir so vor, als ob ihr keine Kraft mehr habt. Vielleicht sollen euch andere ablösen, und ihr geht ans Ende der Kolonne, was?!« Eine Zeitlang rafften wir uns zu einem etwas schnelleren Tempo auf, um bald wieder etwas langsamer zu werden.

Hinten machten ein paar kurze Schüsse dem Leben mehrerer Häftlinge ein Ende.

Wir zogen weiter, verlangsamten aber von Zeit zu Zeit das Tempo. Am Ende der Kolonne wurde es etwas ruhiger. Wahrscheinlich hatten auch die SS-Leute schon genug. Es begann zu dämmern. Allmählich erwachte der Tag. Aus den Wegweisern schloß ich, daß wir in Richtung Straubing zogen. Ich war fix und fertig, meine Gefährten, mit denen ich die Feldküche zog, ebenfalls. Nach sechsstündigem Marsch wurde ein Halt angeordnet. Die Häftlinge wollten sich gleich am Wege hinlegen, irgendwo, nur um zu verschnaufen. Aber das wurde nicht erlaubt.

Die SS besorgte in verschiedenen Scheunen der am Weg gelegenen Bauernhöfe Unterbringungsmöglichkeiten für mehrere hundert Häftlinge. Wir ließen uns in die Strohgarben fallen, aber schon ertönte die Stimme Plagges: »Die Köche kochen in zwei Stunden Tee und geben ihn bis zum Ende der Marschpause an die Häftlinge aus. – Und jetzt ein Befehl für alle! Während des Marsches haben einige Häftlinge versucht zu fliehen und sind erschossen worden. Dasselbe wird mit jedem geschehen, der außerhalb seiner Reihe oder der Kolonne angetroffen wird! Verstanden?« »Jawohl«, antworteten mehrere Stimmen. Völlige Erschöpfung nannte dieser Schurke also Fluchtversuch! Die neben mir stehenden russischen Gefangenen stießen grobe Flüche aus und murmelten wütend: »Soll ihn der Teufel holen, diesen Mörder! So ein giftiges Reptil! Wir werden trotzdem abhauen.«

Die Häftlinge gingen schlafen, während Zbyszek, ich und noch zwei andere die Feldküchen aufstellten und uns auf die Arbeit vorbereiteten. Nach zwei Stunden kochte das Wasser, und wir warfen die getrockneten Blätter hinein, die die Deutschen »Tee« nannten. Mit Genehmigung des Küchenchefs, der uns bewachte, schütteten wir mehr Zucker hinein als üblich.

Ich war restlos ausgepumpt. Zbyszek übernahm den Dienst und füllte den Tee in die Kochgeschirre jener, die Lust darauf hatten oder sich nach dem Schlaf bei ihm meldeten. Ich sank auf das Stroh und verlor das Zeitgefühl. Nach einigen Stunden weckte mich Zbyszek: »Steh auf! Wir kochen Pellkartoffeln. Das dauert nicht länger als zwei Stunden.« Wir wuschen Kartoffeln und kochten sie dann. Es war später Nachmittag. Der Küchenchef befahl, je vier Kartoffeln an die Häftlinge zu verteilen. Das sollte die Mahlzeit vor dem weiteren Marsch sein. Das im Lager ausgegebene Brot hatten die Häftlinge längst aufgegessen. Jeder verschlang gierig seine vier Kartoffeln und schaute sich um, ob es nicht einen Nachschlag gebe. Es war tatsächlich etwas übriggeblieben. Der Küchenchef befahl, noch eine Kartoffel an all jene zu verteilen, die die Wagen und Feldküchen zogen. Dann mußten wir zum Abmarsch antreten.

Rasch scheuchten die SS-Leute die Häftlinge in den Scheunen auf und fingen an, uns zu zählen. Möge sie der Schlag treffen! – fluchte ich im stillen. Der Krieg geht zu Ende, und sie kontrollieren, ob die Zahl der Sklaven auch stimmt.

Am Ende setzte sich die Kolonne in Bewegung. Ich zog wieder die Feldküche, und von ganz hinten waren wieder Schüsse zu vernehmen. Es war noch hell, als Flugzeuge der Alliierten am Himmel auftauchten und anfingen, ein nahegelegenes Städtchen zu bombardieren, in dem es irgendeine Fabrik gab. Eines der Flugzeuge kam sehr tief herunter und warf zwei Bomben, die seitlich der Straße ein paar Bäume trafen. In der Kolonne brach Panik aus, aber die SS-Posten gaben Warnschüsse ab und hielten kleine Grüppchen entsetzter Häftlinge zurück. Dann kam der Befehl: »Im Straßengraben hinlegen!« Wir ließen uns zu Boden fallen und verschnauften ein Weilchen. Nach einiger Zeit drehten die Flugzeuge ab, und man trieb uns weiter. Auch diese Nacht hindurch marschierten wir. Gegen Morgen gab es wieder eine Marschpause in Ställen, in denen sich kein einziges Schwein und keine Kuh mehr befand. Der intensive Marsch machte selbst den kräftigsten Häftlingen zu schaffen. Die Hast, zu der uns die SS-Leute antrieben, schien die nahende Befreiung anzukündigen.

Als wir auf dem Stroh lagen, fragte ich Zbyszek vor dem Ausmarsch zur nächsten Etappe, ob es nicht besser sei, abzuhauen. Der gab aber gleich zurück: »Hör, Tadek, solange sie uns bewachen, sind wir einigermaßen sicher. Zu früh zu flüchten, ist riskant. Wir können auf SS-Streifen stoßen, und dann ist es aus mit uns. Sie erschießen uns auf der Stelle. Überall wimmelt es von Truppen auf dem Rückzug. Es ist schwer, sich zu verbergen. Unsere einzige Hoffnung besteht darin, daß uns früher oder später die Amerikaner einholen.« So sah es Zbyszek. Es fiel mir schwer, ihm zuzustimmen. Seine Einstellung kam mir zu passiv vor. »Und was wird, wenn sie uns alle fertigmachen wollen, wenn keine Zeit mehr zur Flucht bleibt?« fragte ich. Zbyszek schnitt die Diskussion rücksichtslos ab: »Du hörst doch wahrscheinlich, was am Ende der Kolonne passiert! Ich haue nicht ab. Ich warte noch!« Ich ließ Zbyszek in Ruhe. Vielleicht hatte er recht. Vielleicht änderte sich die Lage in ein, zwei Tagen. Und dann … »Na gut, warten wir eben«, brummte ich unzufrieden vor mich hin.

In der dritten Nacht unseres so intensiven Evakuierungsmarsches passierten wir Landshut, und gegen Morgen befanden wir uns in der Nähe von Mühldorf. Die Reihen der nahezu tausendköpfigen Kolonne, die aus Regensburg ausgerückt war, schmolzen sichtlich zusammen. In der Nacht hatten die SS-Leute die Verfolgung einer Gruppe von etwa fünfzehn Häftlingen aufgenommen, die beim Marsch durch ein Waldgebiet versucht hatten, im Schutze der Dunkelheit zu fliehen. Es war zu einer Schießerei gekommen, zwei oder drei Häftlinge hatten ihr Leben gelassen. In dem Durcheinander hatte eine ziemlich große Gruppe von Russen die Gelegenheit genutzt und war geflohen. Die SS-Posten waren wütend.

Plagge, der immer herrisch und eingebildet herumstolziert war, wurde etwas kleinlauter. Er hörte auf zu brüllen, zu prügeln und uns anzutreiben. Das Hinmorden der Schwächsten übernahmen jetzt seine Untergebenen. Plagges getrübter Blick und sein aufgedunsenes Gesicht – so entdeckte ich ihn vor dem Weitermarsch – verrieten sein unablässiges Saufen und seine ins Wanken geratene Selbstsicherheit. Er war sich darüber klar, daß seine Situation und die seiner Kumpanen immer schwieriger wurde. Die in den Behältern der Feldküchen mitgenommenen Lebensmittelvorräte waren längst aufgebraucht. Die letzten Kartoffeln waren am Vortag gekocht und an alle Häftlinge verteilt worden. Jeder hatte zwei oder drei Stück bekommen. Wir kochten nur noch Tee.

Der Hunger machte uns immer mehr zu schaffen. Unterwegs rissen die Häftlinge frische, gerade erst sprossende Zweige von den Bäumen, um darauf herumzukauen. Aber auch das war verboten, und die SS-Posten zogen einem kräftig ein paar über den Buckel, wenn sie jemanden bei diesem »Vergehen« erwischten. Schwächere Häftlinge unternahmen während des Marsches manchmal verzweifelte Fluchtversuche. Sie versteckten sich dicht am Weg in Büschen, Gräben oder irgendwelchen Löchern und Geländevertiefungen. Um nicht die letzte Kraft zu verlieren, wollten sie lieber die Flucht riskieren, als weiterzuziehen. Der Eilmarsch brachte selbst die Stärksten zur Erschöpfung. Einigen gelang die Flucht, andere wurden mitleidslos erschossen. Die Gegebenheiten für eine Flucht waren besser, wenn der Mond nicht schien, wenn es bewölkt war oder wenn sich nächtlicher Nebel breitmachte. Bei klarem Himmel erwischten die Wachposten, die die Kolonne eskortierten, einen Flüchtling ziemlich schnell.

Während des Marsches in der vierten Nacht verschwanden drei SS-Leute des Evakuierungskommandos, unter ihnen unser alter Küchenchef. Morgens stellte sich heraus, daß auch ein deutscher Kapo abgehauen war. Die verbliebenen SS-Posten wurden anscheinend etwas friedlicher. Aber der Schein trog. Vom Ende der Kolonne hallten wieder häufiger Gewehrschüsse zu uns herüber. Die Wachtposten gaben den Schwächsten den Rest.

Der nächste Aufenthalt, jenseits des kleinen Städtchens Neuötting, zog sich etwas länger hin. Die am Leben gebliebenen Häftlinge ruhten sich in einer großen requirierten Scheune aus. Ein Häftling mit einer Armbinde des Roten Kreuzes half seinen Gefährten, die wundgelaufenen Füße zu verbinden. Es war ein russischer Sanitäter oder Arzt. Ich bewunderte ihn. Er war selbst durch den Marsch erschöpft, half aber dennoch den anderen.

Mit Genehmigung des stellvertretenden Kommandanten kochten wir für alle Mehlsuppe, in die wir mehrere Kilo alte Kartoffeln, Rüben und ein paar angefaulte Kohlköpfe hineinwarfen. Diese »Zutaten« hatten wir vom Besitzer des Gehöfts bekommen, auf dem wir untergebracht waren. Einer der russischen Gefangenen brachte uns heimlich eine große, geschlachtete Katze. Wir zogen ihr das Fell ab, weideten sie aus und steckten sie ebenfalls in den Kessel. Als sie gar war, gaben wir das Fleisch dem Russen, der sie gebracht hatte. Dafür bekamen wir beide eine Keule. Wie sie schmeckte, darüber machte ich mir überhaupt keine Gedanken. Ich knabberte die Knochen bis auf den letzten Rest ab. Als wir die zubereitete Mahlzeit verteilt hatten, lobten uns die Häftlinge, daß die Suppe so gut geschmeckt habe. Einem Hungrigen schmeckt eben alles.

Im Laufe des Tages, irgendwann, als wir an den Feldküchen beschäftigt waren, kam uns auch der zweite »Betreuer«, unser Österreicher, abhanden. Er ließ sich nicht wieder blicken. Nun ja, die Ratten verließen eben das sinkende Schiff. Andererseits hatten die beiden »Köche« nie auf einen Häftling geschossen und waren wohl die einzigen im ganzen Wachkommando, deren Hände nicht mit Blut besudelt waren.

Die erste »bessere« Mahlzeit nach vier Tagen verlieh zwar etwas Kraft und Zuversicht, konnte den Hunger der Häftlinge aber nicht stillen. Jeder von uns war sich darüber klar, daß uns der Hunger die letzten Kräfte für das weitere Durchhalten auf dieser verfluchten

Marschroute rauben würde. Von keinem SS-Mann war zu erfahren, wohin sie uns trieben. Es war wahrscheinlich ein Marsch ins Ungewisse, ein zielloser Marsch – nur möglichst weit weg von den vorrückenden alliierten Truppen.

Nach einer den ganzen Tag über währenden Rast brachen wir abends wieder auf – nach Süden. Wiederum begannen die SS-Leute, uns rücksichtslos anzutreiben, weil aus der Ferne Explosionen zu vernehmen waren. Diesmal keine Bombeneinschläge, sondern Artilleriefeuer. Der Kanonendonner war noch zu fern und zu leise, als daß man hätte unterscheiden können, was für Geschütze dort feuerten. Und wieder keimte einen Augenblick lang die Hoffnung auf, daß unsere Qual endlich überstanden sein werde. Aber es war nur ein Trug. Nach wie vor wurden wir weitergetrieben, und man erlaubte uns auch nicht die kürzeste Rast am Wegesrand.

In der einbrechenden Dämmerung kamen wir an der mächtigen mittelalterlichen Burg Burghausen vorbei. An einer der Kehren der asphaltierten Chaussee blickte ich mich um. Die Kolonne war sichtlich zusammengeschmolzen. Sie war dichter aufgerückt. Das Ausreißen war jetzt schwieriger. Entsetzt wurde ich mir bewußt, daß von den ursprünglich etwa 1000 Häftlingen jetzt nur noch höchstens 300 in der Kolonne dahinzogen. Das war eine furchtbare Entdeckung. Ich hatte nicht vermutet, daß sie so viele Menschen erschlagen und ermordet hatten. Wie viele mochten geflohen sein? Es stimmte, die Schüsse vom Ende der Kolonne waren jetzt seltener zu hören, aber weiterhin kamen Menschen um.

Wir marschierten schweigend dahin, versunken in trübe Gedanken. Sie wollten uns wahrscheinlich alle umbringen. Wann würden wir an der Reihe sein? Wann würden uns die Kräfte verlassen? Lustlos zogen wir die Feldküche weiter, denn jeder wußte, daß sowieso nichts mehr da war, was man darin hätte kochen können. Ich versuchte, die mich hartnäckig verfolgende Idee zu unterdrücken, daß ich sowieso im Straßengraben enden werde. Ich wollte keine Gedanken an das Schlimmste an mich heranlassen. Durchhalten! Durchhalten! – sagte ich mir immer wieder. Nur nicht den Mut verlieren! Jeden Augenblick konnte eine Schicksalswende nahen. Nach zwei, drei Stunden marschierte die Kolonne nicht mehr so gleichmäßig. Der Gleichschritt war weg. Jeder ging, so gut er konnte. Das Tempo war weitaus langsamer als in den ersten beiden Nächten.

Es begann zu tagen. Die fünfte Nacht unseres Marsches ging zu Ende. Hinter der Ortschaft Tittmoning setzten die SS-Leute einen Aufenthalt in dicht am Weg gelegenen Wirtschaftsgebäuden an. Sie stellten ringsum Posten auf, und die Häftlinge wurden in einer großen Scheune sowie in angrenzenden Ställen untergebracht. Mit Hilfe einiger Gefährten stellten wir die Feldküche auf, um wie gewöhnlich nach dem nächtlichen Marsch das Wasser für den Tee zu kochen. Während dieser Vorbereitungen kam der Stellvertreter Plagges zu uns, der nach dem Verschwinden der Küchenposten die Aufsicht über die »Versorgung« der Kolonne übernommen hatte. Er versicherte sich, daß uns niemand belausche, und wandte sich dann an Zbyszek: »Na, Schluß mit der ganzen Schweinerei. Man hat es im Radio gemeldet: Hitler ist tot!«

Diese Nachricht war tatsächlich eine Überraschung für uns, doch wir schwiegen, weil wir nicht wußten, worum es dem SS-Mann ging. Der fuhr fort: »Im Falle eines Falles könnt ihr doch wohl bestätigen, daß ich einigermaßen erträglich zu euch war, nicht wahr?« Dann fügte er mit gedämpfter Stimme hinzu: »Plagge ist heute nacht verschwunden. Versteht ihr? Ihr wißt bestimmt, was ihr jetzt zu tun habt.«

Das war eindeutig genug. Der SS-Mann wollte uns für sich gewinnen. »Im Falle eines Falles« hieß ganz einfach – wenn uns die Amerikaner erwischen. Na ja, dann war Schluß mit ihnen. Man brauchte sich also nicht zu wundern, daß dieser Kerl jetzt »Freunde« suchte. Zbyszek nahm die Mitteilung des SS-Mannes anscheinend gleichgültig auf und antwortete: »Ja, ja, gut.« Dabei blinzelte er mir zu und wandte sich – zu meiner Verwunderung – der Scheune zu, um sich schlafen zu legen.

Der Oberscharführer, der zu diesem Zeitpunkt die Funktion des Kolonnenführers ausübte, hatte wahrscheinlich mit einer anderen Reaktion unsererseits gerechnet. Er zuckte die Schulter und kehrte ins Zimmer des Hofbesitzers zurück. Bei der Feldküche war nur Latarus zurückgeblieben, der uns half, frisches Holz im Feuer nachzulegen. Ich sagte ihm, was ich von dem SS-Mann gehört hatte. Die Augen von Latarus, der die Hölle des Ghettos von Łódź mitgemacht hatte, leuchteten auf, aber er äußerte sich erst nach einer guten Weile. »Das ist gut. Das ist sehr gut. Aber uns kann es noch ganz seltsam ergehen. Vielleicht will uns dieser SS-Mann zur Flucht provozieren, um dann alle zu erschießen. Du weißt genau: Zbyszek hat recht. Wir müssen noch etwas warten.«

Ich wußte, daß man den SS-Leuten nicht trauen durfte. Die Nachricht vom Tod Hitlers und vom Verschwinden Plagges schien alles entschieden zu haben. Aber allein würde ich nicht ausreißen, sagte ich mir. Ich sehnte mich unsagbar nach der Freiheit, aber wenn ich mir vorstellte, wie ich ohne die Aufsicht der SS-Leute und ohne meine Lagergefährten dastehen würde, überwältigten mich die vielfältigsten Zweifel. Sogleich kamen mir wieder nüchterne Überlegungen und kühles Abwägen in den Sinn. Nun gut, ich würde ausreißen. Aber wohin denn eigentlich? Was sollte ich allein anfangen? Kaum hatte ich mich in der letzten Nacht ans Ziel geschleppt. Ringsum wohnten Deutsche. Würden sie einem polnischen KZ-Häftling helfen? Ihn verstecken? Würden sie ihn nicht verraten und aus lauter Angst bei der SS anzeigen? Würden meine Kräfte ausreichen, um mich schnell genug von der Kolonne zu entfernen? Ich wurde von immer mehr Fragen ergriffen, die ich nicht beantworten konnte. Wahrscheinlich hatte Zbyszek recht. Er war schließlich schon mal ausgerissen.

Ringsum deutsche Siedlungen und Dörfer – überlegte ich weiter. Doch nicht alle Deutschen waren SS-Leute. Es mußte unter ihnen auch anständige Menschen geben. Aus diesen Gedanken riß mich plötzlich der Zuruf eines Postens heraus, der mit dem Motorrad auf den Hof unseres Rastortes einbog. »Die Amerikaner sind nur noch zehn bis fünfzehn Kilometer von uns weg. Ihr müßt sofort weiter. Los, aber schnell!« Aus dem Hause des Besitzers kamen Plagges Stellvertreter und andere Angehörige der Wachmannschaft herausgelaufen. Eilig begannen sie, die Häftlinge zusammenzurufen und die Posten einzuziehen. Ihre Augen verrieten panische Angst und Schrecken. »Schneller, schneller! Antreten! Und weiter geht's! Aber rasch!« überschrie einer den andern. Es gab keine Prügel, sie trieben uns nur mit Zurufen an. Wir sollten uns in Fünfer-Reihen aufstellen. Diese wurden dann sofort auf den Weg geschickt. Aus den Gebäuden des Gehöfts, aus der Scheune und den Ställen kamen allmählich weitere Grüppchen von Häftlingen heraus und reihten sich in die Kolonne ein.

Nun wartete ich nicht mehr länger. Der »Tee« im Kessel, den wir vor dem Abmarsch sowieso wegschütten mußten, hörte auf, mich zu interessieren. »Benek«, wandte ich mich an Latarus, »komm mit zu Zbyszek und Henryk! Wir hauen ab. Wir haben nicht mehr sonderlich viel Kraft. Wahrscheinlich lohnt es sich nicht, noch länger zu warten. Was meinst du?« »Na gut«, stimmte Latarus zu.

Wir gingen auf die sich formierende Kolonne zu und taten so, als ob wir gehorsam dem Befehl nachkämen. Wir schlängelten uns geschickt durch die Reihen, und in der Nähe der Scheune verschwanden wir blitzschnell in einer der Scheunentüren. Unsere Kameraden standen gerade auf. Ich berichtete ihnen, daß die SS in Panik geraten sei.

»Na, was ist, Zbyszek? Hauen wir ab?« fragte ich. Der blickte erst Henryk, dann mich an. »Na gut, Jungs. Hauen wir ab! Was sein muß, muß sein.«

Ich atmete auf vor Erleichterung, doch gleich darauf befiel mich Furcht. Die Erregung über die getroffene Entscheidung ergriff alle. Nur Zbyszek sah sich ruhig in der Scheune um. Auf eine Leiter deutend, die auf den Scheunenboden führte, sagte er: »Da rauf! Schnell!«

Einer nach dem andern stiegen wir hinauf. In einem Teil des Bodens war Heu aufgestapelt. Plötzlich war alles klar. Wir krochen in das Heu und deckten uns gut zu, damit man uns nicht so leicht entdecken konnte. Mein Herz begann vor Aufregung wild zu pochen, als unten auf deutsch gerufen wurde: »Ist da noch jemand?« Niemand meldete sich. Nach kurzer Zeit vernahmen wir Schreie: »Ah! Hier habt ihr euch versteckt! Raus mit euch, aber dalli! Sonst schlag ich euch zu Brei.« Die Geräusche schienen sich zu entfernen. Aber plötzlich kam jemand die Leiter herauf, schnell und entschlossen. Zwischen den trockenen Heuhalmen hindurch erblickte ich in der Bodenluke erst ein Käppi mit dem Totenkopfabzeichen und dann den Kopf eines SS-Mannes. Instinktiv schmiegte ich mich noch tiefer in das mich einhüllende Heu, als wolle ich restlos darin verschwinden. Ich versuchte, möglichst nicht zu atmen, aber etwas Luft bekam ich doch durch die Nase. Ich wurde steif vor Angst. Einen Augenblick lang kniff ich die Augen zu. O mein Gott, was wird geschehen, wenn …

Jede Bewegung konnte unser Versteck verraten. Vom Heustaub begann mir die Nase zu jucken. Mit der Linken hielt ich mir die Nase zu, um nicht unwillkürlich zu niesen. Ich hatte den Eindruck, als schlucke der neben mir liegende Beno den Speichel zu laut hinunter. Ich verzog mein Gesicht zu einer Grimasse, blieb aber weiter reglos liegen. Urplötzlich brach mir der Schweiß aus, und der ganze Körper fing an zu jucken. Ich durfte mich nicht bewegen, und doch kam es mir so vor, als ob ich bei jedem Atemzug das leichte Rascheln der in Bewegung versetzten Heuhalme hörte. Von unten drang die Stimme eines anderen SS-Mannes herauf: »Hans, ich hab hier zwei im Stroh gefunden. Komm schon! Wir haben keine Zeit mehr!«

Der SS-Mann, der inzwischen den Boden betreten hatte, blickte nach rechts und links, ergriff eine dicht neben der Bodenluke liegende Heugabel und wog sie in den Händen. Als von unten erneut nach ihm gerufen wurde, warf er sie fort – genau in den Heuhaufen, in dem wir versteckt waren. Die Gabel blieb über unseren Köpfen im Heu stecken. »Ich komm schon! Hier ist keiner zu sehen«, rief er hinunter und stieg die Leiter hinab. Ich war erleichtert. Mein Herz schien sich gleichsam von etwas zu lösen. Ich atmete tief durch. Benek hustete kurz auf und räusperte sich dann. Aufgeregt zischte ich ihn an. Die Stille im Heu hielt noch ein Weilchen an, dann entfernten sich die Stimmen der Kontrollierenden.

Ganz deutlich vernahmen wir die letzten an die Häftlinge gerichteten Rufe: »Schließt euch denen auf dem Weg an! Schneller, die Amerikaner sind zehn Kilometer hinter uns! Beeilt euch!« – Ganz so, als ob die heranziehenden Amerikaner für die durch den vieltägigen Marsch erschöpften Häftlinge auch nur die geringste Gefahr bedeutet hätten. Das ganze Geschehen hatte nur wenige Minuten gedauert, und doch schien es, als sei die Zeit plötzlich stehengeblieben.

Jetzt hatten wir es eilig, in die Freiheit zu kommen. Als die Stille rings um die Scheune eindeutig verriet, daß unsere Evakuierungskolonne abmarschiert war, arbeiteten wir uns nach und nach aus dem Heuhaufen heraus. Wie groß aber war unsere Verblüffung, als in einer anderen Ecke noch zwei Ausreißer, zwei Mithäftlinge, unter dem Heu hervorkrochen. Es waren zwei französische Juden. Aus einer ersten Gefühlsaufwallung heraus warfen wir uns gegenseitig an den Hals und umarmten uns voller Freude. Die Spannung des soeben erst Durchlebten machte allmählich einer Freude und Genugtuung Platz, die niemand von uns zu verbergen suchte.

Endlich sind wir frei – dachte ich im stillen. Endlich! Entspannte Gesichter und froh leuchtende Augen, daß es nun doch gelungen war, daß der SS-Mann nicht alles durchsucht hatte. Aber Zbyszek war derjenige von uns, der die Sache am nüchternsten betrachtete und unsere Lage am realsten einschätzte. Er unterbrach die herzlichen Umarmungen mit den Worten: »Macht nicht solchen Lärm, verflucht noch mal! Verhaltet euch stiller! Seid ihr denn verrückt geworden? Jungs, das ist erst der Anfang der Flucht. Worüber freut ihr euch denn so, ihr blöden Esel?! Henek!« wandte er sich an Freyer, »schnapp dir die Heugabel! Und ihr andern seid still. Achtung, wir gehen runter!« Sich vorsichtig umsehend, begann er als erster die Leiter hinabzusteigen.

Unten hing eine Sense an der Scheunenwand. Zbyszek wies Latarus an, sie mitzunehmen, und bewaffnete sich selber mit einer Forke, die er am Strohhaufen entdeckte. Es war leicht zu erkennen, daß Zbyszek für alle Fälle an unsere Sicherheit dachte. In unserer Lage würden wir unsere Haut so teuer wie möglich verkaufen.

Unser Anführer öffnete die Scheunentür einen Spaltbreit und spähte hinaus. Er winkte uns zu sich. Nacheinander betraten wir den Hof zwischen den Wirtschaftsgebäuden. Unter den herumstehenden Wagen und Karren standen unsere im Stich gelassene Feldküche und der Rollwagen, auf dem ein aufgerissener Sack mit einem Rest Zucker lag. Es war der Zucker, den sich die SS-Leute für ihren Tee aufgehoben hatten. Nun aber hatten sie es so eilig gehabt, daß sie ihn vergessen hatten.

Die beiden französischen Häftlinge stürzten sich auf den Zucker und stopften ihn sich mit den Händen in den Mund. Vergeblich versuchten Zbyszek und Henek ihnen zu erklären, daß sie krank würden davon. Es nutzte gar nichts. Am Ende gaben wir es auf. Zu viert verließen wir das Gehöft. Wir hatten weder den Besitzer noch seine Frau oder die Familie zu sehen bekommen. Wahrscheinlich war das gut so, überlegte ich. Wir mußten so schnell wie möglich von der Straße wegkommen. Als wir um die Ecke des letzten Stalles bogen, blieben wir wie angewurzelt stehen. Auge in Auge stand uns ein kleiner, kümmriger SS-Mann mit Brille gegenüber und richtete seine Maschinenpistole auf uns. Er rief auf der Stelle: »Halt! Wohin? Hände hoch!« Wir waren vollkommen perplex und hoben gehorsam die Arme.

Wieso war er hier plötzlich aufgetaucht? Es gab nur eine Möglichkeit: Er hatte Wache gestanden, und man hatte vergessen, ihn zurückzurufen. Oder hatte er selbst gewollt, daß man ihn vergaß? Der Teufel hat ihn hierhergeschickt – schoß es mir durch den Kopf. Wir waren reingefallen. Ausgerechnet uns hatte er im Wege stehen müssen. Die letzten Stunden des Krieges, und dieser da konnte uns gnadenlos erledigen. Aber nein! Wir waren vier, und noch dazu ehemalige »Auschwitzer«, zwei von uns mit Heugabeln.

Zbyszek verlor keineswegs den Kopf: »Herr Posten, beruhigen Sie sich doch«, sagte er in seinem gebrochenen Deutsch. »Krieg zu Ende. Hitler kaputt! Alle weg, nach Hause. Amerikaner ganz dicht.« Wir unterstrichen die Worte Zbyszeks und nickten eifrig. Der Kleine riß vor Verwunderung den Mund auf und ... ließ die Maschinenpistole sinken.

»Ist das sicher? Lügt ihr auch nicht?« »Ganz sicher«, bestätigten wir eilfertig. Und dann geschah etwas, was niemand von uns erwartet hatte. Der komische kleine SS-Mann rief auf slowakisch: »Soll doch der Hitler zum Teufel gehen! Soll ihn der Schlag treffen!« und warf seine Waffe weit von sich. Auch sein Käppi mit dem Totenkopfabzeichen warf er wutentbrannt über den nächsten Zaun. Er meinte noch: »Ich war doch gut zu euch! Ihr könnt euch bestimmt daran erinnern, nicht wahr?«, machte eine Kehrtwendung und lief über das Feld zum nahegelegenen Wald. Das war so unglaublich, so unwahrscheinlich ... Dieser Verräter hatte also dennoch einen Rest seines Gewissens bewahrt!

Jetzt stand uns nichts mehr im Wege. Die Flucht ging weiter. »Ich war doch gut zu euch«, wiederholte ich die Worte des kleinen SS-Mannes. Ach zum Teufel – so ein Hurensohn!

Henek sprang über den Zaun, und während er die Maschinenpistole aufhob, sagte er: »Das war einer von den nicht ganz so Gefährlichen, aber eine Zeitlang war er am Ende der Kolonne. Ach, ich würde ihm zu gerne eine Salve hinterherjagen.« Dabei richtete er den Lauf in Richtung des kleinen Ausreißers. Zbyszek unterbrach ihn: »Mach keine Dummheiten! Er fällt sowieso früher oder später in unsere Hände. Und mit dem Geknatter machst du viel zuviel Lärm. Nimm die Knarre mit. Gehen wir!« »Woher kannst du mit der Waffe umgehen?« fragte ich Henek. »Ich war schließlich beim Militär«, gab er zurück. »Das ist gut«, atmete ich auf. »Wir werden unsere Haut teuer verkaufen. Wenn sich eine Gelegenheit findet, bringst du's mir bei. Einverstanden? Ich weiß nämlich nur, wie man mit dem

Revolver umgeht.« »Seid jetzt still!« unterbrach uns Zbyszek. »Wir müssen von der Straße weg und uns irgendwo verstecken. Mit unseren ›Schlafanzügen‹ können wir nicht so rumspazieren. Seht mal, wir versuchen es da«, dabei wies er auf mehrere fern hinter der Wiese erkennbare Gebäude.

Hinter dem Gehöft, auf dem wir unsere letzten Stunden als Häftlinge verbracht hatten, erstreckte sich eine große, weit hingezogene Wiese. Irgendwo an der Seite weideten zwei Kühe darauf. Das Wiesengelände zog sich bis zu einem flachen Hügel hin, zu dem ein schmaler Feldweg führte. Mehrere Häuser und Wirtschaftsgebäude auf dem Hügel bildeten eine kleine Siedlung. Nach einem kurzen Lauf verfielen wir in ein rasches Marschtempo und begannen schließlich die Steigung des Hügels zu nehmen. Am Rande der Wiese, unter zwei alten Bäumen, erblickten wir ältere Bäuerinnen, die sich mit zwei Häftlingen unseres Regensburger Kommandos unterhielten. Sie gaben ihnen Milch zu trinken und verteilten Brot. Das war ein gutes Zeichen für uns. Im Dorf befand sich demnach keine SS. Die Bäuerinnen luden sowohl die ersten beiden als auch uns ein, in ihren Häusern zu übernachten. Sie verwünschten Hitler und den Krieg. Alle hatten jemanden aus der engsten Familie verloren. Eine der Frauen berichtete vom Tod ihrer drei Söhne an der Front. Sie war vollkommen gebrochen. Wir konnten ihren Schmerz nur zu gut verstehen, aber dasselbe hatten die Mütter anderer Völker erlitten, denen der Krieg die nächsten Angehörigen geraubt hatte.

Aus dem Haus, auf das wir zugingen, kam ein alter Mann heraus. Es war der Mann der Bäuerin, die uns eingeladen hatte. Er verhielt sich sogleich hilfsbereit und gut zu uns. Er sagte uns, daß wir in ihrer Siedlung sicher sein würden. Falls SS-Streifen auftauchen sollten, müßten wir schnell verschwinden. Er habe gehört, daß die SS im Nachbardorf vor zwei Tagen mehrere Häftlinge, Flüchtlinge aus einem Lager, erschossen habe. Nun ja, sie hatten Pech gehabt. Aus dem Gespräch ging eindeutig hervor, daß uns immer noch Gefahr drohte. Die Umgegend lag momentan zwischen sich zurückziehenden deutschen Einheiten und den ihnen nachsetzenden amerikanischen Truppen. Die Situation in dem Gebiet, in dem wir uns befanden, war etwas unklar. Unter diesen Umständen beschlossen wir, Tag und Nacht abwechselnd Wache zu stehen. Henek unterwies uns alle darin, wie man mit der Maschinenpistole umging.

Unsere Vorsicht erwies sich als vollauf berechtigt. Schon in der nächsten Nacht alarmierte uns der Wache haltende Zbyszek, daß in der Siedlung mehrere Motorräder aufgetaucht seien. Als wir die Scheune, in der wir schliefen, verlassen hatten, hörten wir in der Ferne laute Schreie und Flüche in deutscher Sprache. Sie schienen die Häuser zu durchsuchen. Wir flüchteten unverzüglich aufs freie Feld und verwischten die Spuren im Stroh. Wir beschlossen abzuwarten, bis sich die Lage geklärt hatte. Im Dunkel der Nacht gelang es uns, unbemerkt das Gehöft zu verlassen. Wir versteckten uns in den Furchen eines Feldes und schmiegten uns an den Boden. Das dauerte einige Zeit. Mein Herz schlug unruhig. All meine Gedanken waren darauf konzentriert, ob Henek von der Waffe werde Gebrauch machen müssen und ob sie auch das Feld absuchen würden. Das schien unwahrscheinlich zu sein. Schließlich vernahmen wir einige Maschinengewehrgarben und dann das Gedröhn der abfahrenden Motorräder.

Nach längerer Zeit kehrten wir vorsichtig in unsere Scheune zurück. Die Bayern waren entsetzt. Auf der Suche nach Proviant hatte die SS-Streife in einem Stall am Rande der Siedlung zwei schlafende deutsche Deserteure entdeckt. Und in einem andern Stall waren sie auf zwei Häftlinge gestoßen, eben auf die beiden, denen wir auf der Wiese begegnet waren.

Die SS hatte alle vier erschossen. Den Einwohnern der Siedlung war befohlen worden, die Leichen zu verscharren. Die Bayern, bei denen wir Zuflucht gefunden hatten, hatten erleichtert aufgeatmet, als sie sich überzeugen konnten, daß wir während der Anwesenheit der SS im Dorf »verschwunden« waren. Trotz ihrer Befürchtungen erlaubten sie uns, weiterhin bei ihnen bleiben zu dürfen.

Wann würde das zu Ende gehen? Wann würden wir endlich wirklich frei sein? Es schien zwar, als sei der Krieg beendet, aber nach wie vor saßen Angst und Furcht tief in uns.

Wir halfen den Bewohnern der Siedlung, die Erschossenen zu begraben. Wir kannten nicht einmal ihre Namen. Die beiden Häftlinge waren Polen gewesen, doch mehr wußten wir nicht.

In der ganzen Siedlung gab es nur ein paar alte Männer und zwei Kriegsversehrte. Die meisten Einwohner waren Frauen. Das war kein Wunder, denn alle wehrfähigen Deutschen waren eingezogen. Die Bayern hatten nicht viel zu essen, weil das Hausvieh schon früher beschlagnahmt worden war. Einige Kühe und etwas Federvieh ermöglichten es ihnen, auch uns zu helfen. Wir bekamen jeden Tag Milch, Brot und manchmal ein paar Eier. Langsam gewöhnten wir uns an die veränderte Ernährung. Endlich konnten wir uns ausschlafen – nicht nur nachts, sondern auch tagsüber. Die entsetzliche Erschöpfung des Evakuierungsmarsches fiel von uns ab. Ich fühlte mich dann etwas besser, doch wurde ich von Husten gequält, und es schien mir, daß ich Fieber hatte. Die zäh dahinfließende Zeit füllten wir mit kleinen Handreichungen und Hilfsarbeiten auf dem Hof »unserer« Bayern aus. Sowohl sie als auch wir warteten darauf, daß die Umgebung von den Amerikanern besetzt werde.

Die nächsten zwei Tage und Nächte hindurch vernahmen wir unablässig – mit kurzen Unterbrechungen – Kanonendonner. Von der Hauptchaussee her, von der wir geflüchtet waren, hallten der Lärm und das Gedröhn der vorbeiziehenden Kraftfahrzeugkolonnen zu uns herüber. Den fünften Tag schon verbargen wir uns in dem kleinen Dörfchen Muttering. Topographisch war es für uns sehr günstig gelegen. Von der kleinen Anhöhe aus, auf der sich die Siedlung erstreckte, hatten wir einen ziemlich guten Ausblick auf alles, was auf der Chaussee vor sich ging. Wir fühlten uns verhältnismäßig sicher, und die durch Zufall erbeutete Maschinenpistole verstärkte dieses Sicherheitsgefühl. Im Falle eines Falles würde sie unsere letzte Rettung sein.

Den Bayern war jedoch eine gewisse Ungeduld und Beunruhigung anzumerken. Unser Aufenthalt zog sich zu sehr in die Länge, und die Lage klärte sich nicht. Wir überlegten, ob wir nicht in ein anderes Versteck überwechseln sollten, aber nachdem wir uns in der Nachbarsiedlung umgesehen hatten, kehrten wir nach Muttering zurück. Es war abseits gelegen und schien trotz alledem der sicherste Zufluchtsort für uns zu sein.

Am nächsten Morgen hörten wir von der Chaussee her das charakteristische Geräusch von Schützenpanzerwagen und Panzern. Von unserem Beobachtungspunkt auf dem Dach der Scheune aus erblickten wir in der Ferne vorrollende Panzer mit fünfzackigen weißen Sternen. Es gab keinen Zweifel – das waren amerikanische Panzer.

Ich konnte es nicht fassen, ich konnte es einfach nicht glauben, daß nun so nahe, daß vor meinen eigenen Augen nun diejenigen heranzogen, die uns die Freiheit bringen sollten! Mir rannen die Tränen über die Backen.

In diesem Augenblick rief der stets wachsame und gewitzte Zbyszek: »He Jungs, versteckt euch! SS!« Tatsächlich, auf dem schmalen Feldweg kamen zwei SS-Leute auf einem Motorrad direkt auf unsere Siedlung zugefahren. Wahrscheinlich beabsichtigten sie, sich vor den Amerikanern zu verstecken. Henek riß die Maschinenpistole an sich und lief – zwischen den Gebäuden Deckung suchend – ihnen entgegen. Zbyszek brüllte hinter ihm her: »Was machst du, du Idiot! Henek, komm zurück!« Aber es war schon zu spät.

Hinter einer Hausecke verloren wir ihn aus den Augen. Und dann überschlugen sich die Ereignisse. Eine Weile hörten wir noch den Lärm des näherkommenden Motorrades, dann urplötzlich eine MP-Salve und schließlich Stille. Nichts weiter, nur absolute Stille. Anstatt uns in der Scheune zu verstecken, liefen wir zu Henek.

Er stand mitten auf dem Feldweg und trampelte wie irrsinnig auf den Leichen der erschossenen SS-Leute herum. Als wir auf ihn zutraten, hatte er entsetzlich flackernde, wahnsinnige Augen und stieß mit krächzender Stimme die übelsten Verwünschungen aus: »Ihr elenden Hurensöhne, ihr werdet mir für meine Sara und den kleinen Chaim zahlen! Für alle, die ihr in den Gaskammern erstickt habt, ihr elenden Lumpen! Ihr verfluchtes Gewürm! Ihr werdet es mir bezahlen! Bezahlen werdet ihr dafür!«

Er mußte seinen Haß entladen. Und als ihm die Wut vergangen war, fing er plötzlich an zu weinen. Der große, kräftig gebaute, junge Mann heulte wie ein unglückliches, verzweifeltes, kleines Kind ... Zbyszek, wie immer kaltblütig und nüchtern, wandte sich an Benek und mich: »Na Jungs, an die Arbeit! Schnappt euch Schaufeln und begrabt die Leichen. Ich kümmre mich um das Motorrad. Nehmt das mit! Für alle Fälle!« Mit diesen Worten zog er den Erschossenen die Revolver aus den Pistolentaschen und gab uns jedem eine. Die Maschinenpistole nahm er selbst an sich.

Gleichgültig, was alles hätte passieren können – ich bewunderte Henek. Er hatte sich zu einer Tat aufgerafft. Sein Mut imponierte mir. Dieser dreißigjährige Jude aus Łódź hatte so lange gelitten. Noch auf dem Marsch hatte er mir von seinen vergasten Kindern erzählt. Nun hatte er sich entladen müssen. Er hatte nicht anders gekonnt. Er hatte übrigens das Recht dazu, die Ermordeten zu rächen.

Er war sich bestimmt nicht darüber klar, daß er auch mir eine gewisse Genugtuung verschafft hatte.

Der Besitz einer Waffe ließ mir bewußt werden, daß auch ich Grund genug hatte, Vergeltung zu suchen. Für meinen in der Gaskammer von Birkenau ermordeten Vater, für meine Mutter in Ravensbrück, für den unwiederbringlichen Raub meiner Kindheit, für die verlorene, durch den Krieg vergällte Jugend. In mir keimten gefährliche Gedanken auf. Verbissen schaufelte ich an dem Loch, und zusammen mit Benek zerrten wir die Leichen hinein. Dann kehrten wir zur Scheune zurück. Zbyszek bastelte an dem Motorrad herum.

Nachmittags wurden wir durch das laute, erregte Schwatzen der gerade den Hof unseres Bauern betretenden Frauen von unserem Strohlager aufgescheucht. Wir fragten sie nach dem Grund ihrer ungewöhnlichen Aufregung und erfuhren, daß in Fridolfing, also einer nicht mehr als zwei Kilometer entfernten Nachbarsiedlung, die Amerikaner eingerückt seien. Das war eine aufmunternde, zuversichtliche Neuigkeit. Zwei Stunden später rief Henek, der gerade Wache hatte, mit weithin hallender Freudenstimme: »Die Amerikaner! Jungs, die Amerikaner sind da!«

Rasch liefen wir auf die Dorfstraße hinaus. Tatsächlich, in Muttering fuhren amerikanische Panzer ein. Krach und Motorenlärm übertönten unser Freudengeheul. Die Erde dröhnte unter der Last der stählernen Ungetüme. Die Panzersoldaten standen in den offenen Turmluken, lachten und bewegten unablässig den Mund. Sie kauten Kaugummi. Als sie uns in unserer gestreiften Lagerkluft entdeckten, hielten sie an. Ein Offizier mit goldenen Hauptmannstressen fragte in gebrochenem Polnisch: »Wie seid ihr denn hierhergeraten?«

Wir erklärten ihm, daß wir uns sechs Tage lang verborgen gehalten hätten. Wir bestätigten auch die Unterstützung, die uns die Einwohner von Muttering gewährt hatten. Der Offizier warf uns mehrere Pullover und Konservendosen zu und empfahl uns dann, uns im Stab der Einheit, in einer nur wenige Kilometer von unserer Siedlung entfernten Ortschaft, zu melden. Von ihm erfuhren wir auch, daß die Russen in Berlin seien und daß Hitler wirklich nicht mehr lebe. Er erwähnte, daß der Krieg jeden Augenblick zu Ende sein werde.

Die Panzer setzten sich wieder in Bewegung, und wir brüllten gemeinsam mit den Bayern, was die Lungen nur hergaben: »Es lebe die Freiheit! Es lebe die Freundschaft! Es leben die Alliierten!« Von Zeit zu Zeit wurden uns von den durchziehenden Fahrzeugen oder Panzern Konserven und einige Uniformstücke zugeworfen.

Echte Freude wird dem Menschen nur selten zuteil. Aber die Freude, die ich beim Anblick der ersten amerikanischen Soldaten verspürte, jener Freunde, die uns die heiß ersehnte Freiheit gebracht hatten, diese Freude werde ich wohl nie vergessen. Wer nie in Gefangenschaft geschmachtet hat, wird nur schwer verstehen können, welche Gefühle die Freiheit im Herzen eines befreiten Menschen zu erwecken vermag.

Die nächsten beiden Nächte schliefen wir endlich, ohne Wachen aufzustellen. Wir erholten uns ohne Anspannung und Furcht. Wir kamen etwas zu Kräften.

Am frühen Morgen des 9. Mai 1945 dankten wir den Bayern für ihre Hilfe bei unserem Verbergen vor der SS, für ihre Betreuung und für die Verpflegung während einer ganzen Woche. Als Gegenleistung überreichten wir ihnen ein paar Konservendosen und Zigaretten, die wir von den Amerikanern bekommen hatten. Sie verabschiedeten uns mit Tränen in den Augen, und auch uns war irgendwie mulmig zumute. Es gibt vielfältige Begegnungen im Leben. Und es gibt verschiedenartige Deutsche. Und es ist wohl gut, daß wir uns auch in den letzten Kriegstagen davon überzeugen konnten.

Zbyszek startete das Motorrad, mit dem wir zu viert zu der amerikanischen Einheit fahren wollten. Wir fanden nur schwer auf dem SS-Vehikel Platz, das uns jetzt als Sonderfahrzeug dienen sollte. Auf dem Feldweg durch die Wiese fuhren wir langsam und erreichten schließlich die Hauptchaussee. Auf der asphaltierten Fahrbahn kam das Motorrad schneller voran. Einige Kilometer vor Laufen entdeckten wir am Rande eines kleinen Wäldchens eine Gruppe unserer Mithäftlinge in gestreifter Kluft. Wir hielten an. Es waren hauptsächlich polnische Juden aus unserem Kommando sowie einige Russen. Sie standen rings um einen Baum, an dessen Ast – mit dem Kopf nach unten – irgendein Mensch hing. Sie fragten uns, ob wir ihn erkannten.

Es war ein SS-Scharführer, der Zugführer jener Abteilung unseres Wachkommandos, die auf dem Marsch am Ende der Kolonne alle schwachen, kranken und vor Entkräftung niedersinkenden Häftlinge erschossen hatte. So manches Mal hatte der Scharführer den wehrlos daliegenden Menschen selbst den Rest gegeben. Von unseren Lagerkameraden erfuhren wir, daß sie seit drei Tagen »Sport« mit ihm trieben. Im Laufe des Tages befahlen sie ihm, zu laufen und dabei Kniebeugen zu machen. Zu »Mittag« bekam er 30 Stockhiebe. Nachts gaben sie ihm seinen eigenen Urin zu trinken und gruben ihn bis zum Hals in die Erde ein – in einer Grube, die er selbst als sein Grab hatte schaufeln müssen. Morgens zogen sie ihn heraus und hingen ihn zum »Abkühlen« an den Baum.

Ich hatte im Lager entsetzliche Dinge gesehen, und ich hatte geglaubt, ich sei immun dagegen. Doch als ich diese Überreste eines menschlichen Wesens erblickte, bekam ich eine Gänsehaut. Er hatte am ganzen Leibe keinen einzigen weißen, unversehrten Fetzen Haut. Er war überall blutunterlaufen und blutverkrustet durch die Schläge und den »Sport«. Zbyszek richtete automatisch den Lauf der Maschinenpistole auf ihn.

Doch in diesem Augenblick warfen sich fünf ehemalige Häftlinge auf Zbyszek und verhinderten, daß er abdrückte. Einer der jungen Juden rief mit flammenden Blicken und wilder Verbissenheit: »Hör auf, Zbyszek! Hier ist kein Mitleid am Platz! Dieser elende Hund hat zwei Tage vor der Befreiung meinen alten Vater umgebracht. Meine Mutter und meine Schwester haben die Halunken in Auschwitz verbrannt. Dieser da muß für all das büßen. Das ist kein Mensch, das ist ein Tier! Er spuckte vor dem SS-Mann aus und versperrte Zbyszek unnachgiebig den Schußweg. Die Leidenschaft, mit der er sprach, war nur allzu verständlich. Er mußte quälen, um seine Rache zu stillen. Ja, das war dieselbe Aufwallung, der ich erlegen war, als Henek die beiden SS-Leute getötet hatte. Das konnte stärker sein als der menschliche Wille. Mit hängenden Köpfen kehrten wir zu unserem Motorrad zurück.

Und wiederum peinigten mich unabweisliche Überlegungen. Mußten wir deshalb, weil man uns gepeinigt und geschlagen hatte, mußten wir deshalb dasselbe tun? Mußten wir deshalb, weil wir mit dem Leben davongekommen waren, einem andern das Leben nehmen? Wenn er es verdient hatte, ja. Aber dafür gab es Gerichte. Dieser Scharführer hatte bestimmt den Tod verdient, und vor jedem Gericht wäre sein Prozeß bestimmt mit einer Verurteilung ausgegangen. Aber mußte er gequält werden? Mußte man sich an seinen Leiden weiden? Seine Rache an ihm auslassen? Auge um Auge, Zahn um Zahn?

All diese chaotischen Gedanken brodelten in meinem Kopfe, als wir nach Laufen kamen. In der Kommandantur suchten und fanden wir denselben Offizier, den amerikanischen Hauptmann, der als erster in Muttering eingerückt war. Wir erfuhren, daß man für ehemalige KZ-Häftlinge ein spezielles Durchgangslager eingerichtet habe.

O Nein! Einstimmig beschlossen wir, nicht in diesem Lager zu wohnen. Wir hatten genug von allen Lagern. Wir wollten frei sein, ungebunden durch irgendwelche Verpflichtungen, Lagerordnungen oder Vorschriften. Wir wollten die Freiheit auskosten!

Der Hauptmann hörte uns geduldig zu. Er betrachtete uns aufmerksam und meinte dann: »Mein Vater war Pole. Er ist gestorben. Ich versuche, euch zu verstehen. Deshalb bekommt ihr Privatunterkünfte zugeteilt. Aber wenn ich euch so ansehe, dann muß ich euch doch raten, daß ihr euch in unserem Lazarett meldet. Man kann nie wissen, welche Krankheiten ihr mit euch herumschleppt. Das ist ein wohlgemeinter Rat. Nehmt ihr ihn an?« Wir dankten ihm herzlich und begaben uns endlich in eine richtige Wohnung – mit Bad, mit einem bequemen Bett und einem Radio.

Gegen Mittag wurde im Rundfunk mitgeteilt, daß Deutschland am 8. Mai 1945 die bedingungslose Kapitulation unterzeichnet hatte.

Endlich war der Krieg zu Ende. Der Eindruck war einfach überwältigend, die Aufregung war zu groß. Rührung und Erregung können töten, ein Übermaß davon kann zerstörerisch wirken. Die im Lager angestauten Spannungen saßen gleichsam weiter in mir und ließen nicht nach. Ich war frei, nicht aber befreit von dem, was mit mir geschehen war. Am nächsten Tag fühlte ich mich nicht besonders gut und begab mich – als erster von uns vieren – zur Sanitätsstelle der Armee. Ein amerikanischer Arzt untersuchte mich. In einem deutschen Krankenhaus wurde ich durchleuchtet. Die bittere Diagnose lautete: Lungentuberkulose.

Nach einem viele Monate währenden Aufenthalt in verschiedenen Heilstätten des Alpenvorlandes kehrte ich 1946 nach Polen zurück. Damals verspürte ich erneut eine übergroße Freude, doch dieses Gefühl war vollkommen anders als das zuvor erwähnte.

Es war die Freude darüber, daß ich die Krankheit überwunden hatte, daß ich lebte, daß ich durchgehalten hatte, daß ich nach Polen zurückgekehrt war.

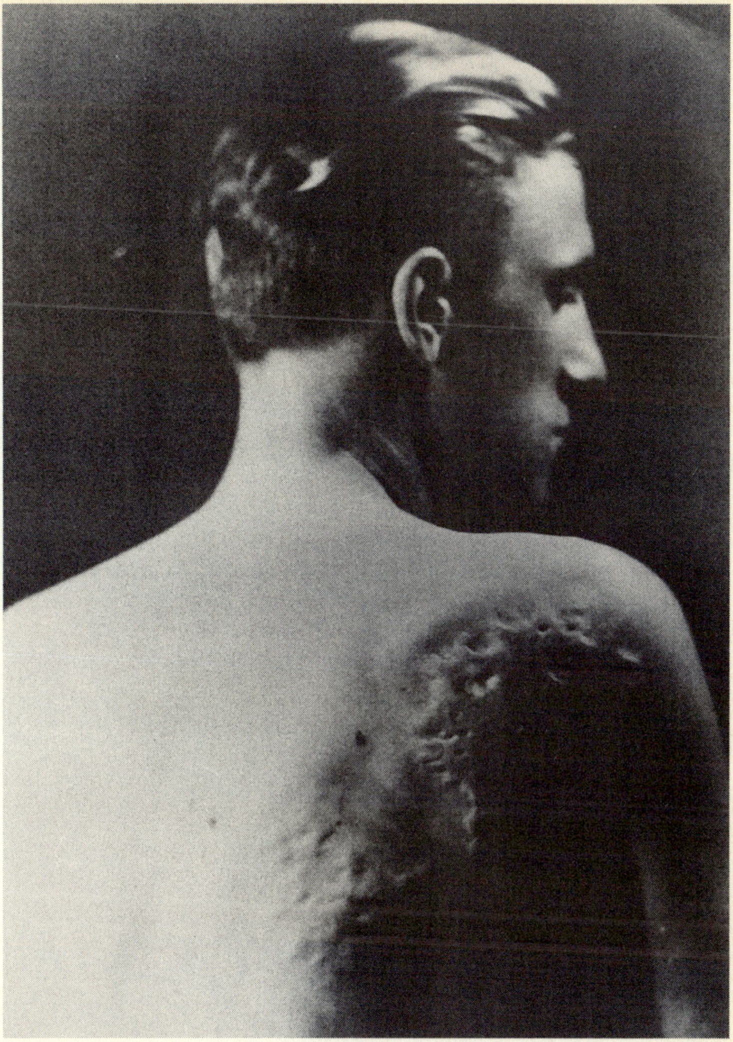

Abb. 12 Der Verfasser nach seiner Befreiung 1945 mit Brandnarben.

Abbildungsnachweis

Abbildungen 1 bis 9 und 12: Archiv des Staatlichen Museums Auschwitz

Abbildung 10: KZ-Gedenkstätte Buchenwald, Weimar-Buchenwald

Abbildung 11: Arbeitsgemeinschaft ehem. KZ Flossenbürg, Regensburg

Der Autor und der Verlag danken für die freundliche Genehmigung zum Abdruck.